吉林省馆藏革命文物名录

吉林省博物院（东北抗日联军纪念馆）◎编

文物出版社

图书在版编目（CIP）数据

吉林省馆藏革命文物名录 / 吉林省博物院（东北抗
日联军纪念馆）编 . -- 北京 : 文物出版社，2024. 12
ISBN 978-7-5010-7697-0

Ⅰ. K871.61

中国国家版本馆 CIP 数据核字第 2024FH7425 号

吉林省馆藏革命文物名录
JILIN SHENG GUANCANG GEMING WENWU MINGLU

编　　者：吉林省博物院（东北抗日联军纪念馆）

责任编辑：安艳娇　许海意
责任印制：张　丽

出版发行：文物出版社
社　　址：北京市东城区东直门内北小街 2 号楼
邮政编码：100007
网　　址：http://www.wenwu.com
邮　　箱：wenwu1957@126.com
经　　销：新华书店
印　　刷：宝蕾元仁浩（天津）印刷有限公司
开　　本：889mm×1194mm　1/16
印　　张：16.25
版　　次：2024 年 12 月第 1 版
印　　次：2024 年 12 月第 1 次印刷
书　　号：ISBN 978-7-5010-7697-0
定　　价：148.00 元

《吉林省馆藏革命文物名录》

编　委　会

主　　编：李洪光　钱　进

副 主 编：张　贺　赵娅丽

执行主编：赵娅丽

撰　　稿（按姓氏笔画排序）：王秀艳　王桂芬　王晓光　刘静贤
　　　　许　敏　邸伟健　张　岩　张　璐　贾　颉　郭美晴
　　　　郭展鸣

编　　务：栾南南　褚　逊

摄　　影：郭展鸣

前　言

在岁月的长河中，吉林大地见证了无数革命先烈英勇奋斗的事迹和无私奉献的精神，他们用生命和热血谱写了壮丽的革命史诗。革命文物，作为历史的见证和记忆的载体，承载着那段峥嵘岁月的辉煌与荣光。

《吉林省馆藏革命文物名录》全面梳理吉林省各博物馆、纪念馆等收藏的革命文物，借以展现吉林省革命历史的丰富内涵和独特魅力。每一件革命文物都蕴含着深厚的历史内涵和革命精神，有的见证了重大历史事件的发生，有的承载着革命先烈的英勇事迹，有的则是革命精神的生动体现。它们不仅是我们了解历史、缅怀先烈的重要窗口，更是我们传承红色文化、弘扬革命精神的重要教育资源。

这份珍贵的名录如同一部生动的历史长卷，展现了吉林省在革命历程中的光辉篇章和伟大贡献，让我们得以重温那段峥嵘岁月，感受那份坚定信念和无私奉献的革命精神，激励我们不忘初心、砥砺前行。

通过这份名录，我们希望能够让更多的人了解吉林省的革命历史，弘扬革命先烈的崇高精神，进一步激发我们的爱国热情和民族自豪感。同时，也希望这份名录能够推动红色文化的传承与创新，为建设社会主义现代化强国贡献吉林力量。

让我们共同铭记历史，缅怀先烈，传承红色基因，在新的历史征程中，续写吉林大地的辉煌篇章！

目 录

一般文物

一级文物

★ 吉林省博物院（东北抗日联军纪念馆）

1. 辛亥革命前林伯渠在吉林从事革命活动时写给马占恒的便笺

近现代纸质类文物

长27厘米，宽14厘米

便笺为16开的竖格白色信纸，用毛笔纵向书写而成，从右至左排列，计5行29字，字体为行书。全文为"占恒仁兄大人鉴：顷有事奉商，暇即过我一谈，顺请日安。弟林祖涵书，初二"。

林伯渠（1886—1960），原名林祖涵，湖南临澧人。中国共产党和中华人民共和国卓越领导人之一。1921年加入中国共产党，曾任国民革命军第六军党代表兼政治部主任、陕甘宁边区政府主席。新中国成立后，历任中央人民政府秘书长、全国人大常委会副委员长。

1907年林伯渠奉命赴吉林秘密开展反清活动，经推荐至提学使吴鲁处，被委任为吉林省劝学总所兼宣讲所会办，主持师范传习所及四关小学的工作。其间，他在师生中传播革命思想，并支持学生正义斗争，保护革命学生，有力地推动了吉林人民的革命斗争。他与许多有爱国思想的师生结下了深厚的友谊，知识分子马占恒便是其中一位。林伯渠与马占恒经常在一起谈论学校管理、社会教育、学生思想及时局等问题，林伯渠也常向他了解吉林的风土人情和当地的士绅情况。这个便笺就是两人为相约面谈而写，是林伯渠从事革命活动的真实记录，具有重要的史料价值。

便笺原由马占恒的女婿马玉成珍藏，现藏于吉林省博物院（东北抗日联军纪念馆）。

2.1947年榆树县第十五区弓棚街土改平分土地底图

近现代纸质类文物

长110厘米，宽80厘米

1946年5月4日，中共中央发出《关于土地问题的指示》（"五四指示"）。1947年7月17日至

9月13日，中共中央工作委员会在河北省西柏坡召开全国土地会议，通过了《中国土地法大纲》，其明确规定"废除封建性及半封建性剥削的土地制度，实行耕者有其田的土地制度"，"废除一切地主的土地所有权"，还规定了彻底平分土地的基本原则等。我党首先在东北和老解放区实行了消灭封建剥削制度的土地改革运动，多数贫苦农民拥有土地的愿望得以实现，初步达到了有饭吃、有房住、有地种的目标。农民的革命和生产热情被充分激发出来，为解放战争的胜利奠定了基础。

1946年7月，中共中央东北局召开扩大会议，东北土地改革运动全面展开。吉林省境内的土地改革运动，是中共吉林省委、辽吉省委和辽宁省分委（辽宁省委）分别领导的。1947年，吉林省榆树县开始土改运动。此图即榆树县第十五区弓棚街的农会平分土地时使用的底图手稿。这份底图是解放战争时期我党在东北开展土地改革、实现农民"耕者有其田"历史夙愿的真实记

录，具有重要的史料价值。

土改平分土地底图现藏于吉林省博物院（东北抗日联军纪念馆）。

3.1945年陈正人写给东北局书记彭真的《对当前东北及其周围形势的认识和我们的方针的建议》手稿

近现代纸质类文物

长25.5厘米，宽18.5厘米

手稿用印有"满洲毛皮革株式会社"字样的红色竖格信纸写成，共7页。是陈正人于1945年12月14日写给中共中央东北局书记彭真的亲笔信函。

陈正人（1907—1972），原名陈林，江西省遂川县人。抗战胜利后，被党中央派往东北，曾任东北民主联军政治部主任、吉林省委书记兼军区政委等职，为建设和发展我党在东北的革命武装力量做了大量的工作。1945年8月15日日本宣

布投降后，东北成为国共两党军事争夺的焦点。1945年12月14日，时任东北民主联军政治部主任的陈正人，给中共中央东北局书记彭真写了这份《对当前东北及其周围形势的认识和我们的方针的建议》（下简称《建议》），对当时东北的形势和我党的政策作出了新的分析和判断，并着重对抗战胜利后的时局、国共军事力量的对比、中共如何取得优势等进行了正确的分析。

1946年7月，陈正人担任吉林省委书记后，坚决贯彻中共中央的一系列方针政策，将《建议》中的内容落实到实际工作中去，对贯彻落实中共中央关于"让开大路、占领两厢"的战略方针及策略，加速吉林乃至东北解放战争的胜利，起到了重要和积极的历史作用。《建议》是陈正人同志遗留下来的一份珍贵的历史文献，更是考察研究东北解放战争史不可多得的佐证材料。

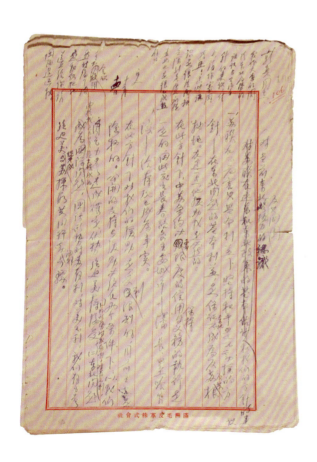

手稿一直由陈正人的夫人彭儒同志保存，1982年吉林省革命博物馆张世杰等同志赴北京，在彭儒处征集到该手稿，现藏于吉林省博物院（东北抗日联军纪念馆）。

4. 1945年刘居英起草的长春特别市政府布告政字第壹号手稿

近现代纸质类文物

长25厘米，宽17.5厘米

手稿用"满洲帝国政府"红格公函纸草就，钢笔右起竖书，共2页。布告先述情由：为布告事前市长曹肇元氏因病退职，本职于十一月十五日到任视事，惟念光复伊始，诸般市政有待整理革新者甚夥，兹拟定施政大纲数则为下。纲领共7条：协助苏军实行军事管制，建设民主政治，恢复公私工商业，严惩汉奸，改善民生，取消苛捐杂税，树立民生观念等。落款为"长春特别市长刘居英"，"中华民国三十四年十一月十五日"。

东北光复后，伪满洲国首都新京（今长春）虽然被苏联红军接收，但市政府基本上由原日伪机构维持，市长由原伪市府总务厅厅长曹肇元担任。中共中央东北局成立后，向长春派遣干部，组成中共长春市委，书记曹瑛（石磊），副书记申东黎。又征得苏军同意派刘居英任长春特别市市长。1945年11月15日，刘居英与曹肇元签署了交接书，正式接管了长春市政府。布告手稿反映了长春特别市政府建立的有关情况，是中国共产党在东北建立民主政权、开辟东北根据地的真实记录。

刘居英（1917—2015），原名刘志诚，祖籍山东省掖县，吉林省长春市人。1933年加入中国共产主义青年团，1936年加入中国共产党。

曾任山东省政府秘书长兼山东省公安总局局长，长春特别市市长，吉林省政府秘书长，中

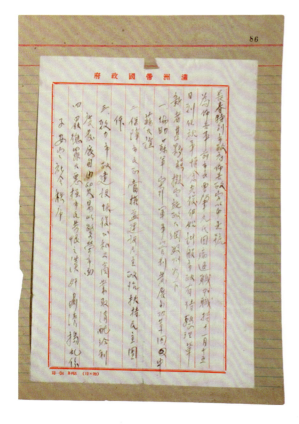

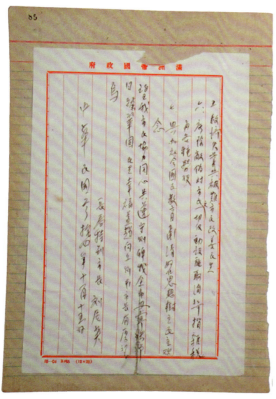

央军委铁道部哈尔滨铁路局局长、沈阳铁路局局长、东北铁路总局第一副局长、中长铁路管理局局长、东北军区运输司令部司令员等职。第三届、第八届全国人民代表大会代表，中华人民共和国开国少将之一。2015年12月6日在北京逝世。

手稿一直由刘居英珍藏，1982年3月，为筹备"吉林人民革命斗争史"基本陈列，吉林省革命博物馆张世杰等同志赴北京访问刘居英时征集到这份布告手稿，现藏于吉林省博物院（东北抗日联军纪念馆）。

5—7.1932年印制发行的东北民众自卫军通用钞票

近现代纸质类文物

长11厘米，宽6.2厘米

该票亦称"邓票"，1932年由东北民众自卫军邓铁梅部印制发行，吉林省博物院收藏有3种面值，分别为贰角、壹圆、贰圆，贰角为绿色，壹圆为褐色，贰圆为蓝色。每张票面上方均印有"东北民众自卫军通用钞票"，下方两侧均盖有方形篆字印章，右为"东北民众"，左为"总司令印"，票面两侧印有"以各县赋税农商会款""东北各官银号为基金"的字样，下方中间印有"中华民国二十一年印"，钞票中心绘有农民和士兵图案，农者手握锄头，兵者持枪而立。三种钞票上人物的服装与姿态，以及花边图案各不相同。其中，壹圆券的上方还印有红色签字"TM. deng"，为邓铁梅的英文签名。

"邓票"主要在辽东三角地带流通，它以自卫军控制的海岸盐滩收入为货币基金，币值稳定，信誉很高，1934年东北民众自卫军失败后

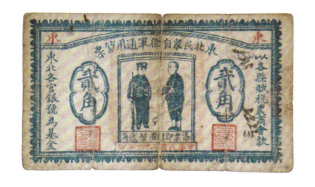

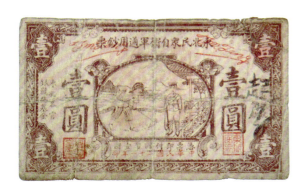

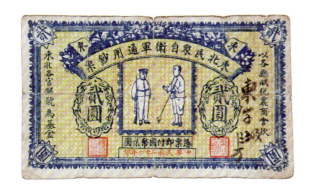

勇业绩，进行革命传统教育和爱国主义教育的生动教材，是弥足珍贵的革命文物。

"邓票"现藏于吉林省博物院（东北抗日联军纪念馆）。

8. 抗日战争时期诺尔曼·白求恩赠给安芝兰的急救包

近现代纸质类文物

长10厘米，宽5.5厘米，高3厘米

急救包为一白色硬纸盒，内装医用纱布夹脱脂棉。盒上印有英文"FIRST AID DRESSING"，译为"急救敷料"。

诺尔曼·白求恩，加拿大共产党员，著名的胸外科专家。1938年5月，白求恩率领援华医疗队奔赴晋察冀边区，投身战火纷飞的敌后战场，在冀中后方医院一所、三所视察时，对伤病员就地实施医疗手术。凭借精湛的医术和奋不顾身的牺牲精神，白求恩挽救了许多战士的生命，为建立和改善晋察冀边区医疗工作作出了巨大贡献。1939年10月底，在河北涞源县摩天岭战斗中，白求恩抢救伤员时左手中指被手术刀割破后感染发炎，冀中后方医院安排时任护士长的安芝兰同志护理。1939年11月7日，抗日军民同进攻冀中的日军展开了激烈的战斗，冀中后方医院受到日军的威胁。按照上级指示，

停止发行。虽然"邓票"只流通了两年多，时间较短，但当时起到的作用是巨大的，影响是深远的，它解决了东北民众自卫军筹集抗战军费的燃眉之急，让东北民众自卫军开辟了自己的金融阵地，稳定了辽东三角地带抗日游击区的金融市场，促进了根据地经济的发展。"邓票"同时也是邓铁梅领导东北民众自卫军进行经济活动的真实记录，是中华民族不畏强暴、英勇斗争、反抗日本侵略的历史见证，也是缅怀抗日民族英雄邓铁梅和东北民众自卫军的英

医院转移并分散活动，在离别之际，白求恩送给安芝兰一盒急救敷料作为纪念。

这个珍贵的急救包一直由安芝兰保存。1987年7月，安芝兰将其捐赠给吉林省革命博物馆，现藏于吉林省博物院（东北抗日联军纪念馆）。

9. 1919年5月吉林青年团印发的反对 "二十一条" 传单

近现代纸质类文物

纵28厘米，横79厘米

传单为横幅长卷，纸质，铅印，标题为："国耻纪念！""勿忘国耻！""取消二十一条！""抵制日货！""经济绝交！"

袖手旁观吗？一定不能……唯一的方法，就是抵制日货，同日本经济绝交"。文后刊登了"二十一条"原文，并印有一首九段的"抵制日货"歌。落款为"吉林青年团启，五月七日"，并加盖了印有紫色隶书"吉林青年团"字样的长方形印章。

1919年，五四运动爆发的消息传到吉林，青年学生立即响应，纷纷罢课、游行、讲演、散发传单，以声援北京学生的爱国斗争。这是此期间吉林青年学生以"吉林青年团"的名义散发的传单，充分显示了吉林青年学生的爱国赤诚，以及青年知识分子在反帝反封建斗争中的先锋作用，更是吉林青年学生参与五四反帝

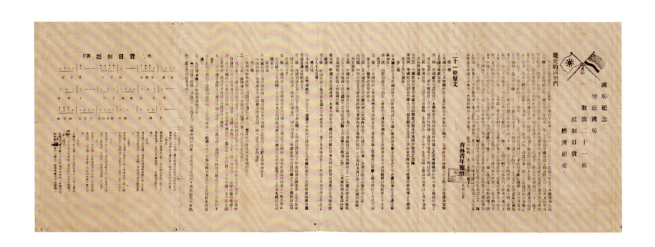

主要内容为号召人民起来，反对可耻的"二十一条"，"因为那二十一条就是我们的催命符，要是承认了，中国就不能保了，中国一亡了，我们四万万同胞，立时就要成亡国奴……所以我们誓死不能承认二十一条，但是现在的中国，南北不和，政府无能，外交又很无力，要是和日本交涉，取消二十一条，一定办不到。那么，我们是中华民国的主人翁，能

反封建爱国运动的重要历史见证。

传单从通化市征集而来，现藏于吉林省博物院（东北抗日联军纪念馆）。

10. 1945年刘居英起草的长春特别市政府交接事宜书类概要

近现代纸质类文物

长25厘米，宽17.5厘米

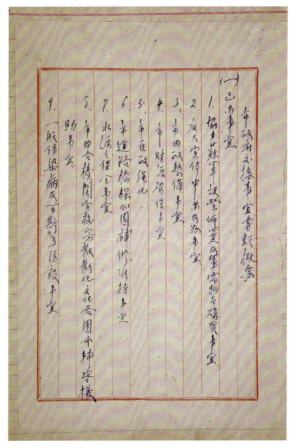

（一）市政事宜

市政府交接事宜事務數概要

1. 撥去蘇軍調警備宜（各軍需物等籌買事宜）
2. 疫大宣傳中尚有物品事宜
3. 市內政勢備事宜
4. 市財海碎保事宜
5. 市區政維化
6. 市道橋樑公園補修遊持事宜
7. 水區之維宜事宜
8. 市的奇校關育教教對化文化各團體輔導
9. （一般傳染病及百斯等防疫事宜）
助市宜

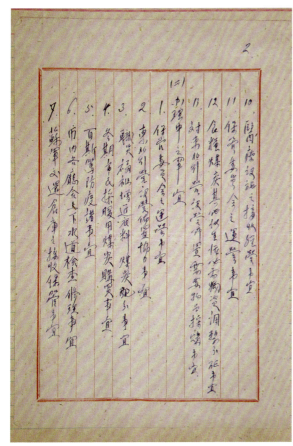

10. 關於廉設施之接收雜警事宜
11. 住省事業令之運警事宜
12. 食糧煤炭其他物生慎必需物資調整分配事宜
13. 對本期災後市置需要物資採購事宜

（三）刈理中之案事宜
1. 住管處之營生事宜
2. 東如引堂之運警事宜
3. 職災稿粗增道液料煤炭販買事宜
4. 本期市民採暖用煤災贍買事宜
5. 百斯警防疫諸事宜
6. 市內各應令上下水道檢查修繕事宜
又 蘇軍文遺倉庫之接收保管事宜

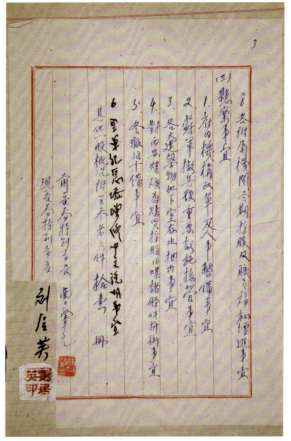

（二）縣事事宜
8. 各附屬機關本期接服及職員薪俸增進事宜
1. 廣日機構改革及人事整備事宜
2. 北蘇軍撥兵機重轉施接管事宜
3. 各建築物地下室存水搬出事宜
4. 對西安煤礦卷煤買採暖回煤諸臨時折衝事宜
5. 冬贍準十備事宜
6. 空葉紀忠雜明何仲主說明事金
   其他一般概况附其共審之件 拾壹
   前星參持別市妻
   還處參持別市妻

曹寧九

刈居芳

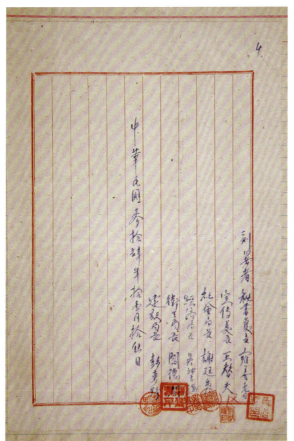

中華民國參拾辭年拾青拾伍日

刈居芳書 秘書長 崔李妻
寧傳是妻 王替夫人
乾食局長 謝廷兵
經濟局 吳壁
衛生局長 閻德
建設局長 新青

白底红纹信纸，共4页，内容用蓝黑色墨水手书。标题为"市政府交接事宜书类概要"。正文分三部分：（一）已办事宜，（二）办理中之事宜，（三）悬案事宜。落款"前长春特别市长曹肇元，现长春特别市长刘居英"，并盖有二人名章。封底有秘书处、宣传处、社会局、经济局、卫生局、建设局等两处四局的负责人签名和名章。落款时间为"中华民国叁拾肆年拾壹月拾伍日"。

刘居英（1917—2015），原名刘志诚，祖籍山东省掖县，吉林省长春市人。1933年加入中国共产主义青年团，1936年加入中国共产党。曾任山东省政府秘书长兼山东省公安总局局长，长春特别市市长，吉林省政府秘书长，中央军委铁道部哈尔滨铁路局局长，沈阳铁路局局长，东北铁路总局第一副局长，中长铁路管理局局长，东北军区运输司令部司令员等职。第三届、第八届全国人民代表大会代表，中华人民共和国开国少将之一。2015年12月6日在北京逝世。

1945年8月30日，苏军委任伪满官员曹肇元为长春特别市市长。11月，刘居英出任长春特别市市长，11月15日两任市长交接，此为刘居英起草的"长春市政府交接事宜书类概要"，"刘居英"签名曾被剪掉，后由刘居英补签并盖章。此"概要"是弥足珍贵的历史见证，也是中国共产党解放长春时的重要物证。

1982年，此"概要"由刘居英本人捐赠，现藏于吉林省博物院（东北抗日联军纪念馆）。

11. 1946年刘居英向全市人民发表的广播讲话手稿

近现代纸质类文物

长25厘米，宽17.5厘米

手稿共6张，白底红纹信纸，用钢笔、毛笔、红蓝铅笔等书写。内容梗概：四个多月以来，市民们遭受"千难万苦"，十四年抗战历程遭受各种压榨与剥削，在东北抗日联军和长春市民的共同奋斗下得以解放。市政府将重建长春，恢复各行各业和生产生活，打击不法分子，等等。

刘居英（1917—2015），原名刘志诚，祖籍山东省莱州市掖县，吉林省长春市人。1933年加入中国共产主义青年团，1936年加入中国共产党。曾任山东省政府秘书长兼山东省公安总局局长，长春特别市市长，吉林省政府秘书长，中央军委铁道部哈尔滨铁路局局长，沈阳铁路局局长，东北铁路总局第一副局长，中长铁路管理局局长，东北军区运输司令部司令员等职。第三届、第八届全国人民代表大会代表，中华人民共和国开国少将之一。2015年12月6日在北京逝世。

1945年8月15日，伪满洲国新京市长于镜涛号召"不要轻举妄动，等待中央接收"。30日，苏军委任曹肇元为长春特别市市长。9月5日，国民党政府任命赵君迈为长春特别市市长（未到任）。11月8日，苏军同意刘居英出任长春特别市市长。15日，刘居英与曹肇元交接。后受苏、美、英签署的《雅尔塔协定》及国民政府和苏联签订的《中苏友好同盟条约》的约束，曹肇

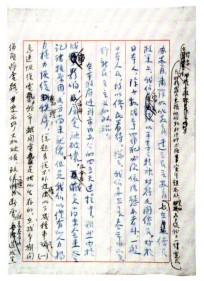
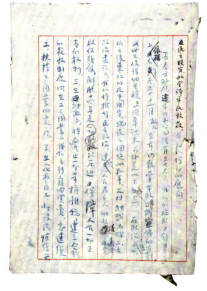
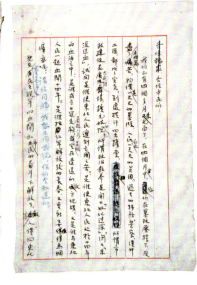
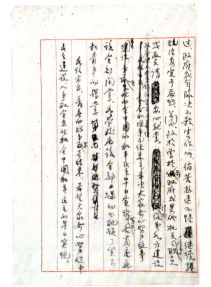
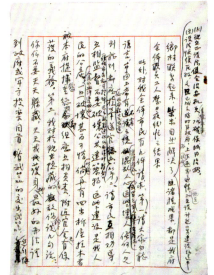
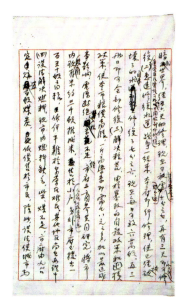

元再次接任长春特别市市长。12月，赵君迈接任。1946年4月14日12时，苏军撤离长春，国民党政府接管；14时，东北民主联军进攻长春。18日，长春首次解放，赵君迈被俘，刘居英再次担任长春特别市市长。25日，刘居英发表题为"建立人民为主的政权，保障人民的一切正常权利"的广播讲话，此为讲话内容草稿，是东北民主联军收复长春和中国共产党领导长春人民共建家园的历史见证。

1982年，手稿由刘居英捐赠，现藏于吉林省博物院（东北抗日联军纪念馆）。

12. 1953年朝鲜人民军赠给中国人民志愿军第三十八军的锦旗

近现代织绣类文物

纵160厘米，横106厘米

锦旗用红绸制成，外边镶有黄色丝绒织成的穗子。居中书有黄色朝鲜文，内容是"英勇的中国人民志愿军第三十八军，在反对共同的敌人美帝武装侵略的战斗中立下了不朽的功勋，向你们表示热烈的祝贺和感谢。你们在战斗中表现出的英勇和国际主义精神永放光芒"。落款为"朝鲜人民军全体"。

1950年10月，中国人民志愿军跨过鸭绿江，同朝鲜人民军并肩作战，经过近三年的浴血奋战，最终赢得了抗美援朝战争的伟大胜利，打破了美军不可战胜的神话，极大地增强了民族自信心和自豪感。在这场战争中，志愿军涌现出大量英雄人物和英雄集体。其中，第三十八军表现尤为突出，在第一至第四次战役中以英勇顽强的战斗作风、灵活机动的战术配合，多次承担关键作战任务，立下赫赫战功，其威名传遍朝鲜战场。特别是在第二次战役中，既圆满完成了从左翼突破打开战役缺口的任务，又大胆穿插坚决堵住敌

人退路，保证了整个西线作战的胜利。当战报传到志愿军司令部时，彭德怀总司令亲笔书写嘉奖令，并在最后写下："中国人民志愿军万岁！三十八军万岁！""万岁军"从此誉满天下。其中，松骨峰阻击战悲壮惨烈的战斗情景，被作家魏巍写进了著名通讯《谁是最可爱的人》而流芳于世。朝鲜人民军为祝贺三十八军取得的骄人战绩，于1953年6月赠予第三十八军这面锦旗，它是志愿军英勇战绩的真实记录。

锦旗现藏于吉林省博物院（东北抗日联军纪念馆）。

13—14. 抗美援朝期间铁路员工王景洲烈士使用的信号旗

近现代织绣类文物

纵38厘米，横47厘米

信号旗有两面：一面红色，一面绿色。红色信号旗靠近旗裤处有两处残破，绿色信号旗基本完好。

王景洲（1929—1951），吉林磐石人，抗美援朝期间二级战斗英雄。1949年3月王景洲考入磐石车站当站务员，1950年3月加入新民主主义青年团，同年9月加入中国人民志愿军铁路援朝大队并首批过江，赴新成川车站工作。1951年2月，王景洲率先排除定时炸弹，荣立特等功。3月2日，为使弹药车免遭敌机轰炸，他和战友们将弹药车推进山洞隐蔽，当推动第八辆车时，因惯性太大，预判第八辆车可能与刚推进去的前几辆车相撞继而发生爆炸，会直接危及沸流江大桥。危急时刻，在把撬棍插在车轮下边仍抵不住车辆下滑的情况下，王景洲毅然用自己的身躯垫在撬棍下，防止了弹药车辆相撞，避免了爆炸的

边有五色饰穗。正中用黑色绒面布缝有"毓文，演说竞技会，优胜，1928"字样。旗的背面书有"自治会奖"4个字，并印有清晰可见的"吉林毓文中学"校印印模。

吉林毓文中学是以吉林籍南开学校毕业生为主导，参照南开中学模式创办的一所私立学校。它既是新文化运动的园地、传播新思想的中心，又是中共地下党活动的中心。该校以"敦品修学，达材成德"为校训，在吉林省历次学潮中均走在前列。这面锦旗就是1928年毓文中学学生自治会组织全校"演说竞技会"时，自治会主席田兆丰获得的荣誉品。他以"论间岛问题"为

发生，而他却壮烈牺牲了。中国人民志愿军铁道军管总局党委追认他为中共党员，中国人民志愿军政治部给他追记一等功，并授予二级战斗英雄称号。信号旗是记录抗美援朝战争、纪念王景洲烈士的珍贵实物。

信号旗由吉林省军区拨交地方，现藏于吉林省博物院（东北抗日联军纪念馆）。

15.1928年吉林毓文中学学生自治会主席田兆丰荣获的"演说竞技会"锦旗

近现代织绣类文物

纵60厘米，横30.5厘米

锦旗用粉色素缎制成，蓝色素缎包边，下

题，论述"间岛"自古以来就是中国的领土，为揭露日本帝国主义的侵略罪行作了有理有据的演讲，获得了演说竞技优胜第一名，自治会奖给他这面旗帜，以资鼓励。此锦旗是吉林青年学生积极投身反帝爱国运动的历史见证。

该锦旗一直由田兆丰珍藏，1979年吉林省革命博物馆工作人员在田兆丰家征集到该旗，现藏于吉林省博物院（东北抗日联军纪念馆）。

16. 1947年东北民主联军总兵站部赠给和龙县人民参战大车队的"战斗源泉"锦旗

近现代织绣类文物

斜边长约160厘米，一直角边长约81厘米

锦旗呈直角三角形，由红、白两种颜色的布制成，长直角边和斜边上缝有白色月牙形镶边，短直角边为旗裤。旗面顶端有白布缝制的五角星，五角星下方有"奖和龙县人民参战大车队"字样。居中有"战斗源泉"四个大字。落款为"东北民主联军总兵站部赠，一九四七年六·二八"。

1947年5月13日，东北民主联军对国民党军队发动了强大的夏季攻势，东北解放战争进入了战略反攻阶段，主要战场集中在吉林境

内。吉东根据地担负起繁重的战勤任务，组织人力、物力为部队运送粮草、弹药，抢救伤员等。夏季攻势使东北战局发生了新的变化，吉林省东满、南满、辽吉解放区日益巩固扩大，人民支援东北民主联军作战的热情不断高涨，为东北民主联军发起新的攻势奠定了牢固的基础，并提供了充分的保障。和龙县大车队在支援前线中表现突出，受到了东北民主联军总兵站部的表彰和奖励。这面奖旗是军民紧密依靠、取得战争胜利的有力见证，是一份珍贵的历史实物。

20世纪60年代初，锦旗由吉林省博物馆业务人员在和龙县征集，现藏于吉林省博物院（东北抗日联军纪念馆）。

17. 1951年朝鲜人民军最高司令部军医局赠给吉林省政府及周持衡主席的锦旗

近现代织绣类文物

纵154厘米，横74厘米

锦旗为红色，白绸、黄穗镶边，上方有白绸旗裤，正中嵌有白色朝鲜语文字，译成中文为"赠：吉林省人民政府及周主席，在抗美援朝，保家卫国中，你们发扬了崇高的国际主义精神，给予我们极大的帮助，使朝鲜人民军伤员尽快康复，重返前线。为此，向你们表示衷心的敬意和感谢。朝鲜人民军最高司令部军医局，一九五一年八月　日"。

1950年抗美援朝战争开始后，地处抗美援朝战争前沿的吉林省各族人民，响应党中央"抗美援朝，保家卫国"的号召，在中共吉林省委和省政府的领导下，积极参加抗美援朝运动，在全省掀起群众性的参军参战和支前热潮。与

18. 1923年黑龙江省留日学生同乡会敬献的悼念旅日华工领袖王希天烈士挽联

近现代织绣类文物

上联长256厘米，下联长307厘米，宽53厘米

挽联为亚麻纱质地，竖书。上联"王希天先生千古！为救同胞遭惨害杀身成仁遗"，下联"务除异种慰冤魂复仇雪耻共誓一心"，落款"黑龙江省留日学生同乡会敬挽"。

王希天，吉林省长春市人。1915年留学日本，目睹旅日华工的悲惨境遇，为维护民族尊严，保护华工的合法权益，1922年9月，王希天等人共同创建了侨日中华劳动同胞共济会，其任会长。此后，王希天献身于华工事业，为华工建

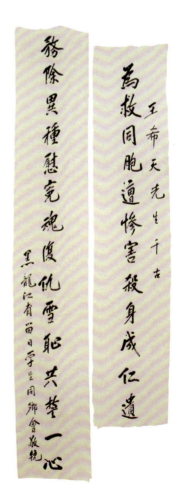

此同时，吉林人民加紧生产，保障军需供应，支援战争，并开展爱国增产节约和爱国丰产运动，为抗美援朝战争的胜利作出了巨大贡献。在救护朝鲜人民军伤员的工作中，周持衡主席发扬国际主义和人道主义精神，为伤员提供积极、热情、精心的救助，圆满地完成了任务。朝鲜人民军为了表示感谢，1951年特赠这面锦旗给吉林省政府及周持衡主席，成为吉林人民"抗美援朝，保家卫国"的历史见证，同时也体现了中朝两国人民的深厚友谊。

锦旗现藏于吉林省博物院（东北抗日联军纪念馆）。

立合法团体，举办福利事业，维护华工利益，与日本当局进行英勇的斗争，成为著名的侨日华工领袖。1923年，王希天因揭露日本军警趁地震之机残害华工的暴行，被日本反动当局秘密杀害。消息传出后，引起国内外各界的强烈反响，各地纷纷举行追悼会和纪念会，抗议日本当局残害中华侨胞的罪行。11月4日，吉林以省议会为主导的九个团体在吉林市丹桂茶园为王希天及遇难华工举行示威性追悼会，长春《大东日报》发表了纪念王希天的文章，以表达哀痛、缅怀之情。这副挽联是当时黑龙江省留日学生同乡会敬献的，凝聚着留日学生对王希天的敬仰、爱戴之情，同时，也记录了王希天光辉的一生。

挽联由王希天的好友孙宗尧精心保存，后来转给王希天之子王振圻。1981年，王振圻将挽联捐赠给吉林省革命博物馆，现藏于吉林省博物院（东北抗日联军纪念馆）。

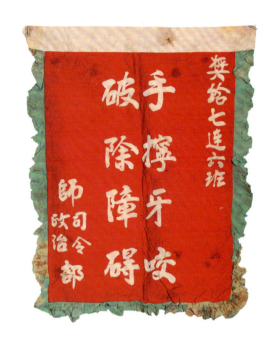

19. 1947年东北民主联军第三纵队七师司令部政治部奖给七连六班的"手拧牙咬破除障碍"锦旗

近现代织绣类文物

纵75厘米，横60厘米

锦旗由红布制成，绿绸镶边，上边有白色旗裤，旗上用白布自右至左缝有"奖给七连六班：手拧牙咬，破除障碍。师司令、政治部"字样，它记录的是"二保临江"战斗中一段真实的故事。

1946年末至1947年初，东北民主联军进行了著名的"三下江南，四保临江"战役。在第二次临江保卫战中，第三纵队第七师第十九团第七连接受了攻打西南山的任务。战斗开始，为破坏敌人工事，七连二排六班战士冲锋

在前，用刺刀砍、手拧铁丝网，用手拉掉鹿砦，用牙咬断绳索，千方百计破坏敌人所设障碍，保证了主攻部队按时占领歪头砬子钓鱼台，有力配合了兄弟部队围歼三源浦之敌，最终取得三源浦战斗的胜利。战后，师部给七连记大功两次，给二排记大功一次，给六班记大功两次，授予六班这面"手拧牙咬，破除障碍"锦旗，并命名为突击班。这面锦旗成为东北民主联军为解放东北，同国民党军队进行艰苦斗争的历史见证，同时也体现了人民战士在对敌战斗中英勇顽强的大无畏精神。

1982年，锦旗由吉林省革命博物馆业务人员在中国人民解放军第四十军政治部征集，现藏于吉林省博物院（东北抗日联军纪念馆）。

20. 解放战争时期陈正人使用的军用睡袋

近现代织绣类文物

长190厘米，宽110厘米

睡袋由黄色帆布制成，有贯通拉锁和铁按扣，上半部外侧缝有13厘米长的粘袋。

陈正人（1907—1972），原名陈林，江西省遂川县人。东北解放战争时期，曾任东北民主联军政治部主任、吉林省委书记兼军区政治委员等职，为建设和发展我党在东北的革命武装力量做了大量的工作。他在吉林工作期间，认真贯彻执行党的路线、方针和政策，组织大批干部深入农村，发动群众，实行土地改革，广泛开展支前劳军运动。为了克服暂时的经济困难，领导吉林解放区军民开展大生产运动。吉林全境解放后，一面抓农村工作，一面抓城市建设，领导全省人民积极恢复和发展生产，有力地支援了解放战争，为吉林省的解放和东北解放战争的胜利作出了重大贡献。在吉林工作期间，陈正人居无定所，风餐露宿，这个睡袋一直陪伴着他。睡袋是那段历史的一个见证，是一份重要的历史实物。

1987年，陈正人的夫人彭儒将此睡袋捐赠给吉林省革命博物馆，现藏于吉林省博物院（东北抗日联军纪念馆）。

21. 1948年延吉县勇成乡雇贫农团赠给平安区贫农代表大会的"改翻天地，掌握政权"锦旗

近现代织绣类文物

纵86厘米，横36厘米

锦旗由红色织锦缎制成，下端缝有网状苏缀。旗面中间用黑色墨水竖排书写"改翻天地，掌握政权"8个大字。左侧落款为"一九四八年一·二九，勇成乡，雇贫农团赠"。

1946年5月4日，中共中央发布了《关于清算减租及土地问题的指示》（简称"五四指示"）。7月7日，东北局扩大会议上通过的《东北局关于目前形势与任务的协议》（简称"七七决议"）中贯彻落实了"五四指示"，全面开展土地改革。吉林省境内的土地改革运动从1946年6月至1948年6月，分四个阶段：贯彻"五四指示"，清算分地阶段；"煮夹生饭"阶段；"砍挖"斗争阶段；

贯彻《中国土地法大纲》，平分土地阶段。

1948年初，吉林解放区土地改革取得了阶段性成果，各地相继召开会议，贯彻全国土地会议精神，逐步完成土地改革运动。1月29日，延吉县平安区召开贫雇农代表大会。会上勇成乡妇女会主任池玉顺提议，用清算地主的被面和台布上的饰穗做一面锦旗献给大会。

通过土地改革运动，东北解放区在经济上、政治上消灭了封建剥削制度，农民获得了生产生活资料，提高了农民生产积极性，解放了农村生产力。翻身农民积极发展生产，踊跃参军参战，支援前线，为东北解放战争乃至全国解放战争的胜利作出了巨大贡献。

该锦旗为1959年筹备"吉林历史陈列展览"时征集入藏，现藏于吉林省博物院（东北抗日联军纪念馆）。

22. 1945年辽北省政府副主席栗又文佩戴的胸章

近现代织绣类文物

长9厘米，宽6厘米

胸章为长方形，白色花旗布质地。正面印有红框，框宽0.5厘米，印有黑色宋体字，内容为"辽北省政府""职别""姓名"，毛笔楷书有"副主席""栗又文"，背面印有"第2号""中华民国34年12月4日发给"等字样，正中钤盖辽北省政府印。

栗又文（1901—1984），辽宁省辽阳县人。1936年4月加入中国共产党。抗日战争胜利后赴东北工作，曾任辽北省政府副主席（主持工作），吉江行署主任，吉林省政府副主席、党组副书记，东北行政委员会秘书长，吉林省委副书记，吉林省省长，吉林省人大常委会主任等职。1984年4月在北京病逝。

1945年9月，中共中央东北局成立后快速组织武装力量，建立民主政权。11月5日，辽北省政府在四平建立，时任主席阎宝航未到任，副主席栗又文曾主持工作。在其任职期间，为解放东北和东北政权建设作出了重要贡献。

胸章是栗又文在担任辽北省政府副主席，主持初建辽北省政府期间佩戴的，是中国共产党建立东北民主政权，开辟东北根据地的历史见证。

1987年，胸章由栗又文夫人明辉捐赠，现藏于吉林省博物院（东北抗日联军纪念馆）。

23.1948年周保中佩戴的中国人民解放军胸章

近现代织绣类文物

长7.8厘米，宽4.7厘米

胸章为白色棉布质地，正面红框内印有黑色宋体字"中国人民解放军"。背面黑色框内印有"部别""职别""中华民国三十　年佩用00047号"，钤盖红色"吉林省政府军事部部长之章"的方形印章。

周保中（1902—1964），白族，原名奚李元，字绍黄，云南省大理县人。1927年7月加入中国共产党，1928年赴莫斯科学习。九一八事变后回国，曾任中共满洲省委军委书记，东北抗日联军第五军军长兼军党委书记，东北抗联第二路军总指挥，吉东省委执行部主席，东北抗联教导旅旅长等职。解放战争时期，曾任东北人民自卫军总司令，东北人民自治军副司令，东北民主联军副总司令，吉林军区司令员，吉林省政府主席，吉辽军区司令员等职。

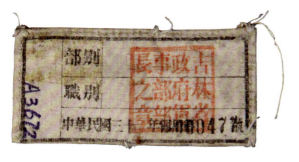

1949年调到云南工作。1964年2月21日在北京病逝。

1948年1月1日，奉中央军委命令，东北民主联军改称东北人民解放军。1948年底，成立吉林省政府军事部，驻地在吉林市。1949年5月，吉林省政府军事部改称中国人民解放军东北军区吉林军事部。此枚胸章正是周保中在此期间工作时佩用的。

1987年11月，胸章由周保中夫人王一知捐赠给吉林省革命博物馆，现藏于吉林省博物院（东北抗日联军纪念馆）。

24. 解放战争时期周保中使用的毛毯

近现代织绣类文物

长208厘米，宽134厘米

毛毯为橘褐色羊毛材质，装饰图案用绿色、暗红色和米色纱线双面织成。毛毯保存整洁，表面陈旧，有折痕，边缘处有磨损。

周保中（1902—1964），白族，原名奚李元，字绍黄，云南省大理县人。1927年7月加入中国共产党，1928年赴莫斯科学习。九一八事变后回国，曾任中共满洲省委军委书记，东北抗日联军第五军军长兼军党委书记，东北抗联第二路军总指挥，吉东省委执行部主席，东北抗联教导旅旅长等职。解放战争时期，曾任东北人民自卫军总司令，东北人民自治军副司令，东北民主联军副总司令，吉林军区司令员，吉林省政府主席，吉辽军区司令员等职。1949年调到云南工作。1964年2月21日在北京病逝。

毛毯是周保中在解放战争时期使用的，见证了周保中将军在此期间为建立巩固东北根据地，开展剿匪，土地改革，组建东北民主联军，

创建人民政权，解放东北乃至支援全国解放所作出的重要贡献。

1987年11月，毛毯由周保中夫人王一知捐赠给吉林省革命博物馆，现藏于吉林省博物院（东北抗日联军纪念馆）。

25. 解放战争时期周保中戴的呢军帽

近现代织绣类文物

帽围60.5厘米

军帽为解放帽式样，绿色毛呢质地，带帽遮，正面中间缝有一枚中国人民解放军军徽。是周保中同志在解放战争时期佩戴的。

周保中（1902—1964），白族，原名奚李元，字绍黄，云南省大理县人。1927年7月加入中国共产党，1928年赴莫斯科学习。九一八事变后回国，曾任中共满洲省委军委书记，东北抗日联军第五军军长兼军党委书记，东北抗联第二路军总

指挥，吉东省委执行部主席，东北抗联教导旅旅长等职。解放战争时期，曾任东北人民自卫军总司令，东北人民自治军副司令，东北民主联军副总司令，吉林军区司令员，吉林省政府主席，吉辽军区司令员等职。1949年调到云南工作。1964年2月21日在北京病逝。

这顶军帽见证了周保中在解放战争时期，为建立巩固东北根据地，开展剿匪，土地改革，解放东北乃至支援全国解放所作出的重要贡献。

1987年11月，军帽由周保中夫人王一知捐赠给吉林省革命博物馆，现藏于吉林省博物院（东北抗日联军纪念馆）。

26. 解放战争时期周保中穿的苏式军呢上衣

近现代织绣类文物

长106厘米，宽77厘米

上衣为军绿色毛呢质地，5枚铜扣，深蓝色内衬。袖口处有碳素笔迹污痕，有磨损和其他污渍。这是解放战争时期周保中穿的苏式军呢上衣。

周保中（1902—1964），白族，原名奚李元，字绍黄，云南省大理县人。1927年7月加入中国共产党，1928年赴莫斯科学习。九一八事变后回国，曾任中共满洲省委军委书记，东北抗日联军第五军军长兼军党委书记，东北抗联第二路军总指挥，吉东省委执行部主席，东北抗联教导旅旅长等职。解放战争时期，曾任东北人民自卫军总司令，东北人民自治军副司令，东北民主联军副总司令，吉林军区司令员，吉林省政府主席，吉辽军区司令员等职。1949年调到云南工作。1964年2月21日在北京病逝。

上衣见证了周保中在吉林工作期间在开展剿匪、土地改革、创建人民政权、巩固东北根据地等方面作出的重要贡献。

1987年11月，上衣由周保中夫人王一知捐赠给吉林省革命博物馆，现藏于吉林省博物院（东北抗日联军纪念馆）。

27. 1948年周保中的"解放东北纪念"章

近现代金属类文物

通径4.8厘米，绶带长7厘米

纪念章为铜质，呈不规则圆形，中心为东北地区轮廓图，并有"解放东北纪念""1948"等字样。上端为八一军旗，左右分别嵌齿轮、麦穗和象征和平的翅膀，下方蓝色波浪上嵌红色五角星，配有红黄相间绶带，绶带背面配有铜质别针一枚。

1945年抗日战争取得胜利后，国共双方对东北展开了激烈的争夺，我党为取得东北解放战争的胜利，积极建立巩固的根据地，开展土地改革，先后取得了"三下江南，四保临江"、辽沈战役等著名战役的胜利，最终迎来东北全境的解放。为纪念东北解放这一重要历史事件，1948年东北人民解放军总部发行了"解放东北纪念"章。这枚纪念章是周保中佩戴的，见证

了东北解放这段重要历史。

周保中（1902—1964），白族，原名奚李元，字绍黄，云南省大理县人。1927年7月加入中国共产党，1928年赴莫斯科学习。九一八事变后回国，曾任中共满洲省委军委书记，东北抗日联军第五军军长兼军党委书记，东北抗联第二路军总指挥，吉东省委执行部主席，东北抗联教导旅旅长等职。解放战争时期，曾任东北人民自卫军总司令，东北人民自治军副司令，东北民主联军副总司令，吉林军区司令员，吉林省政府主席，吉辽军区司令员等职。1949年调到云南工作。1964年2月21日在北京病逝。

纪念章一直由周保中保存，周保中逝世后，由其夫人王一知收藏，1987年11月捐赠给吉林省革命博物馆，现藏于吉林省博物院（东北抗日联军纪念馆）。

28. 1949年吉林省人民政府印

近现代金属类文物

印面边长7厘米，印面厚2.2厘米，柄9厘米

印为铜质，印面呈正方形，印字为宋体，阳刻"吉林省人民政府印"，柱形手柄，印背右侧錾刻"吉林省人民政府印"，左侧錾刻"一九四九年十二月□日"，下方錾刻"第捌贰号"字样，使用痕迹明显，保存完整。

抗日战争胜利后，根据中共中央建立东北根据地的指示精神，中共东北局迅速着手各级党的建设与政权建设。1945年11月初，东北局决定成立中共吉林省工作委员会和吉林军区。同年12月27日，在永吉县岔路河召开吉林省人民代表会议，会议选举了吉林省政府及行政委员会，主席周保中，副主席周鲸文（未到任），吉林省第一届人民政府宣告成立。1949年7月吉林省政府改称吉林省人民政府。此枚铜印为1949年新中国成立后由中央人民政府统一监制，是中国新民主主义革命胜利后人民当家做主的权力象征。

吉林省人民政府印由吉林省政府办公厅拨交，现藏于吉林省博物院（东北抗日联军纪念馆）。

29. 1979年蒋筑英荣获的全国劳动模范奖章

近现代金属类文物

直径4.5厘米

奖章为铜质，金黄色，呈圆齿形，中间是四颗小五角星包围一颗大五角星，周围是谷穗和齿轮。背面铸有"中华人民共和国国务院，一九七九，567"字样，上有"全国劳动模范"6个字。

蒋筑英（1938—1982），生于贵州省贵阳市。1956年考入北京大学物理光学系。1962年考入长春光学精密机械学院，是光学专家王大珩的第一个研究生。曾攻克"光学传递函数"研究课题，掌握五门专业外语，先后两次出国深造，研制成我国第一台光学传递函数测量装置，填补了国内光学设计领域的空白。历任中国科学院长春光机所十一室主任、代所长，

副研究员，是国内光学研究领域的杰出代表。1982年6月，带病参加成都模拟装置验收工作，因劳累过度，病情急剧恶化，不幸殉职，终年44岁。

1982年，中共吉林省委追认蒋筑英为中共党员，国务院追认蒋筑英为特等劳动模范。这枚奖章是1979年国务院授予蒋筑英的全国劳动模范奖章，是蒋筑英为党的科学事业辛勤工作，并作出突出贡献的历史见证，也表明了党和国家对蒋筑英为科学献身崇高品德的充分肯定，以及对知识分子的重视与关怀。

1982年，奖章由蒋筑英的夫人路长琴捐赠给吉林省革命博物馆，现藏于吉林省博物院（东北抗日联军纪念馆）。

30. 抗日战争时期"海龙县民众抗日救国会"铅字印章

近现代金属类文物

长7.5厘米，宽2厘米，厚0.75厘米

铅字印章由10个深灰色铅字块排成一列，内容为"海龙县民众抗日救国会"，用白色线绳绑在一起。

1931年，九一八事变后，日本侵占了辽、吉、黑三省。在国难当头的危急时刻，东北各界爱国志士和人民群众，响应中国共产党的抗日主张，纷纷组织起"抗日救国会""农民协会""大刀会""红枪会""妇女会"等抗日群众团体，开展抗日救国活动，支援东北抗日义勇军，对日本开展反侵略的斗争。海龙县广大爱国民众自发成立了海龙县民众抗日救国会组织，广泛宣传抗日救国，印发反日宣传品，鼓励群众为挽救民族危亡而战。该印章是当时海龙县民众抗日救国会使用的，是海龙县爱国民众自发组织起来开展抗日斗争的历史见证。

印章从海龙县档案馆征集，现藏于吉林省博物院（东北抗日联军纪念馆）。

31. 抗日战争时期东北抗日联军第二路军总指挥周保中使用的铁笔

近现代复合质地类文物

长16.5厘米，笔肚直径1厘米，笔尖长0.7厘米

铁笔为深蓝色木质笔身，笔尖为铁质，已严重磨损。

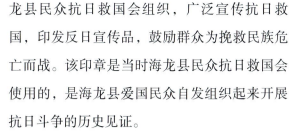

周保中（1902—1964），白族，原名奚李元，字绍黄，云南省大理县人。1927年7月加入中国共产党，1928年赴莫斯科学习。九一八事变后回国，曾任中共满洲省委军委书记，东北抗日联军第五军军长兼军党委书记，东北抗联第二路军总指挥，吉东省委执行部主席，东北抗联教导旅旅长等职。解放战争时期，曾任东北人民自卫军总司令，东北人民自治军副司令，东北民主联军副总司令，吉林军区司令员，吉林省政府主席，吉辽军区司令员等职。1949年调到云南工作。1964年2月21日在北京病逝。

抗日战争时期，周保中在加强部队军事训练的同时，也注重提高部队

的政治文化素质，撰写《政治学常识》《社会学常识》等教科书和宣传材料，利用一切机会对抗联将士进行时事、政治教育。在白山黑水之间，周保中一方面要躲避敌人的严密搜索，一方面还要制作传单、小报等宣传抗日军民的斗争事迹，以及宣传中国共产党的方针、政策，团结组织指挥各种抗日力量，以铁笔为刀枪，唤醒广大民众起来抗日救国。

1986年，周保中夫人王一知将铁笔捐赠给吉林省革命博物馆，现藏于吉林省博物院（东北抗日联军纪念馆）。

32. 抗美援朝期间王景洲烈士使用的信号灯

近现代复合质地类文物

底径14.5厘米，高36厘米

信号灯整体为深绿色，上方有圆形提手，侧面有把手和一圆形玻璃罩。

王景洲（1929—1951），吉林磐石人，抗美援朝战争期间二级战斗英雄。1949年3月王景洲考入磐石车站当站务员，1950年3月加入新民主主义青年团，同年9月加入中国人民志愿军铁路援朝大队并首批过江，赴新成川车站工作。1951年2月，王景洲率先排除定时炸弹，荣立特等功。3月2日，为使弹药车免遭敌机轰炸，他和战友们将弹药车推进山洞隐蔽，当推动第八辆车时，因惯性太大，即将与刚推进去的前几辆车相撞发生爆炸，直接危及沸流江大桥。危急时刻，在把撬棍插在车轮下边仍抵不住车辆下滑的情况下，王景洲毅然用自己的身躯垫在撬棍下，防止了弹药车辆相撞，避免了爆炸的发生，而他却壮烈牺牲了。中国人民志愿军铁道军管总局党委追认他为中共党员，中国人民志愿军政治部给他追记一等功，并授予二级战斗英雄称号。信号灯是抗美援朝期间铁路员工王景洲在工作中使用的，是记录抗美援朝战争的珍贵实物。

信号灯由吉林省军区拨交，现藏于吉林省博物院（东北抗日联军纪念馆）。

33. 抗日战争时期东北人民革命军第一军独立师少年营使用的单刀

近现代金属类文物

长95厘米，刃宽5.5厘米，护手直径9厘米

单刀呈扁月形，钢质，刀口有钝痕，刀尖已断，刀把木柄脱落，有护手。

九一八事变后，东北的反日斗争风起云涌。1933年9月，东北人民革命军第一军独立师成立后，杨靖宇根据共产国际和中共中央文件精神，以及南满抗日斗争实际情况，成立了一支

主要由烈士遗孤和当地农民孩子组成的少年营。全营兵力70余人，成员最大的18岁，最小的13岁，大多是穷苦人家的孩子，有的是随父母参加东北抗日联军，有的是父母被日本人残害，有的是被解放的童工，还有只身投奔东北抗日联军的孤儿等。经过严格的军事训练，少年营的孩子们除站岗、放哨、送书信外，还张贴标语，在群众中广泛进行抗日宣传。他们年龄虽小，但皆是勇敢的战士。随着抗日队伍日益发展壮大，武器装备也得到了补充和改善，从缴获的敌人武器中拨给少年营一些枪支、弹药等。这把单刀就是拨给少年营使用的武器之一，是关东少年抗日救国的历史见证。后被埋于二道沟。

1964年春，农民王学武在朝阳山乡红五月村的二道沟开荒翻地时发现此刀。现藏于吉林省博物院（东北抗日联军纪念馆）。

34. 抗日战争时期东北抗日联军第一路军总司令杨靖宇在柳木桥村宿营时使用的锅撑

近现代金属类文物

口径20厘米，高11.7厘米

锅撑为铁质，圆圈下有三个支架，是一种简易的炉具。是杨靖宇在柳木桥村宿营时使用的。

杨靖宇（1905—1940），原名马尚德，字骥生，出生于河南省确山县李湾村，伟大的民族英雄和优秀的共产主义战士，东北抗日联军的主要创建者和领导人之一。1932年，杨靖宇开始领导抗日武装斗争，率领东北军民与日寇血战于白山黑水之间。先后担任东北人民革命军第一军军长兼政委，东北抗日联军第一军军长兼政委，东北抗日联军第一路军总司令兼政委等职。1940年2月23日，在濛江县（今靖宇县）保安村三道崴子与日伪军激战中壮烈殉国。

1933年10月，杨靖宇贯彻中共满洲省委关于扩大游击活动区，开辟游击根据地的指示精神，亲率主力部队向辉发江南进军。1934年夏至1938年秋开辟了辽宁东南部老秃顶子、和尚帽子山游击根据地。1938年，杨靖宇在柳木桥山区进行抗日活动时，住在柳木桥抗联密营中。柳木桥抗联密营位于抚顺市清原满族自治县英额门镇柳木桥村北1.5公里处，地处深山老林中，于1936年秘密修建，是东北抗联的一处长期指挥住所。

杨靖宇的通讯员向当地的农民单大娘借了锅撑等生活用具。部队转移时，又把锅撑还给了物主单大娘。因汉奸告密，日伪军放火烧毁了柳木桥村屯的房屋，杨靖宇使用的锅撑被抢

救并保存了下来。锅撑凝结着抗日军民的鱼水情谊。

1963年，博物馆业务人员在辽宁省清原县英额门公社柳木桥子屯单大娘家征集入藏。现藏于吉林省博物院（东北抗日联军纪念馆）。

35. 抗日战争时期辽宁民众自卫军使用的电台

近现代金属类文物

长40厘米，宽25厘米，高25厘米

电台由铁、铝等金属构成，缺失少量部件。正面有三个仪表盘，两个旋钮，其中一个旋钮已经脱落，观测仪表处有明显磨损痕迹，收发报系统基本完整，是一部美国制造旧式电台。

1931年，九一八事变后，日军逐渐加紧对东北的侵略步伐。1932年4月，唐聚五在辽宁省桓仁县率部举旗抗日，成立了辽宁民众自卫军及辽宁民众救国会。尔后，民众自卫军攻占通化，发表了《告东北民众书》，收编了柳河、海龙等地的抗日武装，协同作战，联合抗日，他们在广大群众的支持下，破坏敌人交通要道，袭击重要城镇，给日军以重大打击，鼓舞了全国军民的抗日斗志。同年10月，日军调集兵力向驻守在通化地区的辽宁民众自卫军发动"讨伐"，唐聚五等抗日将领被迫撤退至关内，继续抗日斗争。

为支援辽宁民众自卫军对日作战，东北民众抗日救国会从北平派人给唐聚五部秘密送来这部电台，在东北抗日义勇军的反满抗日斗争中，起到了重要的联络作用。唐聚五部撤离临江时，将其掩埋在临江板石沟。这部电台是见证东北抗日义勇军与日本侵略者浴血奋战的重要实物资料。

新中国成立后，该电台在临江板石沟发掘出土，现藏于吉林省博物院（东北抗日联军纪念馆）。

36. 抗日战争时期东北抗联第二军陈翰章部牛心顶子被服厂使用的缝纫机头

近现代金属类文物

长36.7厘米，宽18.8厘米，高16.3厘米

缝纫机头外形完好，零件完整无缺，内件已经锈坏，黑漆大部分脱落，但商标"SINGER"字样清晰可见，为20世纪20年代美国制造"辛格"牌手摇脚踏两用缝纫机，是东北抗联第二军第五师遗留下的一件珍贵文物。

在艰难困苦的东北抗日游击战争岁月里，地处安图、敦化两县交界的牛心山是陈翰章部活动的抗联后方根据地，建立有被服厂，共有10余台缝纫机，战士们就地取材，伐木为营，修建厂房。群众为抗联代买布匹、棉花等物品，被服厂为抗联战士缝制军装、被褥等。被服厂对于解决部队军需困难，以及战胜日军的经济封锁起到了积极作用。由于叛徒告密，密

营遭敌袭击烧毁，被服厂的抗联女战士惨遭杀害，部队转移时掩藏的被服厂设备和粮食大部分被敌人挖出，这台缝纫机头未被敌人发现而遗留下来，成为东北抗日联军艰苦斗争历史的生动见证，是抗联战士可歌可泣英雄事迹的真实记录。

1982年11月，缝纫机头被当地林业工人发现，现藏于吉林省博物院（东北抗日联军纪念馆）。

37. 1928年红土崖大刀会会员使用的大刀

近现代金属类文物

长85厘米，宽12.6厘米，厚0.4厘米

大刀为铁质，刀柄尾部有一圆环，护手部位似元宝。大刀是红土崖大刀会曾使用的武器。大刀会是继义和团和忠义军抗俄斗争之后，又一支反封建反军阀统治和反对帝国主义侵略的

农民武装。

1927年，奉系军阀穷兵黩武，苛捐杂税猛烈增加，加上地方官吏和土匪又乘机勒索，使百姓苦不堪言，处在水深火热之中。在官逼民反的情况下，红土崖五道羊岔人称"三张家"发起了大刀会，接着四道羊岔、三道羊岔、三道沟、六道沟、板石沟、通化罗圈沟等地也先后发起了大刀会。大刀会总会领导8个分会，会员达几千人。中共满洲省委临时委员会为加强大刀会的工作，曾派人参加通化县等地的大刀会，从而进行争取群众的工作。大刀会纪律严明，消灭土匪、除暴安良、保家安民，深得人心。军阀政府惊恐不安，为维护其反动统治，1928年初，奉天警备司令齐恩铭和黑龙江督军吴俊升联合镇压了大刀会。大刀会虽然失败了，但它沉重打击了东北军阀的统治，在农民革命斗争史上写下了光辉的篇章。

1972年，浑江市（现白山市）红土崖公社社员刘明贵在三道沟岭山坡发现了半插在泥土里的大刀，经浑江市史志办等相关人员确认，其为1928年大刀会的遗物。现藏于吉林省博物院（东北抗日联军纪念馆）。

38. 解放战争时期东北民主联军副司令员周保中使用的120照相机

近现代复合质地类文物

长12厘米，宽8厘米，厚4.3厘米

照相机为日本Waltax牌，120皮腔式相机，镜头可以伸缩。是周保中在抗日战争末期缴获的战利品。

周保中（1902—1964），白族，原名奚李元，字绍黄，云南省大理县人。1927年7月加

陶铸缴获，后奖励给佔全景。

陶铸（1908—1969），湖南省祁阳人。1926年入黄埔军校学习，同年加入中国共产党。解放战争时期，先后任中共辽宁、辽西、辽吉、辽北省委书记兼军区政治委员，东北野战军第七纵队政治委员，第四野战军政治部副主任。平津战役中，曾以人民解放军平津前线司令部代表身份进入北平与傅作义部代表谈判。新中国成立后，先后任广西省委代理书记，中南军区政治部副主任、主任，华南军区第二政委，中共中央中南局第一书记兼广东省委第一书记，广州军区第一政委等职。1969年11月30日在安徽合肥逝世。

佔全景，1930年参加革命。1946年初，到吉林省洮南，后调到大安剿匪，任大赉区长。当时佔全景要结婚，须请示时任辽吉军区政治委员的陶铸批准，因其剿匪有功，陶铸将自己缴获的这把德国造驳壳枪作为新婚贺礼奖励给了佔全景，此后这支驳壳枪一直被佔全景带在身上。

佔全景的儿子佔海将这把驳壳枪捐赠给吉林省革命博物馆，现藏于吉林省博物院（东北抗日联军纪念馆）。

入中国共产党，1928年赴莫斯科学习。九一八事变后回国，曾任中共满洲省委军委书记，东北抗日联军第五军军长兼军党委书记，东北抗联第二路军总指挥，吉东省委执行部主席，东北抗联教导旅旅长等职。解放战争时期，曾任东北人民自卫军总司令，东北人民自治军副司令，东北民主联军副总司令，吉林军区司令员，吉林省政府主席，吉辽军区司令员等职。在建党建军建政等方面做了大量的工作，曾指挥攻打长春等著名战役，为建立东北根据地，解放东北作出了贡献。1949年调到云南工作。1964年2月21日在北京病逝。

相机是周保中在解放战争时期及新中国成立后使用的，后由其夫人王一知保存，现藏于吉林省博物院（东北抗日联军纪念馆）。

39. 1946年辽吉军区政治委员陶铸奖给佔全景的驳壳枪

近现代金属类文物

长28厘米，宽15.5厘米，穗长37.5厘米

驳壳枪为德国造，金属材质，无枪栓。为

40. 解放战争时期吴殿甲使用的军刀

近现代金属类文物

长100厘米，刃宽3厘米，护手直径6厘米。附刀鞘，刀鞘为皮质，长75厘米，宽4.5厘米

吴殿甲（1917—2016），内蒙古自治区武川县人。1937年3月参加革命。抗日战争时期，曾任决死三纵队七团营长，晋冀鲁豫边区襄垣县县长，决死三纵队九团政委。解放战争时期，曾任八路军太行军区赴东北干部第三团团长，东北民主联军、人民解放军吉林军区舒兰县保安团和独立第一团政委，中共吉林省舒兰县委书记、县长，东北军政大学吉林分校政治部主任，东北军政大学第四团政治处主任。新中国成立后，曾任中国人民解放军齐齐哈尔步兵学校政委，吉林省军区司令部副参谋长，吉林省军区副军职顾问等职。1955年被授予大校军衔。1983年离休。

1945年8月15日，日本战败投降。日本驻舒兰县岗街村开拓团团长用这把军刀将13名日本士兵全部杀死，然后自杀。1946年，吴殿甲受党的委派，从太行山区赴本溪东北民主联军总部报到，到水曲柳村开展工作。当时舒兰县刚刚解放，岗街村农会主席将这把军刀送予吴殿甲。在解放战争时期吴殿甲带着这把军刀为解放东北、支援全国解放战争作出了重要贡献。

2000年，吴殿甲将军刀捐赠给吉林省革命博物馆，现藏于吉林省博物院（东北抗日联军纪念馆）。

41. 1938年杨靖宇使用的饭桌

近现代竹木器类文物

长73厘米，宽45厘米，高27厘米

长方形桌面，木质。四脚松动，桌面有裂痕。

杨靖宇（1905—1940），原名马尚德，字骥生，出生于河南省确山县李湾村，伟大的民族英雄和优秀的共产主义战士，东北抗日联军的主要创建者和领导人之一。1932年，杨靖宇开始领导抗日武装斗争，率领东北军民与日寇血战于白山黑水之间。先后担任东北人民革命军第一军军长兼政委，东北抗日联军第一军军长兼政委，东北抗日联军第一路军总司令兼政委等职。1940年2月23日，在濛江县（今靖宇县）保安村三道崴子与日伪军激战中壮烈殉国。

1934年夏至1938年初，杨靖宇率部开辟了以辽宁东南部老秃顶子、和尚帽子为中心的抗日游击根据地。1938年杨靖宇在辽宁省清原县

英额门镇柳木桥子宿营时，通讯员向当地农民单大娘家借了炕桌用于办公，在部队转移时还给了物主，由单家保存下来。

此饭桌是珍贵文物，不仅记录了抗日民族英雄杨靖宇的革命战斗历程，更是考察研究抗日战争史不可多得的物证。

1963年3月15日，由吉林省博物馆专业人员在辽宁省清原县英额门公社木桥子屯单庆龙家征集，现藏于吉林省博物院（东北抗日联军纪念馆）。

42. 1947年临江县红土崖区政府颁给军属张建成的光荣匾

近现代竹木器类文物

长73厘米，宽41厘米，厚2厘米

红松木制，长方形，暗黄色。下端开裂。匾上用毛笔写有17个楷体字，居中横书"光荣匾"，右侧竖书"张老脑筋真转变"，左侧竖书"三个儿子送前线"。

1946年6月至1947年5月，吉林各根据地的群众性剿匪斗争取得了决定性胜利，沉重打击了国民党反动势力，巩固了解放区的民主政权，广大人民群众对党和人民政府以及人民军队更加信赖和拥护。随着土地改革运动的深入进行，吉林省各族人民踊跃参军参战支援前线，积极参加"保家保田"的人民战争。

为支援解放战争，临江县红土崖区张建成先后把三个儿子送上前线。张建成是打土豪积极分子，有三个儿子：长子张富，1945年10月参军，在辽东军区独立师四团一营当战士，一年后牺牲；三子张增，1946年2月参军，

在辽东军区独立师五团二营营部当警卫战士；次子张禄，张建成本欲留在身边，但在1947年初四保临江战役期间，张建成毅然将次子也送上前线，加入临江县八区二中队，参加四保临江战役。为表彰张建成送子参军的革命精神，1947年临江县红土崖区政府颁给张建成这块光荣匾。这块光荣匾是东北解放战争时期，人民群众拥军参战的历史见证。

新中国成立后，四保临江战役纪念馆从浑江市红土崖乡报马桥（现属大镜沟公社管辖）征集到这块光荣匾，现藏于吉林省博物院（东北抗日联军纪念馆）。

43. 1949年吉林省人民政府印

近现代竹木器类文物

边长7.5厘米，通高2.2厘米

印为木刻，正方形，印字为楷书，阳刻"吉林省人民政府印"。

抗日战争胜利后，根据中共中央建立东北根据地的指示精神，中共东北局迅速着手各级党的建设与政权建设。1945年11月初，东北局决定成立中共吉林省工委和吉林军区。同年12月27日，在吉林永吉县岔路河召开吉林省人民代表会议，会议选举了吉林省政府及行政委员会，主席周保中，副主席周鲸文（未到

任），吉林省第一届人民政府宣告成立。1949年7月，吉林省政府改称吉林省人民政府。1954年9月，吉林省人民政府由吉林市迁至长春市。这枚吉林省人民政府印象征着新中国成立初期吉林省的最高政权机关，见证了中国共产党领导的吉林省人民政府进入了一个崭新的历史发展时期。

吉林省人民政府印由吉林省政府办公厅拨交，现藏于吉林省博物院（东北抗日联军纪念馆）。

44. 解放战争时期辑安热闹街完全小学校儿童团印

近现代竹木器类文物

通高6.5厘米，通径8.5厘米

印为木刻，五棱形。印章上端刻"辑安热闹街完全小学校"，中间刻"儿童团"，底部左下角刻有"第"字，底部右下角刻有"号"字。隶书，阳刻。

解放战争时期，发动群众是头等重要的工作，也是最难最复杂且投入精力最多的工作。在当时中共吉林省委的领导下，吉林省解放区的人民开展了轰轰烈烈的根据地建设运动。

建立了人民政权，肃清土匪，减租减息，反奸清算，练兵习武，开展生产，形成了蓬勃发展的局面。当时的辑安县（今集安市）属辽东省建制，地处军事斗争前沿，且山高林密，战略地位十分重要。翻身做主人的广大人民群众在当地政府的领导下，建立各种群众组织，其中儿童团在学好文化科学知识的同时，协助农会站岗、放哨、张贴标语、发放传单等，还参与组织救护、运输、送信联络等小组支援前线活动，成为对敌斗争的一支重要力量，充分发挥了他们的作用。辑安热闹街完全小学校的儿童团印，反映了中国共产党领导的革命事业代表了全体人民的共同诉求，得到社会各阶层的广泛支持。

辑安热闹街完全小学校儿童团印是1960年博物馆业务人员赴辑安县热闹乡征集，原为吉林省革命博物馆旧藏，现藏于吉林省博物院（东北抗日联军纪念馆）。

45. 1945年延边青年同盟印鉴

近现代竹木器类文物

长6厘米，宽3厘米

印为木刻，长方形。正面上方刻有俄文

46. 解放战争时期陈正人使用的行军床

近现代复合质地类文物

通长190厘米，通宽64厘米，通高50厘米

行军床用12根硬木方和一块白帆布做成，中间处帆布有撕裂。可折叠，携带方便简易。

陈正人（1907—1972），原名陈林，江西省遂川县人。东北解放战争时期，曾任东北民主联军政治部主任，吉林省委书记兼军区政治委员等职，为建设和发展我党在东北的革命武装力量做了大量的工作。在吉林工作期间，组织大批干部深入农村，发动群众，实行土地改革，广泛开展支前劳军运动，为了克服暂时的经济困难，领导吉林解放区军民开展大生产运动。吉林全境解放后，一面抓农村工作，一面抓城市建设，领导全省人民积极恢复和发展生产，有力地支援了解放战争，为吉林省的解放和东北解放战争的胜利作出了重大贡献。在吉林期间，陈正人要经常更换工作地点，行军床易于携带且方便工作与休息，是承载那段历史的一件重要的历史实物。

行军床一直由陈正人的夫人彭儒同志珍藏。1982年4月，吉林省革命博物馆业务人员赴北京时，彭儒同志将其捐赠，现藏于吉林省博物院（东北抗日联军纪念馆）。

"Союз Молодежи"（汉译为青年同盟），下方刻有长方形框线，框线内中间刻有实心五角星图案，朝语"청동"（汉译为青同，即"青年同盟"的缩写）分刻图案两侧。

1945年8月15日，日本投降后，在中国共产党领导下，东北各地普遍建立了民主同盟组织。青年同盟的性质和任务是做好青少年的工作，只有对青少年加强思想教育，才能促使他们更好地为党为革命、为祖国和人民、为社会主义和共产主义建设而奋斗。延边最初建立了延边青年同盟，主要宣传马克思列宁主义。1945年9月19日，劳动同盟、农民同盟、青年同盟、妇女同盟合并，成立延边劳农青妇总同盟，10月27日，中共延边委员会召开第三次扩大会议，决定将延边劳农青妇总同盟改称延边人民民主大同盟，并制定《延边人民民主大同盟纲领》。延边人民民主大同盟解散后，许多青年骨干分子投入土地改革和支援前线等运动中。这枚印鉴就是中国共产党领导社会各阶层、各方面代表人物团结一心，为实现民主自由而奋斗的光辉历史见证。

延边青年同盟印鉴由吉林省延吉东盛人民公社拨交，现藏于吉林省博物院（东北抗日联军纪念馆）。

47. 1924年9月12日王朴山、张云责等赠送给希天医院的大挂钟

近现代复合质地类文物

高82.5厘米，宽3.3厘米，厚17.7厘米

德国制造西门子牌挂钟，钟后壁上部印有德文。钟体为木质，紫檀色，钟盘、钟摆、钟锤均为铜质。钟门镶嵌两块玻璃，由左侧向外开启。

希天医院是著名爱国医生孙宗尧为纪念学友王希天而创建。王希天（1896—1923），吉林长春人，近代中国民主革命时期的爱国先驱，反帝爱国拒约运动的倡导者，著名侨日华工领袖。早在吉林一中读书时，孙宗尧、王朴山、王希天等人就参加反对封建教育制度的斗争。

其后，先后赴日本留学，并共同创建侨日中华劳动同胞共济会，王希天为会长，孙宗尧为医疗部长，王朴山为教育部长，共同献身华工事业。1923年9月12日，王希天为揭露日本军警趁地震之机残害华工的暴行，被日本反动当局秘密杀害。孙宗尧得到消息后，从日本返回吉林市，与王朴山、张云责等人积极活动，在吉林掀起了揭露日本军国主义迫害华工罪行以及纪念王希天烈士的热潮，并为纪念和弘扬王希天的爱国主义精神，着手筹建希天医院。1924年9月12日，即王希天殉难一周年纪念日，希天医院正式建立，孙宗尧为院长，院址设在吉林市上邑街7号。开业当天，吉林教育界的爱国志士王朴山、张云责、马骏、李光汉、谢雨天、穆木天等人出资，于慎昌表店买了这台挂钟，赠给希天医院以示对爱国先驱王希天的缅怀、敬仰和褒扬之情。

挂钟一直由希天医院使用，后由孙宗尧珍藏。1985年孙宗尧逝世后，其外孙将此挂钟捐赠给吉林省革命博物馆，现藏于吉林省博物院（东北抗日联军纪念馆）。

48. 1915年刘芳戴的国产苇莲头草帽

近现代竹木器类文物

直径28厘米，通高13厘米

苇莲头是用芦苇编织的一种伞状国产草帽，可以遮风挡雨。

1905年日俄战争后，日本帝国主义势力侵入东北，"东洋货"逐渐充斥东北市场。1915年，袁世凯与日本签订了灭亡中国的"二十一条"，激起了全国人民的愤慨。消息传到吉林后，吉林各界爱国人士及学生纷纷集会、游行示威、散发

传单，迅速掀起反对"二十一条"的运动高潮，并向广大乡镇延伸，斗争的方式也由聚众讲演到抵制日货。当时由学生出面，要求商会通知各商号销毁洋货，提倡国货，违者要受到处罚和查封。那时，天气已显炎热，人们有的戴起草帽，有的要购买草帽，在提倡国货、抵制日货运动的热潮下，广大群众摘掉了日本平顶洋草帽，戴起了吉林人民自制的苇莲头，反映出中国人民在国家危亡面前矢志团结、积极抗争的民族精神。这顶苇莲头草帽是刘芳（辛亥革命时期同盟会会员）在响应"摘下洋草帽，换上苇莲头"的号召下佩戴的，是吉林人民早期反抗帝国主义侵略、捍卫国家主权的历史证物。

苇莲头草帽1959年由吉林市刘芳同志捐赠，现藏于吉林省博物院（东北抗日联军纪念馆）。

49. 1933年中共吉林特支第二交通站隐藏文件用的花瓶

近现代玻璃器类文物

高24厘米，底径9.5厘米

花瓶为一对，玻璃制品。花瓶外呈绿色，粉色波浪形口沿，附白色双耳，腹部饰白色雕花，其中一件花瓶腹部有裂纹，接近底部有残缺。

这对花瓶为中共吉林特支第二交通站隐藏

文件及传单所用。1933年，中共吉林特支为接待上级领导来南满工作，在吉林市富裕胡同邓晓村家建立了中共吉林特支第二交通站。当时，东北的反满抗日斗争进入低潮时期，该站成为连接中共满洲省委与吉林地方党组织的重要枢纽。中共满洲省委秘书长、特派员冯仲云在同年5月初来吉林传达《中共中央给满洲各级党部及全体党员的信——论满洲的状况和我们党的任务》（"一·二六指示信"），就住在这个交通站。在东北抗日斗争的艰苦年代，交通站负责人邓晓村曾将党的文件和传单隐藏在这对插满鲜花的花瓶中，以掩敌人耳目。后因叛徒出卖，交通站被破坏。据邓晓村爱人闫庆莲回忆，当时撤离交通站前，光烧毁的文件、标语和传单就煮熟了一锅高粱米饭。后来邓晓村参加了杨靖宇率领的南满游击队，1937年邓晓村牺牲后，这对花瓶成为邓晓村烈士的珍贵遗物，也是中共满洲省委领导吉林人民坚持反满抗日斗争的历史见证。

花瓶一直由邓晓村夫人闫庆莲珍藏，1963年，闫庆莲将这对花瓶捐赠，现藏于吉林省博物院（东北抗日联军纪念馆）。

50.1950年中国人民解放军一五六师四六六团二营朝鲜族战士赴朝鲜参战前送给陈正人的瓷盘

近现代陶瓷类文物

直径25.8厘米

盘为瓷质，圆形，底部饰有彩色花绘纹。盘内书有朝鲜语文字，汉译为"陈政委，今天我们胜利的凯旋，还是在陈政委的亲自领导下取得的，我们带着对您的不可磨灭的印象离去。祝永远身体健康，四六六团二营全体朝鲜族同志赠"。

陈正人（1907—1972），原名陈林，江西省遂川县人。东北解放战争时期，曾任东北民主联军政治部主任、吉林省委书记兼军区政治委员等职，为建设和发展我党在东北的革命武装力量做了大量的工作。他在吉林工作期间，认真贯彻执行党的路线、方针和政策，组织大批干部深入农村，发动群众，实行土地改革，广泛开展支前劳军运动，为了克服暂时的经济困难，领导吉林解放区军民开展大生产运动。吉林全境解放后，一面抓农村工作，一面抓城市

建设，领导全省人民积极恢复和发展生产，有力地支援了解放战争，为吉林省的解放和东北解放战争的胜利作出了重大贡献。

1949年5月，中共中央任命陈正人为江西省委书记兼省军区政委。陈正人率领部队南下江西后，清剿土匪，振兴经济。这个瓷盘是在吉林参军的中国人民解放军一五六师四六六团二营全体朝鲜族战士赴朝鲜参战前送给陈正人的，以示纪念。

瓷盘一直由陈正人的夫人彭儒同志珍藏。1982年4月，吉林省革命博物馆业务人员赴北京时，彭儒同志将其捐赠，现藏于吉林省博物院（东北抗日联军纪念馆）。

51.1946年东北民主联军吉林军区副司令员贺庆积在长春争夺战中使用的望远镜

近现代复合质地类文物

通高19厘米

黑色硬塑体，玻璃镜片。美国制造，双筒16倍，带有皮套。上端有小块血渍。

贺庆积（1909—1998），江西省永新县人，1927年加入中国共产主义青年团，1928年成为中国共产党党员。

1946年4月，根据中共中央关于"向北发展，向南防御"的战略方针，中共中央东北局和东北民主联军总部下达了夺取长春的命令。攻城部队由吉辽军区（原东满军区）和北满军区奉命南下的第七师及第三师第八旅一部，共2万余人组成。4月14日，按照进攻方向临时编为东南、西南和东北三个纵队，分三个方向扫清外围敌人，于15日拂晓向市区发起总攻，48小时内三路纵队在市中心斯大林广场（今人民

广场，东北沦陷时期称大同广场）会师。其中贺庆积任东南纵队司令员，他指挥部队很快攻入市区，直扑伪满中央银行大楼，国民党守军4000余人负隅顽抗，并企图夺路而逃。贺庆积率纵队火速来到前沿阵地，指挥部队围住敌人。当他用望远镜观察七十团指战员战斗时，一颗炮弹飞来，落在附近阵地前沿爆炸，几块弹片飞进了贺庆积的左眼，鲜血从眼窝流出，滴落在望远镜上，左眼因伤势过重而失明。1970年经上海一家医院手术治疗，从失明的左眼中取出了两块弹片，一块如纽扣大小，另一块如麦粒大小。贺庆积于1955年被授予少将军衔。1998年11月12日在沈阳逝世，享年89岁。

1986年，吉林省革命博物馆业务人员赴沈阳军区时，贺庆积将军把自己珍藏多年的望远镜和弹片一同捐赠，现藏于吉林省博物院（东北抗日联军纪念馆）。

52. 解放战争时期周保中的公文包

近现代皮革类文物

长37厘米，宽25厘米

皮质，棕色，顶端有皮梁提手，正面两侧铜锁有皮带，里外皮面有多处磨损。

周保中（1902—1964），原名奚李元，字绍黄，云南省大理人。1927年7月加入中国共产党，1928年赴莫斯科学习。九一八事变后回国，历任中共满洲省委军委书记，东北抗日联军第五军军长兼军党委书记，东北抗联第二路军总指挥，吉东省委执行部主席，东北抗联教导旅旅长等职。解放战争时期，曾任东北人民自卫军总司令，东北人民自治军副司令，东北民主联军副总司令，吉林军区司令员，吉林省政府主席，吉辽军区司令员等职。1949年调到云南工作。1964年2月21日在北京病逝。

周保中自解放战争时期至新中国成立后一直使用此公文包，它见证了周保中将军在建立巩固东北根据地、开展剿匪、土地改革、组建东北民主联军、创建人民政权、解放东北、支援全国解放战争中作出的重要贡献。

1986年，公文包由周保中的夫人王一知借给吉林省革命博物馆"吉林党史人物"展览陈列。1987年11月，其夫人王一知将此公文包捐赠给吉林省革命博物馆，现藏于吉林省博物院（东北抗日联军纪念馆）。

53. 1945—1947年马仁兴的工作手册

近现代纸质类文物

长15.7厘米，宽10.7厘米，厚1.4厘米

工作手册用白纸手工装订，纸质较硬，封皮和封底缺失。现存252页，有文字的142页，其中有13页字迹不清，空白110页。

马仁兴（1904—1947），河北省平乡县人。1938年加入中国共产党。1945年10月，任东北人民自治军保安第一旅旅长。1946年兼任四平卫戍司令部司令员。在四平保卫战中，他率部同兄弟部队协同作战。四平保卫战后，他率部转战到开通、瞻榆等地，围剿土匪，发动群众，组织地方武装，建立地方政权。他十分重视军事研究，撰写了《论领导方法》《战术之研究》等数十篇文章，为指战员训练提供了教材。1947年3月，保安第一旅改编为东北民主联军西满纵队独立第一师，马仁兴任师长。6月初，他率全师指战员参加了四平攻坚战。23日，他到前线指挥所观察战况时被一颗流弹击

中不幸牺牲，时年43岁。1947年8月，中共辽吉省委追认马仁兴为"辽吉功臣"。

这本工作手册为东北民主联军西满纵队独立一师师长马仁兴1945年至1947年6月在东北作战时的工作日记，主要记载了战前形势、我军装备、战斗战役部署、营以上干部的自然情况、谈话记录和历次参加会议情况等内容，这是一个机密性比较高的笔记本。工作手册内容反映了马仁兴的优良品德和工作作风，是研究解放战争初期及中期，尤其是四平战役的珍贵的历史资料。

1959年，工作手册从东北烈士纪念馆征集，现藏于四平战役纪念馆。

54. 解放战争时期马仁兴和邓东哲在四平战役期间共同使用的《"满洲国"全图》

近现代纸质类文物

长14.5厘米，宽8.5厘米，厚1.5厘米

这本《"满洲国"全图》封面为黑色硬壳纸制作，书脊在右侧，微残。顶端有三行英文，为"THE NEW MINUTIAE POCKET ATLAS OF MANCHOUKUO"，中间从右向左印有"掌中"字样，其下竖版印有大字"'满洲国'全图"，再下面印有两行字，为"东京"和"伊林书店"。封面饰有地球、射线和星星等图案。

马仁兴（1904—1947），河北省平乡县人。1938年加入中国共产党。1945年10月，任东北人民自治军保安第一旅旅长。1946年兼任四平卫戍司令部司令员。在四平保卫战中，他率

部同兄弟部队协同作战。四平保卫战后，他率部转战到开通、瞻榆等地，围剿土匪，发动群众，组织地方武装，建立地方政权。他十分重视军事研究，撰写了《论领导方法》《战术之研究》等数十篇文章，为指战员训练提供了教材。1947年3月，保安第一旅改编为东北民主联军西满纵队独立第一师，马仁兴任师长。6月初，他率全师指战员参加了四平攻坚战。23日，他到前线指挥所观察战况时被一颗流弹击中不幸牺牲，时年43岁。1947年8月，中共辽吉省委追认马仁兴为"辽吉功臣"。

邓东哲（1916—1995），湖南省茶陵县人。解放战争时期，他曾任辽西军区保安第一旅政委，辽西军区第四军分区政委，东北民主联军第七纵队第十九师政委，第四野战军第四十四军一三〇师师长等职。

四平战役期间，马仁兴与邓东哲共同使用

这本地图册来拟定作战计划。为纪念四平战役和牺牲的战友马仁兴，邓东哲政委一直保留此书，它是见证四平战役的一份重要实物。

1963年，邓东哲将《"满洲国"全图》捐赠给四平市博物馆，现藏于四平战役纪念馆。

55. 1946年辽吉省委书记陶铸送给洪学智的毛毯

近现代织绣类文物

长200厘米，宽135厘米，厚0.3厘米

毛毯呈长方形，质地优良，色泽光亮，草绿色和乳白色交织花纹，花形大气饱满。这是一条俄国制造的毛毯，时称"俄国毯"。

陶铸（1908—1969），湖南省祁阳县人。1926年入黄埔军校学习，同年加入中国共产党。解放战争时期，曾任中共辽宁、辽西、辽吉、辽北省委书记兼军区政治委员，东北野战军第七纵队政治委员，第四野战军政治部副主任。平津战役中，曾以人民解放军平津前线司令部代表的身份进入北平与傅作义部代表谈判。新中国成立后，曾任广西省委代理书记，中南军区政治部副主任、主任，华南军区第二政治委员，中共中央中南局第一书记兼广东省委第一书记，广州军区第一政委等职。1969年11月30日于安徽合肥逝世。

洪学智（1913—2006），安徽金寨人。1929年5月加入中国共产党。曾任军区司令、军长、

兵团副司令等职，参加了红四方面军长征、辽沈战役、平津战役、渡江战役等。新中国成立后，曾任国务院国防工业办公室主任，中央军委副秘书长，全国政协副主席等职。曾参与指挥解放海南岛战役、抗美援朝战争等。1955、1988年两次被授予上将军衔。

1946年2月，洪学智任辽西军区副司令员，率部参加了攻打通辽、中长路阻击战、四平保卫战等战役战斗，遏制了敌人战略进攻的势头。1946年四平保卫战结束后，洪学智来到辽吉省委和辽吉军区所在地白城子，辽吉省委书记陶铸送给洪学智这条毛毯，当时西满军区司令员邓华的爱人李玉芝也在场。这条毛毯跟随洪学智从东北的黑河一直到广东，直到全国解放，又被带到朝鲜战场，是洪学智将军南征北战的一份重要历史见证。战火纷飞的年代，这条毛毯一直陪伴着洪学智，这里饱含着亲密战友的关爱和情意。

2005年9月，洪学智的夫人、老红军张文代表洪学智将毛毯捐赠给四平战役纪念馆。

56. 解放战争时期东北民主联军二纵三师九团政治处主任孙双印佩戴的东北民主联军臂章

近现代织绣类文物

长9厘米，宽6厘米

臂章呈长方形，棉布质地，正面上方印"民主联军"，中间印"SIB"，下方印"中华民国三十年度佩用"。臂章背面印有"部别""姓名""号数"三个栏目，在栏目中分别填有"三九部二中队""孙双印""170"。这枚臂章是东北民主联军二纵三师九团政治处主任孙双印佩戴的。

孙双印（1922—2005），河北省平乡县人。1938年加入中国共产党，1945年随部队到东北，随后参加了打四平、围长春、攻彰武、战锦州、黑山阻击战、解放沈阳等战斗。曾任营政治教导员、团政治处主任，中国人民解放军南京工程部学院政委等职。

这枚臂章一直由孙双印保存，它见证了解放战争时期东北民主联军在中国共产党的领导下为解放东北所作的贡献，是反映当年那段革命斗争史的一份重要的历史实物。

1990年，孙双印将臂章捐赠给四平市博物馆，现藏于四平战役纪念馆。

57. 1947年张连顺在四平战役中缴获的望远镜

近现代复合质地类文物

通高5.2厘米

望远镜为中正式，保存完整。中正式望远镜是中国自行设计和生产的第一款军用双筒望远镜，从1939年至1949年，共生产了2万余架。这种望远镜曾以当时军政部部长何应钦的号"敬之"命名，后改称"中正式"。这种望远镜左右目镜均可按需要调焦，右目镜中有密位分划，用于测量，镜体表面覆盖硫化皮制的防热层，花纹凸起，外观粗犷。

张连顺，1928年生，河北唐山人，1945年参加八路军冀中十五团，当年随部队进入东北。1946年一战四平、二战四平时任保一旅一团特务连班长，同年任保一团参谋长吕照宣警卫员。离休前任黑龙江省军区嫩江军分区副司令员。

这架望远镜是1947年四平攻坚战中，张连顺在三道林子附近作战时缴获的，它是见证解放战争时期四平战役的一份历史实物，具有重要的历史价值。

2004年，这架望远镜从哈尔滨市哈军工第三干休所张连顺处征集，现藏于四平战役纪念馆。

58. 解放战争时期马仁兴在四平战役期间使用的狗皮褥子

近现代皮革类文物

长100厘米，宽59厘米，厚0.4厘米

褥子用深棕与灰绿相间的狗皮制成，微残，部分狗毛脱落。

马仁兴（1904—1947），河北省平乡县人。1938年加入中国共产党。1945年10月，任东北人民自治军保安第一旅旅长。1946年兼任四平卫戍司令部司令员。在四平保卫战中，他率部同兄弟部队协同作战。四平保卫战后，他率部转战到开通、瞻榆等地，围剿土匪，发动群众，组织地方武装，建立地方政权。他十分重视军事研究，撰写了《论领导方法》《战术之研究》等数十篇文章，为指战员训练提供了教材。1947年3月，保安第一旅改编为东北民主联军西满纵队独立第一师，马仁兴任师长。6月初，他率全师指战员参加了四平攻坚战。23日，他到前线指挥所观察战况时，被一颗流弹击中不幸牺牲，时年43岁。1947年8月，中共辽吉省委追认马仁兴为"辽吉功臣"。

这床狗皮褥子是解放战争时期马仁兴师长在四平战役期间使用的，它是见证当年那段历史的一份珍贵实物。

马仁兴牺牲后，狗皮褥子一直由其家属珍藏，1962年捐赠给四平市博物馆，现藏于四平战役纪念馆。

59. 1947年赵文才在四平攻坚战中荣获的东北民主联军毛泽东奖章

近现代金属类文物

通径5.6厘米

奖章呈放射光环状，正面凸起，为球冠状。中心高浮雕毛泽东同志左侧面肖像，外圈以两朵梅花为界，分为上下两部分，上半部有"东北民主联军"6个字，下半部有"毛泽东奖章"5个字，皆为从右向左书写。奖章四周为放射光芒图案，共16瓣，大小瓣相间，大瓣两侧为黄色，中间为红色。小瓣中间为黄色，两侧为深

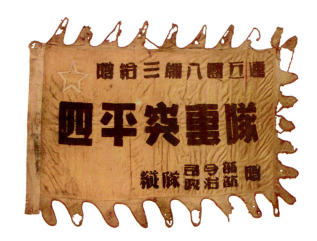

绿色。奖章背面刻压有阿拉伯数字编号"342"。

赵文才，1921年出生于吉林省双城县。1946年5月，参加东北民主联军第六纵队第十六师四十八团。1947年5月，加入中国共产党，历任战士、副班长。在1947年6月26日的四平攻坚战中，独自俘获敌军多人，连续多次完成爆破任务，最后壮烈牺牲，被第六纵队授予"特等战斗英雄"称号，师党委在为他召开追悼会时追授此奖章。

1946年6月，东北民主联军总政治部为激励一线作战人员，开展了战场人人争立功运动，颁布《东北民主联军立功运动暂行条例》，明确了获得不同等级军功章的具体条件。1947年，东北民主联军同时颁布了6枚奖章，分为战时和平时两种。

1959年5月，四平市博物馆崔素媛同志从市民政局处征集，现藏于四平战役纪念馆。

60. 1947年东北民主联军第一纵队司令部 政治部奖给第三师第八团五连的"四平 突击队"奖旗

近现代织绣类文物

横190厘米，纵130厘米

旗面为红色绸布，外加装饰花边，黄布剪字与五角星缝缀于旗面上，旗面左上角为五角星图案，旗面上方有"赠给三师八团五连"字样，中间有"四平突击队"字样，下方为"纵队司令部政治部赠"字样。1947年6月四平攻坚战中，一纵队三师八团五连英勇作战，战后荣获此"四平突击队"奖旗。该奖旗是东北民主联军第一纵队司令部和政治部奖给基层战斗单位的原件。

1947年6月8日，东北民主联军第一纵队第三师第八团第二营第五连随全师奉命北上，参加四平攻坚战。6月21—25日，五连担任突击队，向四平铁道以东的天主教堂敌防御中心进行突击，守敌为国民党军第七十一军的一个加强营，五连战士用血肉之躯对抗强敌，经过5个昼夜的激战，连续突破3道防御工事，彻底摧毁敌防御体系，全歼守敌，圆满完成了打开突破口、开辟通路的任务。在四平攻坚战中，第五连发扬了灵活机动、英勇顽强、敢于硬拼的战斗作风。为了表彰英雄集体，纵队于1947年7月27日发布命令，授予第五连"四平突击队"荣誉称号。

1959年5月，四平市博物馆张文瑞同志前往通化军分区0133部队征集，现藏于四平战役纪念馆。

61. 1947年东北民主联军对敌宣传单

近现代纸质类文物

长17厘米，宽5厘米

1947年，四平攻坚战期间，东北民主联军利用宣传单对国民党军开展政治攻势，以分化瓦解敌人，争取让国民党官兵弃暗投明。这是当时东北民主联军贴在四平当地老百姓夏存山家大衣柜上的一份宣传单，印刷有"民主联军优待放下武器的中央军官兵，欢迎起义的中央军官兵参加民主和平工作" 34个宋体字。这份宣传单保存基本完好，边沿虽然有些残破，但是字迹仍然清晰可辨。

1963年6月10日，四平市博物馆王中忱同志从辽宁省昌图县老四平乡泉沟村夏存山家征集，现藏于四平战役纪念馆。

62—63. 1947年辽吉区行政公署印制的辽吉区公粮票

近现代纸质类文物

长9.3厘米，宽6厘米

此粮票为铅印。正面外圈饰一圈花纹，花纹四角分别印有"坚""持""制""度"四字。中间框区分上中下三区：上区横印"辽吉区公粮票"；中区横印"第065975号""第065974号"，竖印"民国三十六年下半年有效""高粮米壹百斤""支领机关、入印"，加盖红色印章；下区横印"辽吉区行政公署制"，背面为"公粮票使用法"。此粮票为1947年辽吉区行政公署印制，是军用的兑换粮票，军队可以用此粮票向县、区提取粮食，此粮票为了解和研究解放战争时期我军供应情况及经济状况提供了重要的

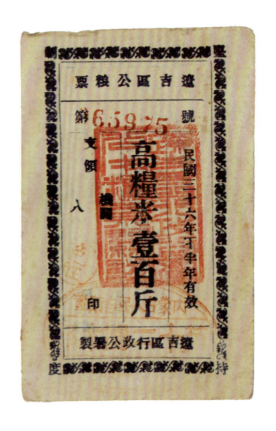

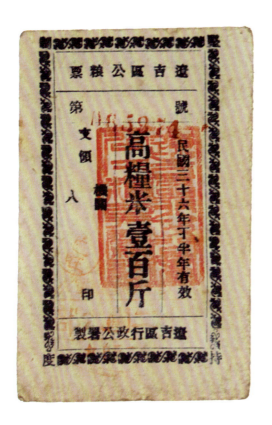

治上、军事上都要打胜仗。文尾印有纵队首长的名字"司令员李天佑；政治委员万毅；副司令员兼参谋长李作鹏；副政委兼主任梁必业"。此文件对研究我军战前动员情况极为珍贵。

1964年8月，四平市博物馆张文瑞同志从旅顺军区征集，现藏于四平战役纪念馆。

历史实物资料。

1964年，四平市博物馆张文瑞同志从双辽县卫生纸厂职工刘加胜同志处征集，现藏于四平战役纪念馆。

64. 1948年3月东北人民解放军第一纵队司令部向全体指战员发布的《战斗动员令》

近现代纸质类文物

长35厘米，宽26厘米

此件为8开高丽纸，纸质细薄，微黄，共2页，横行刻印，手刻新魏体，朱红色油印。内容为1948年3月东北人民解放军第一纵队司令部向全体指战员发布的"收复四平、消灭八十八师"动员令。动员令中分析了冬季攻势以来东北战场形势和四平守敌八十八师的编制、装备及重点守备情况，讲明此次战斗的重大意义，号召全军指战员做好战前准备，发挥优势、克服困难，在政

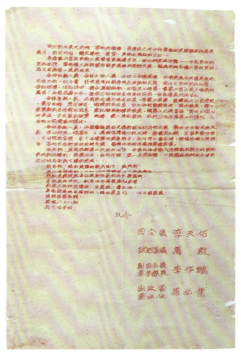

65. 1948年四平战役期间梨树县农民黄永支前用的马车

近现代竹木器类文物

长348厘米，宽163厘米

马车主体结构为木质，各部位间以金属钉和金属丝连接加固，木质车轮外缘包有厚铁皮。1948年四战四平，解放军的骑兵和炮兵在四平市梨树县榆树镇黄家窝棚村驻扎时，村民黄永就用这辆马车给部队运送粮食和物资。

东北民主联军经过1947年秋季攻势，彻底转为战略反攻，完全掌握了东北战场的主动权。1947年12月，东北民主联军（1948年1月改称东北人民解放军）又发起了强大的冬季攻势，各路兵团一起出动，奇袭沈阳外围国民党守军。1948年2月27日，东北人民解放军总部下达进攻四平的作战部署，命令第一纵队、第三纵队一部、第七纵队（由西满纵队改编）和独立第二师、总部直属炮兵团组成进攻四平的部队。3月4日开始外围战斗，3月13日晨，东北人民解放军第一纵队和第三纵队一部与炮兵部队经过重新组织和准备，对国民党军残部发起最后猛攻。在东北人民解放军炮火轰击下，国民党军残部很快投降。这次四平作战的胜利，让这座

英雄城永远回到了人民手中。

2004年3月，尹相新馆长带领有关人员从79岁的黄永老人家征集到这辆支前马车，现藏于四平战役纪念馆。

66. 1948年东北画报社出版的通俗美术小丛书之二十一《四平攻坚战》

近现代纸质类文物

长12.6厘米，宽9厘米

此画册共计62页，有图片28页，说明文字31页。封面为红黑色印刷，内容为黑白色印刷。李永祥、王纯德、张醒生摄影，何慧编。

在四平城解放几个月后，东北画报社把四平攻坚战的部分真实战斗照片汇集成这本小册子，以展示东北人民解放军的辉煌战绩，以及表达对参加此次战役的英雄们的崇高敬意。《四平攻坚战》是一份历史价值较高的文史资料。

2005年10月，四平市铁东区总工会退休干部赵生荣将此画册捐赠，现藏于四平战役纪念馆。

67. 1948年四平解放时四平市第一任市长张学文穿的单上衣

近现代织绣类文物

长66厘米，宽47厘米

该上衣为蓝色棉布质地，保存完整。张学文为1948年四平解放后第一任市长，此上衣是他在四平战役期间所穿。

张学文（1917—1986），曾用名王晓钟，出生于吉林省大赉县城（今镇赉）。1935年参加革命，任北平艺文中学学生自治会副主席。同年12月9日，张学文等各校学生自治会负责人带领学生举行抗日救国运动。1936年2月，遭警察局通缉。1937年初，前往日本东亚学校学习。七七事变后，张学文毅然回国，于1937年11月去往革命圣地延安。1938年6月，他光荣地加入中国共产党。1945年9月，张学文响应号召挺进东北。1946年2月，他担任中共大赉县委书记兼县大队政治委员。1948年2月下旬，根据中共辽吉省委和辽北省政府指示，中共辽吉二地委派张学文、陈凤池在梨树县榆树台筹建四平市党政领导机构。先后在榆树台、梨树镇进行学习整训，做接收四平的准备工作。1948年3月，辽北省政府、辽吉二专署任命张学文为四平市市长，为四平市解放时第一任市长。

1986年10月，单上衣由四平市博物馆王秀杰同志从北京煤炭部张学文同志处征集，现藏于四平战役纪念馆。

68.1948年四平市第一任市长张学文穿的衬衣

近现代织绣类文物

长75.6厘米，宽52厘米

该衬衣为棉布质地，保存完整。张学文为1948年四平解放后第一任市长，此上衣是他在四平战役期间所穿。

张学文（1917—1986），曾用名王晓钟，出生于吉林省大赉县城（今镇赉）。1935年参加革命，任北平艺文中学学生自治会副主席。同年12月9日，张学文等各校学生自治会负责人带领学生举行抗日救国运动。1936年2月，遭警察局通缉。1937年初，前往日本东亚学校学习。七七事变后，张学文毅然回国，于1937年11月去往革命圣地延安。1938年6月，他光荣地加入中国共产党。1945年9月，张学文响应号召挺进东北。1946年2月，他担任中共大赉县委书记兼县大队政治委员。1948年2月下旬，根据中共辽吉省委和辽北省政府指示，中共辽吉二地委派张学文、陈凤池在梨树县榆树台筹建四平市党政领导机构。先后在榆树台、梨树镇进行学习整训，做接收四平的准备工作。1948年3月，辽北省政府、辽吉二专署任命张学文为四平市市长，为

四平市解放时第一任市长。

1986年10月，衬衣由四平市博物馆王秀杰同志从北京煤炭部张学文同志处征集，现藏于四平战役纪念馆。

69.1948年四平市第一任市长张学文穿的单裤

近现代织绣类文物

长90厘米

该单裤为蓝色棉布质地，保存完整。张学文为1948年四平解放后第一任市长，此单裤是他在四平战役期间所穿。

张学文（1917—1986），曾用名王晓钟，出生于吉林省大赉县城（今镇赉）。1935年参加革命，任北平艺文中学学生自治会副主席。同年12月9日，张学文等各校学生自治会负责人带领学生举行抗日救国运动。1936年2月，遭警察局通缉。1937年初，前往日本东亚学校学习。七七事变后，张学文毅然回国，于1937年11月去往革命圣地延安。1938年6月，他光荣地加入中国共产党。1945年9月，张学文响应号召挺进东北。1946年2月，他担任中共大赉县委书记兼县大队政治委员。

1948年2月下旬，根据中共辽吉省委和辽北省政府指示，中共辽吉二地委派张学文、陈凤池在梨树县榆树台筹建四平市党政领导机构。先后在榆树台、梨树镇进行学习整训，做接收四平的准备工作。1948年3月，辽北省政府、辽吉二专署任命张学文为四平市市长，为四平市解放时第一任市长。

1986年10月，单裤由四平市博物馆王秀杰同志从北京煤炭部张学文同志处征集，现藏于四平战役纪念馆。

70.1948年战斗英雄秦福海荣获的"功臣之家"光荣匾

近现代木质类文物

长121.5厘米，宽54厘米

木匾为长方形，枣红色亮漆，文字阴刻而成。右侧竖刻"战斗英雄秦福海家属纪念"，中间横刻"功臣之家"四个大字，左侧竖刻"太平区工作队、区政府、公安分局、警备大队部赠，中华民国三十七年二月 立"字样。1948年的四平收复战中，东北民主联军炮兵第一师二十六团后勤处军需股股员秦福海在四平前线荣立大功，立功喜讯传到了他的家乡哈尔滨，家乡人民倍感荣耀。哈尔滨市太平区政府特意制作了这块光荣匾，敲锣打鼓把此匾送到了秦福海家。秦福海一家视此匾为家珍，珍藏多年。

此匾是了解与研究解放战争时期地方政府开展拥军优属的重要历史资料。

1980年7月，四平战役纪念馆周子佩同志在哈尔滨市征集支前文物时，通过当地民政局了解到此情况，经过多次沟通，秦家同意把这一珍贵文物捐献出来。现藏于四平战役纪念馆。

71. 1948年东北军用图书社翻印的《战术教育参考材料》

近现代纸质类文物

长19厘米，宽13厘米

此书封面自上至下横版印刷"战术教育参考材料（四平攻坚战总结）""（绝密）""第二集""东北军用图书社翻印""一九四八年五月"等内容。此书是东北军区司令部于1948年1月30日编辑，书内含有1947年夏四平攻坚战我军缴获敌军的"四平防守计划"等文件及我军各参战部队四平攻坚战总结，附图18张，为敌我双方守攻四平兵力配置、进展态势等内容。该书为四平攻坚战的总结，是研究四平攻坚战的珍贵历史资料。

此书为四平市博物馆崔淑媛同志从东北军区司令部征集，现藏于四平战役纪念馆。

★ 通化市博物馆（通化市高志航纪念馆）

72. 抗日战争时期空军将领高志航使用的德国Zeiss Ikon公司1932年产Contax系列照相机

近现代复合质地类文物

机身长14.2厘米，宽7.2厘米，厚8.7厘米

长方形盒式相机，外配棕色皮质相机套。Contax原为德国Zeiss Ikon公司于1932年生产旁轴相机所使用的品牌。Contax I 型相机1932年问世，是Zeiss Ikon全线产品中最优质的机种之一，它在整个照相机工业发展历史上有着举足轻重的地位。

高志航，原名高铭九，字子恒，通化人。2014年被列入中华人民共和国民政部公布的第一批著名抗日英烈和英雄群体名录。高志航1927年毕业于法国伊斯特陆军航空学校，曾担任东北航空处飞鹰队队长、中央空军驱逐队队长、中央空军第四大队大队长、中央空军驱逐司令等职。高志航技术娴熟，骁勇善战，令敌闻风丧胆，他英勇顽强的战斗作风被誉为中国空军的"战魂"。1937年8月14日，中国空军全面投入对日作战，高志航带领空军第四大队率先起飞迎战，以6比0的辉煌战绩首战告捷。10

月，驾驶自己设计改装的美式战斗轰炸机在两次空战中击落日机。11月21日，在日本空军轰炸河南周家口机场时，不幸中弹牺牲。后被追授空军少将。

这台照相机是高志航在抗日战争时期使用的，展现了抗战英烈高志航将军在生死战场外积极乐观的生活态度，记录了将军峥嵘岁月中的一幕幕瞬间，是见证他工作和生活的一份重要实物。

2002年8月14日，将军的次女高友良前往吉林省通化市参加高志航纪念馆开馆仪式时捐赠，现藏于通化市博物馆（通化市高志航纪念馆）。

73. 抗日战争时期空军将领高志航穿的棉织条纹套装

近现代织绣类文物

上身长68厘米，袖长56厘米，身围40厘米；直筒裤长97厘米，腰围72厘米；马裤长90厘米，腰围72厘米

这套服装为三件套，米色底，褐色竖条纹。上衣为休闲西装，小翻领，四个明兜，单排三扣，圆襟，后身开衩，袖口各有四扣，深咖色内衬；裤子有两条，一条为马裤，一条为直筒裤。

这套服装是空军将领高志航平日穿的猎装。

高志航，原名高铭九，字子恒，通化人，2014年被列入中华人民共和国民政部公布的第一批著名抗日英烈和英雄群体名录。高志航1927年毕业于法国伊斯特陆军航空学校，曾担任东北航空处飞鹰队队长、中央空军驱逐队队长、中央空军第四大队大队长、中央空军驱逐司令等职。高志航技术娴熟，骁勇善战，令敌闻风丧胆，他英勇顽强的战斗作风被誉为中国空军的"战魂"。1937年8月14日，中国空军全面投入对日作战，高志航带领空军第四大队率先起飞迎战，以6比0的辉煌战绩首战告捷。10月，驾驶自己设计改装的美式战斗轰炸机在两次空战中击落日机。11月21日，在日本空军轰炸河南周家口机场时，不幸中弹牺牲。后被追授空军少将。

这套猎装展现了抗战英烈高志航将军在生死战场外积极乐观的生活态度，映照出将军有血有肉的鲜活人生，是见证他工作和生活的一份重要实物。

2002年8月14日，将军的次女高友良前往吉林省通化市参加高志航纪念馆开馆仪式时捐赠，现藏于通化市博物馆（通化市高志航纪念馆）。

74. 解放战争时期陈云穿的布鞋

近现代织绣类文物

鞋长 24.3 厘米

黑灰色布鞋，白色里子，白底，鞋内帮上有"北京内联升鞋店"商标。

布鞋是陈云同志在 1946 年四保临江战役期间穿的。陈云（1905—1995），江苏青浦（今属上海）人。伟大的马克思主义者，无产阶级革命家、政治家，中国共产党和中华人民共和国主要领导人之一。抗日战争胜利后，陈云于 1945 年 9 月受命奔赴东北战场，曾任中共中央北满分局书记兼北满军区政委，中共中央东北局副书记兼东北民主联军副政委，中共中央南满分局书记兼辽东军区政委，东北军区副政委等职。1946 年 11 月 27 日，经党中央批准，中共中央东北局派陈云同志来到临江，主持南满分局和辽东军区的工作，统一领导南满的对敌斗争。在此期间，陈云领导了著名的"四保临江"战役。四保临江战役取得胜利，东北国民党军在战场上大败，东北民主联军夺取了战场的主动权，使我军从战略防御转入战略反攻，为东北战场即将开始的全面大反攻奠定了坚实的基础。

1993 年，陈云夫人于若木将布鞋捐赠给白山市青少年宫，现藏于白山市浑江区七道江会议纪念馆。

75. 解放战争时期陈云穿的蓝色半截大衣

近现代织绣类文物

衣长 85 厘米

蓝色半截棉大衣，毛领，双排衣扣，左胸有衣袋。

大衣是陈云同志在 1946 年四保临江战役期间穿的。陈云（1905—1995），江苏青浦（今属上海）人。伟大的马克思主义者，无产阶级革命家、政治家，中国共产党和中华人民共和国主要领导人之一。抗日战争胜利后，陈云于 1945 年 9 月受命奔赴东北战场，曾任中共中央北满分局书记兼北满军区政委，中共中央东北局副书记兼东北民主联军副政委，中共中央南满分局书记兼辽东军区政委，东北军区副政委等职。1946 年 11 月 27 日，经党中央批准，中共

中央东北局派陈云同志来到临江，主持南满分局和辽东军区的工作，统一领导南满的对敌斗争。在此期间，陈云领导了著名的"四保临江"战役。四保临江战役取得胜利，东北国民党军在战场上大败，东北民主联军夺取了战场的主动权，使我军从战略防御转入战略反攻，为东北战场即将开始的全面大反攻奠定了坚实的基础。

1993年，陈云夫人于若木将大衣捐赠给白山市青少年宫，现藏于白山市浑江区七道江会议纪念馆。

76. 解放战争时期陈云穿的蓝色呢料裤子

近现代织绣类文物

裤长113厘米

蓝色长裤，呢子布料。

裤子是陈云同志在1946年四保临江战役期间穿的。陈云（1905—1995），江苏青浦（今属上海）人。伟大的马克思主义者，无产阶级革命家、政治家，中国共产党和中华人民共和国主要领导人之一。抗日战争胜利后，陈云于1945年9月受命奔赴东北战场，曾任中共中央北满分局书记兼北满军区政委，中共中央东北局副书记兼东

北民主联军副政委，中共中央南满分局书记兼辽东军区政委，东北军区副政委等职。1946年11月27日，经党中央批准，中共中央东北局派陈云同志来到临江，主持南满分局和辽东军区的工作，统一领导南满的对敌斗争。在此期间，陈云领导了著名的"四保临江"战役。四保临江战役取得胜利，东北国民党军在战场上大败，东北民主联军夺取了战场的主动权，使我军从战略防御转入战略反攻，为东北战场即将开始的全面大反攻奠定了坚实的基础。

1993年，陈云夫人于若木将此条裤子捐赠给白山市青少年宫，现藏于白山市浑江区七道江会议纪念馆。

77. 解放战争时期陈云戴的蓝色帽子

近现代织绣类文物

直径18.7厘米

蓝色前帽檐棉布帽，有工艺褶。

帽子是陈云同志在1946年四保临江战役期间戴的。陈云（1905—1995），江苏青浦（今属上海）人。伟大的马克思主义者，无产阶级革命家、政治家，中国共产党和中华人民共和国主要领导人之一。抗日战争胜利后，陈云于1945年9月受命奔赴东北战场，曾任中共中央北满分局书记兼北满军区政委，中共中央东北局副书记兼东北民主联军副政委，中共中央南满分局书记兼辽东军区政委，东北军区副政委等职。1946年11月27日，经党中央批准，中共中央东北局派陈云同志来到临江，主持南满分局和辽东军区的工作，统一领导南满的对敌斗争。在此期间，陈云领导了著名的"四保临江"战役。四保临江战役取得胜利，东北国民党军在战场上大败，东北民

主联军夺取了战场的主动权，使我军从战略防御转入战略反攻，为东北战场即将开始的全面大反攻奠定了坚实的基础。

1993年，陈云夫人于若木将帽子捐赠给白山市青少年宫，现藏于白山市浑江区七道江会议纪念馆。

78. 解放战争时期陈云戴的黑色帽子

近现代织绣类文物

直径17.8厘米

黑色前帽檐呢料帽，有工艺褶。

帽子是陈云同志在1946年四保临江战役期间戴的。陈云（1905—1995），江苏青浦（今属上海）人。伟大的马克思主义者，无产阶级革命家、政治家，中国共产党和中华人民共和国主要领导人之一。抗日战争胜利后，陈云于

1945年9月受命奔赴东北战场，曾任中共中央北满分局书记兼北满军区政委，中共中央东北局副书记兼东北民主联军副政委，中共中央南满分局书记兼辽东军区政委，东北军区副政委等职。1946年11月27日，经党中央批准，中共中央东北局派陈云同志来到临江，主持南满分局和辽东军区的工作，统一领导南满的对敌斗争。在此期间，陈云领导了著名的"四保临江"战役。四保临江战役取得胜利，东北国民党军在战场上大败，东北民主联军夺取了战场的主动权，使我军从战略防御转入战略反攻，为东北战场即将开始的全面大反攻奠定了坚实的基础。

1993年，陈云夫人于若木将帽子捐赠给白山市青少年宫，现藏于白山市浑江区七道江会议纪念馆。

★ 靖宇县杨靖宇将军殉国地管理处（杨靖宇将军纪念馆）

79. 杨靖宇青少年时期读书使用的砚台

近现代石质类文物

长16厘米，宽11厘米

砚台为青石质地，呈长方形，黑褐色，砚台砚面由浅到深略具坡度，自然形成砚堂与砚

池，边缘部分残缺，砚台底部中间下凹，四边形成长方形墙足。此砚台是杨靖宇将军青少年时期读书使用。

杨靖宇，原名马尚德，1905年2月出生于河南省确山县李湾村的一个农民家庭，幼年

80. 杨靖宇在那尔轰作战时使用的马鞍

近现代竹木器类文物

长41.5厘米，宽37厘米，高25厘米

此马鞍是杨靖宇将军在那尔轰作战时用的。主体为木质，手工制作，各部位间以金属铜钉和金属丝连接稳固，位椅上翘，外表呈黑褐色，保存完好，极为珍贵。

1930年，中共满洲省委巡视员陈德森给中共满洲省委的报告中提出："可以从吉林团支部派人到濛江去做森林工人的工作。"1933年1月，杨靖宇赴濛江地区巡视，发现那尔轰林场"木帮"大多数是关里来的小伙子，他们苦难深重、讲义气、有血性，是抗日武装兵员后备力量。在大大小小的山沟里，村落和农户星罗棋布，猎户、参农、渔民彪悍勇猛，是得天独厚、藏兵蓄势、休养生息的根据地。1933年10月27日，杨靖宇将军率领东北人民革命军独立师政治保卫连和三团200余人冲破日伪围追堵截，挥师南下，强渡辉发河捷报频传，赢得那尔轰民众和抗日力量的信任和支持。那尔轰抗日根据地逐步形成，杨靖宇将军视那尔轰为东北抗日联军第一路军赖以生存和发展之根基，数度转战于此，那尔轰根据地自1933年至1941年持续发挥作用8年之久。

丧父，家境贫寒，由母亲含辛茹苦抚养长大。1923年，18岁考入河南省立第一工业学校。在校期间，他秘密参加革命活动。1925年，杨靖宇积极投身于五卅反帝爱国运动中。1926年，全国各地农民运动蓬勃发展，受中共组织派遣，杨靖宇从开封回到确山县开展农民运动。1927年初，确山县农民协会会员发展到1万多人，杨靖宇被选为确山县农民协会委员长。同年4月，杨靖宇参与领导确山县农民暴动，驱逐军阀武装，攻占确山县城。中共中央八七会议后，杨靖宇参与发动刘店秋收起义，先后创建由共产党领导的中国最早的县级农工革命政权——确山县临时治安委员会和河南省第一个县级苏维埃政权——确山县革命委员会，并组建河南省第一支革命武装——确山县农民革命军（后编为豫南工农革命军）。从此，拉开了河南土地革命战争的序幕。他历任确山县农民革命军总指挥，确山县农民协会委员长和临时治安委员会代理主席，豫南特委委员兼信阳县委书记。

1983年11月，砚台由靖宇县纪念馆的工作人员王维儒、王宝生到河南省确山县考察时带回，为确山县杨靖宇将军旧居纪念馆拨交。现藏于靖宇县杨靖宇将军殉国地管理处（杨靖宇将军纪念馆）。

1979年，马鞍由靖宇县纪念馆工作人员在那尔轰农民于会斌家中征集，现藏于靖宇县杨靖宇将军殉国地管理处（杨靖宇将军纪念馆）。

81. 1935年东北人民革命军一、二军在那尔轰会师时杨靖宇使用的长条桌

近现代竹木器类文物

长188.57厘米，宽53厘米，高83厘米

红松木，无漆，无拼缝，有三个抽屉。

长条桌是杨靖宇将军在那尔轰东北人民革命军一、二军会师讲话时使用的。杨靖宇（1905—1940），原名马尚德，字骥生，出生于河南省确山县李湾村，伟大的民族英雄和优秀的共产主义战士，东北抗日联军的主要创建者和领导人之一。1932年，杨靖宇开始领导抗日武装斗争，率领东北军民与日寇血战于白山黑水之间。曾任东北人民革命军第一军军长兼政委，东北抗日联军第一军军长兼政委，东北抗日联军第一路军总司令兼政委等职。1940年2月23日，在濛江县（今靖宇县）保安村三道崴子与日伪军激战中壮烈殉国。

1979年，长条桌由靖宇县纪念馆王守任、翟文富、李德春从那尔轰农民于会斌家中征集，现藏于靖宇县杨靖宇将军殉国地管理处（杨靖宇将军纪念馆）。

★ 白城市博物馆

82. 解放战争时期陶铸使用的棕色皮箱

近现代皮革类文物

长73厘米，宽40厘米，高27厘米

皮箱呈长方体，棕色皮革机制，八个牛皮包角，口沿的四角有铜条加固，两把箱锁分别位于提梁左右两侧，箱面上有两条加固皮带，其中一条箱带残缺，右穿钩缺失，箱体挤压变形，皮面多处磨损，箱里内衬条纹棉布。

陶铸（1908—1969），湖南省祁阳人。1926年入黄埔军校学习，同年加入中国共产党。解放战争时期，曾任中共辽宁、辽西、辽吉、辽北省委书记兼军区政治委员，东北野战军第七纵队政治委员，第四野战军政治部副主任。平津战役中，曾以人民解放军平津前线司令部代表身份进入北平与傅作义部代表谈判。新中国成立后，曾任广西省委代理书记，中南军区政治部副主任、主任，华南军区第二政治委员，中共中央中南局第一书记兼广东省委第一书记，广州军区第一政委等职。1969年11

月30日在安徽合肥逝世。

　　此皮箱是解放战争时期陶铸同志任辽吉省委书记、辽吉军区政委时使用的物品，是从侧面见证他辛苦工作的重要实物。

　　1986年，皮箱由陶铸夫人曾志捐赠，现藏于白城市博物馆。

83. 抗日战争时期陶铸使用的帆布马褡子

近现代织绣类文物

长110厘米，宽30厘米

　　马褡子呈长方形，草黄色帆布机制，水洗泛白，单层无衬。中间两侧开口，四个明兜，每个长方形兜盖上都有两枚纽扣。

　　陶铸（1908—1969），湖南省祁阳人。1926年入黄埔军校学习，同年加入中国共产党。1927年参加南昌起义、广州起义。1937年任中共湖北省委常委兼宣传部长，参与开辟鄂中游击区。后游击区和游击队扩大为鄂豫边区和新四军鄂豫挺进支队，陶铸任政治委员。1940年到延安，任中共中央军委秘书长、总政治部秘书长兼宣传部部长等，并出席中国共产党第七次全国代表大会。解放战争时期，曾任中共辽宁、辽西、辽吉、辽北省委书记兼军区政治委员，东北野战军第七纵队政治委员，第四野战

军政治部副主任。平津战役中，曾以人民解放军平津前线司令部代表身份进入北平与傅作义部代表谈判。新中国成立后，曾任广西省委代理书记，中南军区政治部副主任、主任，华南军区第二政治委员，中共中央中南局第一书记兼广东省委第一书记，广州军区第一政委等职。1969年11月30日在安徽合肥逝世。

　　陶铸主要用这个马褡子装置文件及重要物品，它是抗日战争时期陶铸同志南征北战的实物佐证，具有重要的历史价值。

　　1986年，帆布马褡子由陶铸夫人曾志捐赠，现藏于白城市博物馆。

84. 抗日战争时期陶铸使用的马褡子

近现代织绣类文物

长125厘米，宽65厘米

　　马褡子呈长方形，机制，双层，外层为草绿色棉麻平纹布，衬里为白色平纹布，褪色，中间大开口，有3对长32厘米的细布绑带，正面两侧各有一个无盖的明兜，侧面有一处约为4厘米×4厘米的破洞，背面和一个兜上各有一处缝补。

　　陶铸（1908—1969），湖南省祁阳人。1926年入黄埔军校学习，同年加入中国共产党。1927年参加南昌起义、广州起义。1937年任中共湖北省委常委兼宣传部长，参与开辟鄂中游击区。后游击区和游击队扩大为鄂豫边区和新四军鄂豫挺进支队，陶铸任政治委员。1940年到延安，任中共中央军委秘书长、总政治部秘书长兼宣传部部长等，并出席中国共产党第七次全国代表大会。解放战争时期，曾任中共辽宁、辽西、辽吉、辽北省委书记兼军区政治委员，东北野战军第七纵

队政治委员，第四野战军政治部副主任。平津战役中，曾以人民解放军平津前线司令部代表身份进入北平与傅作义部代表谈判。新中国成立后，曾任广西省委代理书记，中南军区政治部副主任、主任，华南军区第二政治委员，中共中央中南局第一书记兼广东省委第一书记，广州军区第一政委等职。1969年11月30日在安徽合肥逝世。

这件马褡子是抗日战争时期陶铸同志在延安制作并使用的军用物品，日本投降后，又将马褡子带到东北继续使用。它是抗日战争时期陶铸同志南征北战的实物佐证，具有重要的历史价值。

1986年，马褡子由陶铸夫人曾志捐赠，现藏于白城市博物馆。

85. 解放战争时期陶铸使用的毛巾被

近现代织绣类文物

长210厘米，宽170厘米

毛巾被为棉质，天蓝色底，白色丹凤朝阳图案，经手工对折缝合为双层，边缘有开线处，且有磨损。巾面磨损较重，有多处大小不一的破损，有几处缝补，另有四处补丁。

陶铸（1908—1969），湖南省祁阳人。1926年入黄埔军校学习，同年加入中国共产党。解放战争时期，曾任中共辽宁、辽西、辽吉、辽北省委书记兼军区政治委员，东北野战军第七纵队政治委员，第四野战军政治部副主任。平津战役中，曾以人民解放军平津前线司令部代表身份进入北平与傅作义部代表谈判。新中国成立后，曾任广西省委代理书记，中南军区政治部副主任、主任，华南军区第二政治委员，中共中央中南局第一书记兼广东省委第一书记，广州军区第一政委等职。1969年11月30日在安徽合肥逝世。

这条毛巾被是陶铸在辽吉省委工作期间和担任中南局第一书记时使用的生活用品，它是展现陶铸同志艰苦朴素、辛苦工作的一份重要实物。陶铸逝世后，广东省委的同志整理遗物时发现此毛巾被，并送还给其夫人曾志。

1986年，毛巾被由陶铸夫人曾志捐赠，现藏于白城市博物馆。

86. 1946年吉江军区司令部、行政主任公署布告

近现代纸质类文物

长75厘米，宽52厘米

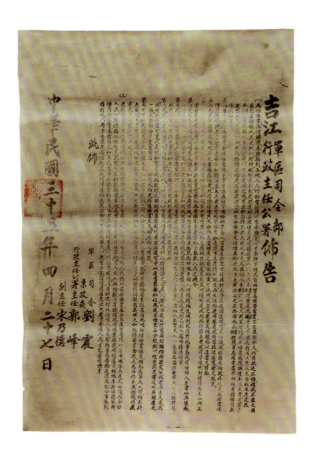

87. 1946年吉江区行政主任公署布告

近现代纸质类文物

长77厘米，宽53厘米

这份布告呈长方形，纸质细薄泛黄，手写体，从右至左竖书行文。正文共13条，分上下两栏书写，上栏为6条25行，下栏为7条25行。落款署"主任郭峰，副主任宋乃德，中华民国三十五年五月　日"，并加盖一枚正方形红印。这份布告主要反映了我党为保证吉江区内人民财权地权，以及改善人民生活、稳定社会、发展农村生产、繁荣农村而颁布的把公有土地分配给穷困农民的办法和原则，反映了我党在土地改革工作中的政策和策略，是一份重要的历史物证，具有重要的研究价值。

1986年，布告由辽宁省委原第一书记郭峰捐赠，现藏于白城市博物馆。

这份布告呈长方形，纸质细薄泛黄，黑色油墨印刷，手写体，从右至左竖书行文。正文共3条24行。落款署"军区司令兼政委刘震，行政主任公署主任郭峰，副主任宋乃德，中华民国三十五年四月二十七日"，并加盖一枚正方形红印。

吉江军区、吉江行政主任公署是我党在白城地区建立的早期政权，存在时间短，后合并为辽北省。在这段时间里，开展了建立政权、剿除土匪、发展生产等重要工作，为解放战争时期我党在东北活动写下了光辉的一页。

这份布告重点反映了我党在剿匪工作中的政策和策略，是一份重要的历史见证。

1986年，布告由辽宁省委原第一书记郭峰捐赠，现藏于白城市博物馆。

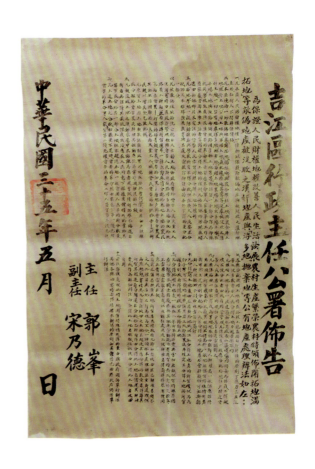

88. 解放战争时期辽吉地区土改阶段情况调查统计册

近现代纸质类文物

长27厘米，宽20厘米

这本调查统计册共计36页，纸质颜色泛黄，边缘有破损。它是辽吉省委对所属的30余个县共60个典型村土改阶段情况的调查统计册，包含"土改前阶级情况的调查统计"和"土改前土地分散地区阶级情况表"等内容。据记载，在土改前阶级情况的调查统计中，将原辽吉地区存在的土地大量集中和土地较为分散的两类地区的材料分别加以统计，其中23个典型村代表土地集中地区，如长岭、双辽、彰武等，37个村代表土地分散地区情况，如铁岭、梨树、怀德等。

这本调查统计册是指导辽吉省委决策的调查报告，是反映解放战争时期辽吉地区土改情况的一份重要文献资料，是从侧面见证东北解放区为建立巩固后方、开展土改运动的历史实物，具有重要的研究价值。

1986年，调查统计册由辽宁省委原第一书记郭峰捐赠，现藏于白城市博物馆。

89. 1998年徐家村抗洪使用的党旗

近现代织绣类文物

纵93厘米，横148厘米

此旗为中国共产党党旗，长方形，绸质，红色，边缘有破损。1998年，流经吉林省白城市辖区的嫩江暴发了百年不遇的特大洪水。8月16日，突如其来的洪水袭击了徐家村，村党支部书记孟凡野一面大声呼喊，一面将这面党旗高高地插到房顶，群众一下子从四面八方聚集到党旗下，全村935名群众跟随党旗转移到安全地带。9月13日，时任中组部部长张全景同志到镇赉县视察灾情，听说此事后，观摩党旗并给予褒扬。

这面党旗见证了面对洪水灾害，徐家村受灾人民在中国共产党领导下共同抗洪的历史，是一份重要的历史实物。

1998年11月，镇赉县五棵树镇党支部将这面党旗捐赠，现藏于白城市博物馆。

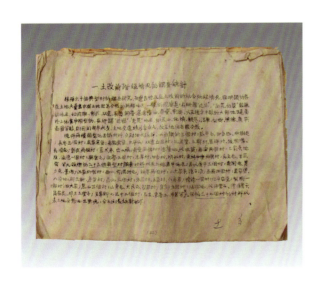

90. 20世纪二三十年代青年团员李万甲阅读的朝鲜语文字版《巴黎公社》

近现代纸质类文物

长19.3厘米，宽12.8厘米

纸质，32开小册子，堺利彦著，车载贞译，社会科学研究社出版，共39页，竖版，黑色活字印刷。朝、汉文字混用，多为朝鲜语文字。封面有长方形红色宽边框，边框内正中央有红色朝、汉文字混用的"巴黎公社"。每页15行格，分12个部分，详细介绍了1871年在法国爆发的巴黎公社起义全过程，歌颂了人类历史上第一个无产阶级政权——巴黎公社的历史功绩，阐述了无产阶级只有依靠革命武装才能推翻资产阶级统治，建立无产阶级专政，革命胜利后仍要依靠革命的武装来保卫和巩固无产阶级政权的真理。

巴黎公社是人类历史上第一次无产阶级政

权的伟大尝试，有着历史性先导的作用，丰富了马克思主义关于无产阶级革命和无产阶级专政的学说，为国际社会主义运动提供了宝贵的经验和教训。

这本读物是吉林省延吉县光开区青年团员李万甲（1909—1932）于1927—1932年阅读的书籍之一。1932年转移到渔浪村抗日游击根据地时，此书被藏在附近山洞岩石缝里。

1957年，延边文物管理委员会发现，现藏于延边博物馆。

91. 20世纪二三十年代青年团员李万甲阅读的朝鲜语文字版《马克思和马克思主义》

近现代纸质类文物

长18.5厘米，宽12.9厘米

纸质，32开小册子，竖版，黑色活字印刷，朝、汉文字混用，多为朝鲜语文字。共57页，用牛皮纸包书皮并订2个书钉加固。书皮正面有"马克思和马克思主义""劝读小册子第六辑"等2行朝、汉文字混用的蓝色钢笔字。扉页印有马克思半身像。每页12行格，共分6个专题，详细介绍了马克思和马克思主义的唯物史观、科学社会主义、阶级斗争、政治经济学等基本原理，着重阐明马克思是怎样创立和发展科学社会主义，唯物史观是马克思主义研究历史发展的基础，生产力和生产关系的矛盾运动是社会发展的根本动力，劳动价值论和剩余价值论是马克思主义政治经济学的基础和核心，只有消灭私有制无产阶级才能等到最后解放，等等。

马克思主义的早期传播是半殖民地半封建

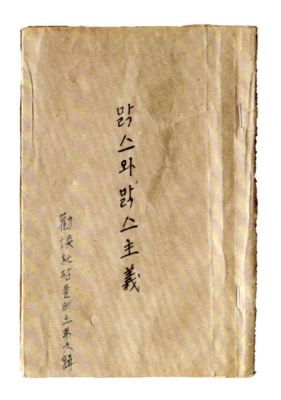
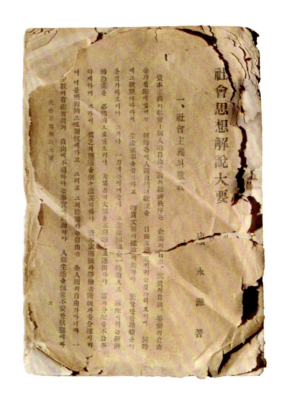

中国迈向觉醒年代的思想启蒙，是马克思主义基本原理与中国具体实际不断结合的逻辑起点，是中国共产党带领人民实现中华民族伟大复兴的初心之源。

这本读物是吉林省延吉县光开区青年团员李万甲（1909—1932）于1927—1932年阅读的书籍之一。1932年转移到渔浪村抗日游击根据地时，此书被藏在附近山洞岩石缝里。

1957年，延边文物管理委员会发现，现藏于延边博物馆。

92.20世纪二三十年代青年团员李万甲阅读的朝鲜语文字版《社会思想解说大要》

近现代纸质类文物

长18.2厘米，宽12.9厘米

纸质，32开，竖版，黑色活字印刷，朝、汉文字混用，多为朝鲜语文字，康永源著，共57页。每页13行格，分12个部分，介绍社会主

义的意义、社会主义思想的发展和社会主义的各种流派等。虽然在阐述的广度和深度上有所欠缺，但以通俗的语言介绍马克思主义基础理论，使其在中国朝鲜族民众中广为流传，进而探讨马克思主义在中国传播的诸多途径、特色及其影响等，具有重要的价值。

这本读物是吉林省延吉县光开区青年团员李万甲（1909—1932）于1927—1932年阅读的书籍之一。1932年转移到渔浪村抗日游击根据地时，此书被藏在附近山洞岩石缝里。

1957年，延边文物管理委员会发现，现藏于延边博物馆。

93.20世纪二三十年代青年团员李万甲阅读的朝鲜语文字版《马克思经济学》

近现代纸质类文物

长18.6厘米，宽12.4厘米

纸质，32开，竖版，黑色活字印刷，朝、

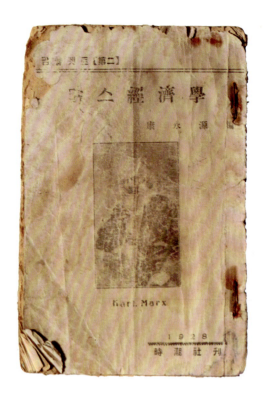

地时，此书被藏在附近山洞岩石缝里。

1957年，延边文物管理委员会发现，现藏于延边博物馆。

94. 20世纪二三十年代青年团员李万甲阅读的朝鲜语文字版《社会进化论》

近现代纸质类文物

长19.6厘米，宽12.6厘米

纸质，32开，竖版，黑色活字印刷，朝、汉文字混用，多为朝鲜语文字，朴衡秉著，1927年9月发行，社会科学研究社出版，共78页。封面依次有著者、书名、出版单位及小册子序号。每页14行格，分7个部分、19个专题，叙述了人类的起源和发展、关于人类社会发展不同社会形态的分类、唯物史观对研究人类历史的意义和作用等。

马克思主义传播到中国后，达尔文主义的进化史观转变到了马克思主义的唯物史观。而

汉文字混用，多为朝鲜语文字，共43页，康永源编，1928年9月发行，时潮社刊出版。封面为横版排印，中央印有马克思的半身像。本书以39个问答题的形式回答了什么是经济学、什么是使用价值、什么是资本主义根本特征、什么叫单纯商品经济、商品经济里有什么样的形态……从一般概念入手，系统而通俗地介绍了马克思主义政治经济学的基本问题。

马克思主义政治经济学不仅科学地揭示了人类社会经济发展的一般规律，也揭示了资本主义社会经济发展的特殊规律，并对社会主义经济发展也提出了科学的预见。它作为马克思主义的重要组成部分，同样是人类历史上宝贵的知识财富，无论是对西方社会还是中国社会的经济发展，都有一定的指导意义。

这本读物是吉林省延吉县光开区青年团员李万甲（1909—1932）于1927—1932年阅读的书籍之一。1932年转移到渔浪村抗日游击根据

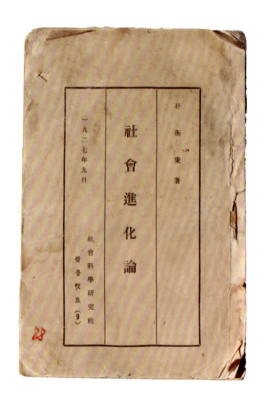

进化论则是他们完成这种伟大转变的理论与实践基础，传播进化论也是传播马克思主义的基础和前提，进化论在近代中国社会的传播对马克思主义在中国的传播也起到了积极作用。

这本读物是吉林省延吉县光开区青年团员李万甲（1909—1932）于1927—1932年阅读的书籍之一。1932年转移到渔浪村抗日游击根据地时，此书被藏在附近山洞岩石缝里。

1957年，延边文物管理委员会发现，现藏于延边博物馆。

95. 1933年中共东满特委党内刊物《两条战线》

近现代纸质类文物

长16.2厘米，宽11厘米

不规则的32开本，线装合订，竖版，黑色钢板油印，朝鲜语文字版，书口在右，共82页。封面、封底为厚牛皮纸，封面有模糊的"革命文库""一九三三年……""中共东满特委……"等3列蓝色字迹。每页由一纸对折而成，有版口，从上到下有版心题、张次。每页四周施单边框，19行格。这本《两条战线》是1933

年五六月间出版的第11—16期刊物的合订本。每期刊物各有封面，记载本期目次、注意事项、刊物名称、出版日期、出版单位等。

《两条战线》是中共东满特委书记童长荣同志亲自创办的机关刊物，供党、团员阅读。创办与刊载时间为1932—1933年，主要刊载我党有关抗日斗争方针、政策、决议以及进行反帝反封建斗争的经验等，旨在对党内进行革命斗争教育。在当时的东满地区抗日斗争中，起到了指导性作用。从已发现的材料看，其已出16期，几乎每期都有童长荣撰写的文章。

1957年，延边文物管理委员会从珲春中学金三龙同志处征集，现藏于延边博物馆。

96. 抗日战争时期东北人民革命军第二军军长王德泰使用的铜本夹

近现代金属类文物

长10厘米，宽6.5厘米

铜质，里外镀铬，2张薄铜板组合成合页状本夹，其中一张铜板组成夹面，另一张铜板以折弯方式组成夹底、夹脊、夹面出边，铜板四周錾刻点纹，夹面出边中部有一铆钉孔。夹面一面右侧卷出对称插笔筒，中部铸有凸起的土著人头像，下方铸有"FOUNTAIN NOTE"，夹面另一面底部铸"JITUYD SHINAN NEGAI""NO.127601"。

铜本夹是1934年7月安图大甸子战斗的缴获品，王德泰一直用到1935年8月，用它写过作战计划、重要会议记录、根据地粮食分配方案、兵工厂的工作情况等内容，是王德泰同志的唯一遗物。它伴随王德泰军长转战东北，记录了英雄那段光辉壮烈的岁月。部队撤离车厂

"响应关内抗日大战" 8个大字。

树标语是1938春，东北抗日联军第一路军第二军六师部队在和龙县南部大马鹿沟密营中活动时，针对来此地"讨伐"的伪满军士兵和为敌人背给养的群众书写的。树标语不仅宣传了我党的抗日主张，更彰显出东北抗日联军指战员为解放中华民族抗战到底的雄心壮志，具有特别重要的历史价值。

1959年6月，延边文物普查队在和龙县大马鹿沟森林中采集，现藏于延边博物馆。

子抗日游击根据地往安图县奶头山转移时，铜本夹被遗失在安图车厂子东南岔工厂。

王德泰（1907—1936），1931年九一八事变后参加反日活动，不久加入中国共产党。东北抗日联军第二军的创建人之一和主要领导人。曾担任延吉反帝同盟组织部长，延吉县抗日游击大队政委，东北人民革命军第二军独立师政委、师长，东北人民革命军第二军军长，东北抗日联军第一路军副总司令兼第二军军长等职。1936年11月，王德泰在抚松县小汤河战斗中不幸中弹牺牲。

1960年7月，由抗日老战士组成的抗日文物发掘队发掘，现藏于延边博物馆。

97. 1938年东北抗日联军第一路军第二军 六师"响应关内抗日大战"树标语

近现代竹木器类文物

直径26.2厘米，围长79厘米，高128厘米

剥皮原木。剥开树皮，用黑色染料竖写

98. 1941—1945年东北抗日联军女战士 金善的日记本

近现代纸质类文物

长15.3厘米，宽10.9厘米

纸质，书口向右，共59张，横竖书写混用，朝汉文字夹杂（以朝鲜语为主）。日记本用暗红色的整张牛皮做封皮和封底，封面书口处有条状凸起，端部呈圆形，该凸起部分包裹书口并延伸到封底夹层固定处，封皮内侧及环衬裱有蓝色厚纸，封底右下角有凹形商标图案。日记前扉文字从右向左分五列：依次写有以绿色描框的红色大字"记"，绿色"日记帐Book"，蓝色"金善""一九四一年一月二十日""重要材料"等。"一九四一年一月二十日"和"重要

材料"之间有涂抹痕迹。日记前33张记录名词解释，作战方法，国际语和朝鲜语文字对照，各省份略称等70多个小题，中间3张记录地图图标示意图，其余的记录第五师训练班政治讨论、支部工作大纲等12个题，标题和重要内容处用红色钢笔画下划线标记。

金善的日记真实记录了1941—1945年部队里"学习就是战斗"的生活及同步开展的军事训练和军事活动等情况；记录了中国共产党的性质、党的指导思想以及党员的权利义务；记录了中国革命的性质与革命前途。它既是抗联战士为了提高思想觉悟和文化水平而努力学习的见证，更是抗战岁月的珍贵实录，堪称那个特殊年代的无言史册。

1959年，金善同志将日记本捐献给延边博物馆。

二级文物

★ 吉林省博物院（东北抗日联军纪念馆）

1—4.1922—1925年吉林第一中学周刊部编辑发行的《吉林一中周刊》

近现代纸质类文物

吉林省博物院藏《吉林一中周刊》，共4期。1922年第64期，长39、宽26.5厘米；1923年第76期，长39、宽27厘米；1924年第113期，长27、宽20厘米；1925年第132期，长27、宽19.5厘米

吉林第一中学是吉林省最早的公立中学，创建于1907年，初名"吉林中学堂"，后更名为"吉林省立中学校""吉林省立吉林联合高级中学校"等，1959年定名为"吉林市第一中学"。《吉林一中周刊》为新闻纸油印，竖版，右上角印有"吉林一中周刊"字样。1919年，五四运

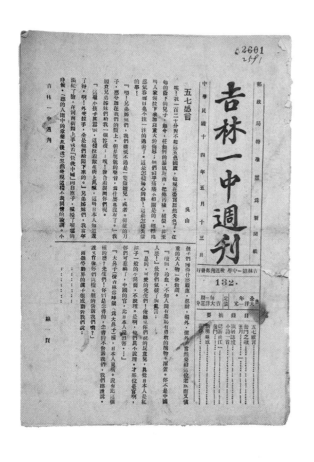

32开本，共11页。封面印有"东北局关于形势与任务的决议提纲，党内文件，对外秘密，不得遗失，发至县团，辽宁省分省委，八月廿一日"。下方盖有"中国共产党辽宁省分委会"圆形朱红印模，印模中有镰刀和锤头图案。

1946年7月3—11日，中共中央东北局在哈尔滨召开扩大会议。会议根据中共中央对东北工作的指示精神，分析了国内外和东北的形势，总结了一年来创建根据地和阻击国民党军进攻的经验教训，统一了对敌强我弱形势、和与战、城市与乡村及作战方针等问题的认识，确定了今后的方针和任务。7月7日，会议讨论通过了由东北局副书记兼东北民主联军副政委陈云起草的《东北局关于形势与任务的决议》（即"七七决议"），并报中共中央，经毛泽东修改

动产生的巨大影响，促进了吉林学生运动和民主思潮的高涨，吉林文坛开始用白话文撰写文学作品，白话诗、白话小说逐渐取代了旧体诗词和文言小说。吉林第一中学秉持"敦品励行、热心向学"的校训，提倡科学和美的精神，开风气之先，以国语、国体文为宣传工具，兴起了激进的新文化运动。《吉林一中周刊》就是用白话文写的、宣传新思想新文化的校刊。

周刊现藏于吉林省博物院（东北抗日联军纪念馆）。

5. 1946年陈云起草的《东北局关于形势与任务的决议》提纲

近现代纸质类文物

长19厘米，宽12.5厘米

提纲为翻印本，钢板刻写，黄绵纸油印，

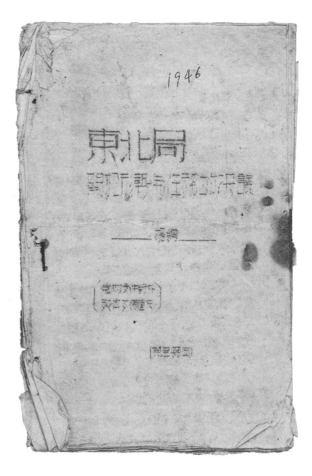

后，中共中央于7月11日批准了决议。"七七决议"在历史的重要关头，确定了党在东北的正确方针，对统一东北地区全党全军的思想，以及转变东北的局势具有决定性意义，使东北根据地建设进入了一个新时期。

提纲原由通化档案馆保存，现藏于吉林省博物院（东北抗日联军纪念馆）。

6. 1949年周保中写给关山复的关于烈士曹国安、宋铁渊家属抚恤的信件

近现代纸质类文物

长25厘米，宽20厘米

信件为长方形，使用吉林省委公用信笺，蓝色墨水钢笔手写，竖书。1949年，周保中写信给吉林省民政厅厅长关山复。信中写道："关厅长山复同志：孙景先来信壹件关涉先烈曹国安、宋铁渊两同志参加了一九三三—三八年南满抗日游击运动，是杨靖宇、魏拯民同志部属的高级干部。先烈英勇战死，其家属应受烈属优待。兹将原信寄你，请民财厅审办理，并请找到孙景先调查清楚，就他所知的部分历史材料写成专文寄哈尔滨烈士博物馆为盼。"

信中周保中提到曹国安、宋铁渊家属应享受烈属待遇，请吉林省民政厅厅长关山复帮助办理，并将烈士事迹调查清楚后编成文稿送达哈尔滨烈士博物馆以资汇编纪念。可以看出周保中及其他同志对曹国安、宋铁渊两位烈士遗属优待抚恤的关切之情，并积极落实对英烈遗属的关怀优抚工作。反映了周保中作为共产党人的责任与担当，同时也体现了国家和政府对追寻烈士事迹、弘扬烈士精神，以及做好烈士

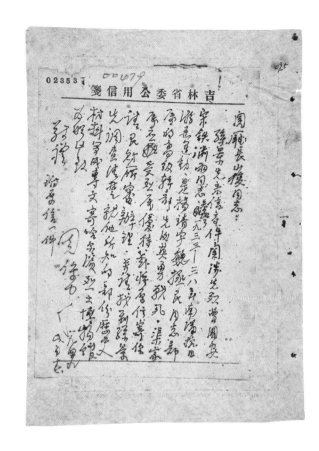

遗属抚恤工作的高度重视。

信件现藏于吉林省博物院（东北抗日联军纪念馆）。

7. 吉林省民政厅厅长关山复写给关绍增的信件

近现代纸质类文物

长25.5厘米，宽18.5厘米

信件为长方形，蓝色墨水钢笔手写，竖书。吉林省民政厅厅长关山复写信给关绍增，信中写道："关绍增同志：前抗联姚新一同志之情形周主席（保中）写信给我，现转写你，请转其遗族以便抚恤其家。……以上是周主席所写，据说其家仍在永吉原籍，但不知在那区，无法了解，请你将此情形转其家族，并告诉我们其家的住址，以便进行抚恤并按烈属照顾，如有

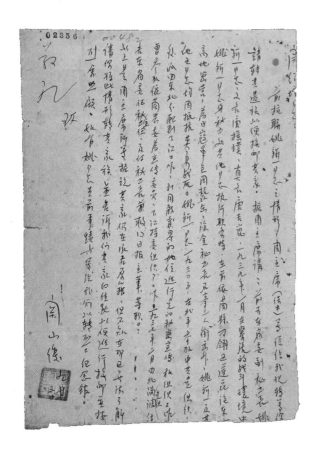

信件为长方形，蓝色墨水钢笔手写。吉林省人民政府主席周保中在1949年写信给关绍增，信中写道："在我临要离开吉林时，由省民政厅长处得知你在打听唐吉昆（瑶璞）的消息，当即用电话找你，得知你已离吉去榆树工作，自'八一五'后我曾在各方面打听他的家属情况，应予帮助！但一直未找到。他化名为姚新一……为日寇军包围袭击而英勇战死，请通知烈士遗族并请代为慰问。"

姚新一，原名唐吉昆。1907年出生于吉林省永吉县。1929年加入中国共产党后，在东北从事党的地下工作。九一八事变后，他按照党的指示到农村各抗日队伍中进行宣传工作。1939年被日军包围袭击而英勇战死，年仅32岁。

周保中在信中提到姚新一家属应享受烈属待遇，请关绍增到省政府民政厅帮助办理。可以看

姚同志生前事迹，写给我们以转烈士纪念馆。"

在关山复写给关绍增的信中确认姚新一为烈士，并给予烈属待遇。由此可见，时任吉林省人民政府主席周保中及其他同志对姚新一烈士遗属优待抚恤的关切之情，体现了国家和政府对传承烈士事迹、弘扬烈士精神，以及做好烈士遗属抚恤工作的高度重视。烈士们的功绩与牺牲精神是我们民族宝贵的精神财富，他们的英勇事迹和不朽功勋应当被世代铭记。

信件现藏于吉林省博物院（东北抗日联军纪念馆）。

8. 1949年吉林省人民政府主席周保中写给关绍增的信件

近现代纸质类文物

长25.5厘米，宽18.5厘米

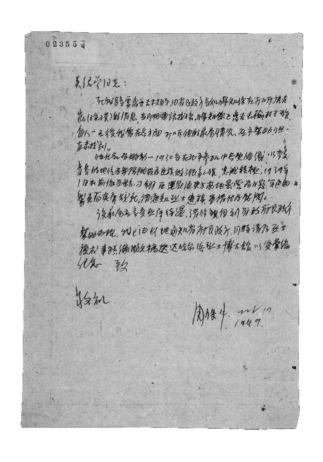

出周保中及其他同志对姚新一烈士遗属优待抚恤的关切之情，同时也体现了国家和政府对宣传烈士事迹、弘扬烈士精神及做好烈士遗属抚恤工作的高度重视。而对军人、烈士及其家属、遗属等优抚工作的积极开展，正是我们铭记、学习、纪念和传承烈士精神的重要表现。

信件现藏于吉林省博物院（东北抗日联军纪念馆）。

9. 1949年孙景先写给吉林省人民政府主席周保中的信件

近现代纸质类文物

长25.5厘米，宽19厘米

信件为长方形，蓝色墨水钢笔手写，共2页。在孙景先给周保中的信件中提到两位英烈：曹国安和宋铁渊。

曹国安，原名于学韬，为孙景先的舅父。1900年出生于吉林省永吉县，毕业于山东军政大学，1931年底加入中国共产党。九一八事变后，参加东北抗战。曾任东北抗联第一军第二师师长兼政委等职，1936年12月牺牲。信中提到其子于洪昌是个典型的农人，家里未得到烈属的待遇。

宋铁渊，原名孙肃先，字晓天，曾化名铁英、铁岩等，为孙景先的哥哥，曹国安的外甥，是东北抗联优秀将领。1910年11月生于吉林省永吉县，1930年曾在北平工作。1931年春，他考入北平中国大学，不久加入中国共产党。1932年春，宋铁渊同舅父曹国安一起回东北从事抗日活动。1937年2月11日拂晓，宋铁渊在掩护部队撤离中，因体弱行动困难，不幸中弹牺牲，年仅27岁。信中提到其父孙焕忠、其弟孙景先等家属未得到烈属待遇，土改后家庭已

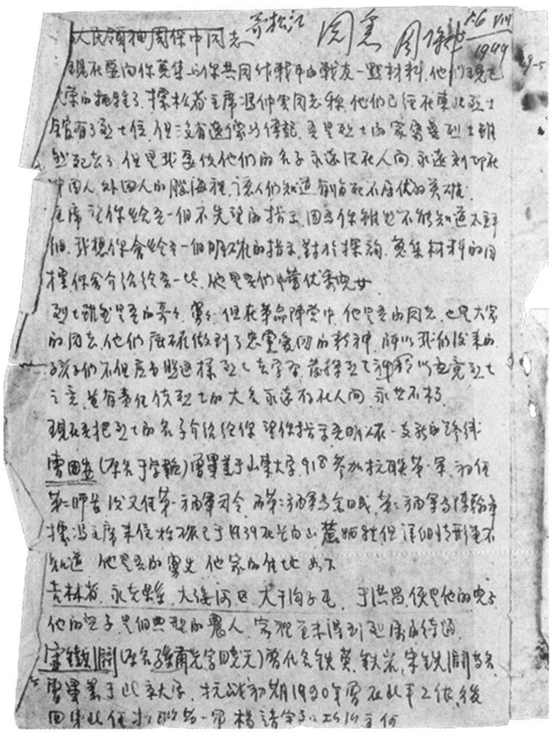

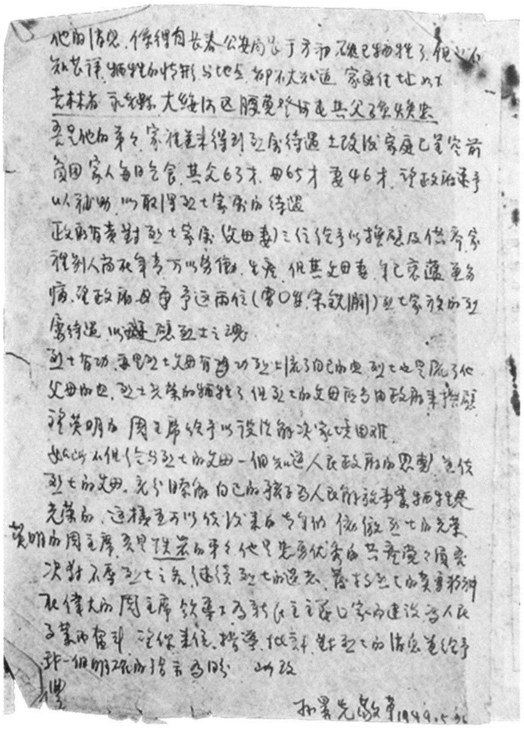

呈空前贫困，家人每日乞食，望政府速予以补助，以取得烈士家属的待遇。

此封信中还写道："烈士有功，亦是烈士父母有功，烈士流了自己的血，烈士也是流了他

父母的血，烈士光荣的牺牲了，但烈士的父母应当由政府来抚慰，望英明的周主席给予以设法解决家境困难。"

积极开展对军人、烈士及其家属的优抚工作，充分表明了国家和人民对英雄烈士作出的牺牲和贡献的尊崇与铭记，彰显了国家和民族崇尚英雄、捍卫英雄、关爱英雄的价值导向。

信件现藏于吉林省博物院（东北抗日联军纪念馆）。

10. 1949年吉林省人民政府主席周保中写给关山复的关于烈士姚新一家属抚恤的批复信件

近现代纸质类文物

长25.5厘米，宽18.5厘米

信件为长方形，蓝色墨水钢笔手写，竖书。吉林省人民政府主席周保中在1949年8月21日写信给吉林省民政厅厅长关山复，信中写道："姚新一（唐吉昆）同志的遗族仍在永吉原籍，现在榆树县政府农业科的关绍增为姚新一同志的妻弟，姚同志的妻和子女尚在屯下苦渡生活。姚新一同志……为党为民族事业忠诚积极工作以致英勇战死，应予表彰。"

在周保中写给关山复关于烈士姚新一家属抚恤的批复信件中，周保中提到姚新一家属应享受烈属待遇，请民政厅通知姚新一（唐吉昆）同志家属，并将烈士事迹编成文稿送达哈尔滨烈士博物馆以资汇编纪念。从中可以看出周保中及有关同志对积极落实姚新一烈士遗属优待抚恤工作的高度重视。做好烈士遗属抚恤优待工作，不仅是对烈士遗属给予物质上的保障，更是为了激励后人以英烈为榜样，传承英烈的

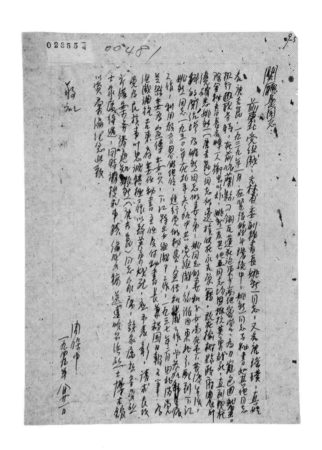

伟大精神。

信件现藏于吉林省博物院（东北抗日联军纪念馆）。

11. 吉林省民政厅厅长关山复写给荣管处抚恤科的信件

近现代纸质类文物

长21厘米，宽15厘米

信件为长方形，使用吉林省政府公用信笺，蓝色墨水钢笔手写，竖书。吉林省民政厅厅长关山复写信给荣管处抚恤科，信中主要内容为：原抗联老同志姚新一，原名唐吉昆，在依兰县刁翎区与日寇作战中壮烈牺牲，至现在未受到抚恤，今请转东荣填写烈士证明，请求优待，其家族现居永吉县大兰屯，其子唐立新。希给办理手续。

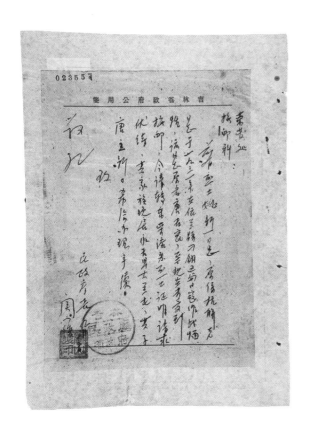

12. 解放战争时期东北人民自卫军通化支队政治部印发的宣传画

近现代纸质类文物

长38厘米，宽25厘米

宣传画用红、黑两种颜色印制，上方正中央印有毛主席头像，头像背后衬有红旗图案，下方绘波涛汹涌的大海，正文为红色繁体字，内容为歌颂毛主席的自由诗。

1945年10月，中共中央东北局派刘西元率部进驻通化，到任后成立了中共通化地委，刘西元任地委书记，并将进入通化的军队和地方武装合编为辽东人民自卫军通化支队，刘西元任司令员兼政治委员。通化支队组建之初便

姚新一，原名唐吉昆。1907年出生于吉林省永吉县。1929年加入中国共产党后，在东北从事党的地下工作。九一八事变后，他按照党的指示到农村各抗日队伍中进行宣传工作。1939年被日军包围袭击而英勇战死，年仅32岁。

关山复在信中写到"今请转东荣添写（填写）烈士证明请求优待"，可见国家和政府非常重视并积极开展和实施抗日英烈遗属的优待抚恤工作，对英烈遗属进行物质补偿和精神慰藉。一个有希望的民族不能没有英雄，而英雄的家属我们同样抱有崇敬、关爱之心，这也是我们铭记、学习、纪念和传承烈士精神的重要表现。

信件现藏于吉林省博物院（东北抗日联军纪念馆）。

继承了抗日联军英勇顽强、爱护民众的光荣传统。1945年11月15日，他们以5个连的兵力打垮了集结抢通化的土匪。1946年2月3日，又一举平定了国民党特务孙耕晓勾结日本法西斯残余的叛乱。他们作战勇猛，爱护百姓，受到广大人民群众的热烈欢迎和拥护。这张宣传画由东北人民自卫军通化支队政治部印发，每到一处都分发给群众，宣传歌颂人民领袖毛泽东。

1959年，吉林省博物馆业务人员在通化市征集，现藏于吉林省博物院（东北抗日联军纪念馆）。

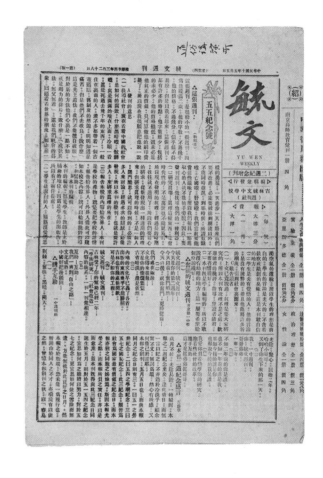

13. 1921年吉林毓文中学校周刊社编辑发行的《毓文》（二周纪念增刊）

近现代纸质类文物

长54.7厘米，宽39.8厘米

《毓文》（二周纪念增刊）使用新闻纸，竖版，油印，绿色字，右上角印有"毓文"字样。毓文中学始建于1917年3月，不久俄国社会主义革命取得了成功，马克思、恩格斯学说开始进入吉林，新思想新文化的传播方兴未艾。毓文中学就是在这种历史背景下参照南开中学创办的一所私立学校，其校名就蕴含了丰富的文化寓意，意指办学比公立学校开化，师生思想比较活跃。在吉林民主革命的历史进程中，特别是在新思想新文化的传播方面，毓文中学都作出了重要的历史贡献。1919年5月5日，毓文中学学生自治会创办《毓文周刊》，这是吉林省创办的第一个校刊，是五四时期吉林文化园地的一面光辉的旗帜，它对宣传五四爱国运动，反对帝国主义侵略，提倡新思想新文化，批判封建旧道德，起了积极的作用。在《毓文周刊》的影响带动下，进步校刊如雨后春笋般涌现，省城吉林的省立第一师范学校、第一中学、女子师范学校、女子中学等学校，都相继办起了校刊，成为开展反帝反封建斗争的文化先锋。在进步刊物的影响下，吉林省出现了众多优秀的革命知识分子，这一切为中国共产党在吉林省的活动发展、党组织的建立，做了思想上和组织上的准备。这一时期，《毓文周刊》的影响力最大，它为新文化运动的深入开展，以及马列主义在吉林的传播奠定了重要基础。

《毓文》（二周纪念增刊）现藏于吉林省博物院（东北抗日联军纪念馆）。

14. 民国时期湖南新化南正街唤民印刷书局翻印的《日帝国主义侵略满蒙的阴谋》

近现代纸质类文物

长18.5厘米，宽12.5厘米

小册子为32开，新闻纸，繁体汉字印刷，泛黄，由新化南正街唤民印刷书局翻印，内容为田中义一的密奏原文，即历史上所称的"田中奏折"。

1927年6月，日本帝国主义为加速推行侵华的"大陆政策"，新任日本首相兼外相的田中义一主持召开了"东方会议"，集中研究和决定侵略中国的"对华政策纲领"，并密奏天皇。"对华政策纲领"涉及军事行动、经济、铁路、金融、机构设置等多个方面，对侵略行动作了详细的安排部署。由此看出，日本推行的对外侵略战争，正是按照"田中奏折"所设计的轨道一步步实施

的，即以"军事征服、经济掠夺、精神奴役"三种方式对中国进行惨无人道的压榨和欺凌。小册子尽管很薄，但它所记录的内容却触目惊心，暴露了日本侵略中国甚至全世界的野心。

《日帝国主义侵略满蒙的阴谋》小册子的翻印让广大中国民众认清了日本帝国主义的侵略野心，激起了中国民众的强烈义愤。该印刷品满足了当时日益高涨的反日斗争的需要，激发了民族斗志，是开展反日爱国斗争的历史见证，具有重要的历史价值。

小册子现藏于吉林省博物院（东北抗日联军纪念馆）。

15. 1946年吉林省政府公布令

近现代纸质类文物

长26厘米，宽19厘米

公布令为竖版，油印。抗日战争胜利后，中国共产党坚决彻底地摧毁了敌伪政权，建立民主政权解放人民群众。在东北局的指示下，各级党组织和人民民主政权相继建立，人民武装不断扩大。1945年11月10日，中共吉林省工委成立后，开始不断加强和推进各级民主政权的建设。12月27—30日，吉林省人民代表会议在永吉县岔路河镇召开，会上周保中作了题为《为建立新东北新吉林而奋斗》的报告，号召全省各族人民团结起来，坚持和平，反对内战，建设一个民主统一的新吉林，为成立联合政府，统一与建设新中国、新东北、新吉林而奋斗。报告表达了中国共产党建立民主统一新国家的主张，受到与会代表的热烈拥护。这次会议，选举周保中、周鲸文、万毅、刘居英等13人为吉林省政府行政委员，并选举周保中为吉林省政府主席，周鲸文为

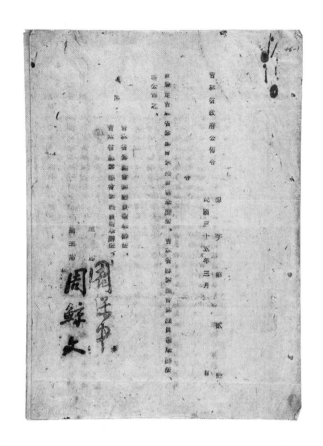

生在吉林长春一个民族手工业家庭。1911年考入吉林省立一中。1915年，东渡日本留学。他是近代中国民主革命时期的爱国先驱，著名的华工领袖。1923年，王希天因揭露日本军警趁地震之机残害华工的暴行，被日本反动当局秘密杀害。消息传开后，引起国内外各界的强烈反响，各地纷纷举行追悼会和纪念会，抗议日本当局残害中华侨胞的罪行。1923年11月4日，吉林省各界人士在省城吉林市丹桂茶园为王希天举行追悼大会。

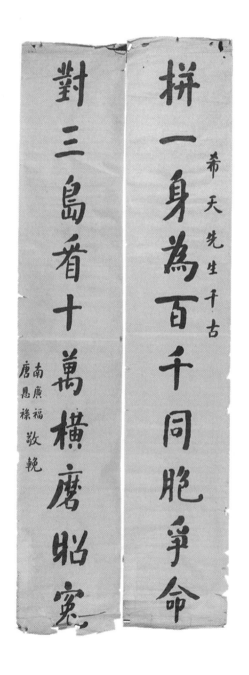

副主席（未到职）。这是吉林省历史上第一个人民政府。吉林省政府成立后，认真贯彻执行党的方针、政策，制定了吉林省参议会参议员选举办法等。1946年3月由吉林省政府公布施行。

公布令现藏于吉林省博物院（东北抗日联军纪念馆）。

16. 1923年南广福、唐恩禄敬献的悼念旅日华工领袖王希天烈士挽联

近现代纸质类文物

长220厘米，宽39.5厘米

挽联选用宣纸，毛笔竖书。上联为"拼一身为百千同胞争命"，下联为"对三岛看十万横磨昭冤"，题额为"希天先生千古"，落款为"南广福、唐恩禄敬挽"。

王希天，原名王熙敬，1896年9月11日，出

南广福、唐恩禄敬献了挽联，以表达哀痛之情。挽联是吉林人民悼念王希天的真实记录，也是华工领袖王希天光辉一生的真实写照，更是旅日华工反日斗争的见证，具有重要的历史价值。

挽联由王希天生前好友孙宗尧精心保存，后来转给王希天之子王振圻。1981年，王振圻将挽联捐赠给吉林省革命博物馆，现藏于吉林省博物院（东北抗日联军纪念馆）。

17. 1946年长春市市长刘居英起草的长春市政府施政报告

近现代纸质类文物

长25厘米，宽17.5厘米

报告用钢笔右起竖书，共17页。东北光复后，伪满洲国首都新京（今长春）虽然被苏联红军接收，但市政府基本上还是由原日伪机构维持，市长由原伪市府总务厅厅长曹肇元担任。中共中央东北局成立后，向长春派遣干部，组成中共长春市委，又征得苏军同意派刘居英任长春特别市市长。1945年11月15日，刘居英与曹肇元签署了交接书，正式接管了长春市政府。1946年4月18日，长春市解放后，于5月中旬筹备召开长春市参议会，市长刘居英准备代表市政府向参议会作政府施政报告。后来，由于

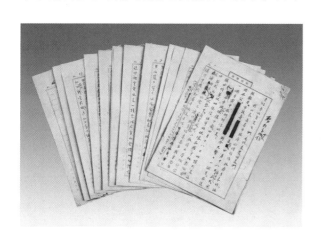

民主政府筹备撤出长春，会议未能如期召开。这份报告是刘居英起草的底稿，为研究地方党史填补了一个重要的空白。

刘居英（1917—2015），原名刘志诚，祖籍山东省掖县，吉林省长春市人。1933年加入中国共产主义青年团，1936年加入中国共产党。曾任山东省政府秘书长兼山东省公安总局局长，长春特别市市长，吉林省政府秘书长，中央军委铁道部哈尔滨铁路局局长，沈阳铁路局局长，东北铁路总局第一副局长，中长铁路管理局局长，东北军区运输司令部司令员等职。第三届、第八届全国人民代表大会代表，中华人民共和国开国少将之一。2015年12月6日在北京逝世。

1982年6月4日，刘居英将这份报告捐赠给吉林省革命博物馆，现藏于吉林省博物院（东北抗日联军纪念馆）。

18. 1948年中国人民解放军第三十九军第一一六师政治部颁发的梁士英[①]烈士家属证明书

近现代纸质类文物

长23厘米，宽9厘米

证明书的封面印有"烈士家属证明书"和"中国人民解放军第三十九军第一一六师政治部"字样，内页文字为铅印和碳素笔手写。主要内容为：梁士英同志于一九四六年在三叉河参军，为中国人民解放军三十九军一一六师三四八团十连战士。入伍后一贯忠实为人民服务，在一九四七年光荣地加入了中国共产党。在锦州战斗中表现英勇顽强，不幸光荣牺牲，遗体公葬于锦州北王

① 证明书中"士"作"世"，应为笔误。

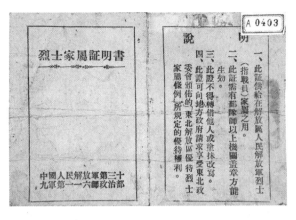

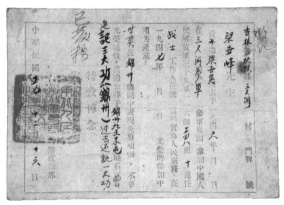

家屯。曾追记三大功，过去还记一大功。落款为"三十九师一一六师政治部，中华民国三十七年十二月十六日"，并钤盖方形印章。

梁士英（1922—1948），吉林省扶余县三岔河人。1946年参军，1947年加入中国共产党。1948年秋，辽沈战役拉开帷幕，根据党中央部署的"攻锦打援"，10月14日发起锦州战役总攻。梁士英所在部队奉命参战。在突破敌人的第二道防御时，梁士英主动请缨爆破敌堡，敌军几次将爆破筒推出碉堡，危急时刻，梁士英用自己的胸口顶住爆破筒，与敌人同归于尽，壮烈牺牲，确保了大部队按计划发起总攻，减少了伤亡。

1948年12月，梁士英生前所在部队给其兄长颁发此"烈士家属证明书"，内容记录了梁士英从参军到光荣牺牲的全过程，见证了一名无产阶级战士平凡而伟大的一生。

1959年7月，证明书由吉林省民政厅拨交，现藏于吉林省博物院（东北抗日联军纪念馆）。

19. 1924年星社学生部编辑发行的无定期刊《不平鸣》

近现代纸质类文物

长38.3厘米，宽27.1厘米

期刊首页上端印有"一九二四年五月七号（一）"，右上角印有"不平鸣——评学生爱国运动号"，刊登主要内容为"星社学生部宣言"。

1924年星社学生部编辑发行的无定期刊《不平鸣》，是毓文中学教师张云责、李光汉以张三、李四为笔名，在吉林创办的第一个不定期刊物，意即不平则鸣，后改为《春鸟秋虫》。他们写的杂文观点鲜明，言辞犀利，揭露旧社会的黑暗，批判旧制度旧道德的腐朽。因其矛头直指社会时弊，仅出刊数期即被当局取缔。张云责本人也因抨击旧势力、传播马列主义，触犯了当地官绅

的利益，被联名上告要求将其罢免职务，驱逐出省，这就是轰动一时的"春鸟秋虫"案。此案最终以张云责个人承担责任，接受罚款而告终。

期刊《不平鸣》现藏于吉林省博物院（东北抗日联军纪念馆）。

20. 1949年5月东北行政委员会铁道部颁发给吉林工务段的奖状

近现代纸质类文物

长28厘米，宽21厘米

奖状呈长方形，顶端正中印有五角星、镰刀、锤头、稻穗等组合图案，两侧各饰有三面红旗，下方横排印有小树苗装饰图案。正中影印白色大字"奖状"。奖状上用黑色印刷和手写的内容为："吉林工务段同志在新行车制工作中三个月无事故完成抢修站舍任务，成绩卓著着记大功壹次，除按规定给奖外，特发给奖状以示鼓励而资

纪念。"下署"奖给吉林工务段同志，东北行政委员会铁道部长、副部长"，时间为"中华民国三十八年五月一日"，编号"吉NO. 671"，并钤印"吕正操印""余光生印"两枚名章和一枚公章。

1946年7月，中央东北局成立东北铁路管理总局，吕正操任局长兼政治委员。1949年起吕正操担任东北行政委员会铁道部部长，余光生任副部长，领导和指挥了铁路保障工作。

1946年7月，中央东北局成立东北铁路管理总局，吕正操任局长兼政治委员。1949年起吕正操担任东北行政委员会铁道部部长，余光生任副部长，领导和指挥了铁路保障工作。

1949年5月，正值新中国成立前夕，东北解放区百废待兴，各项工作正在建设中。吉林工务段在东北行政委员会铁道部、吉林铁路管理局的领导下，在线路抢修、站舍修缮、保障运输等方面做了大量工作。在加强吉林铁路系统建设、发展东北铁路事业、影响全国铁路布局等方面，发挥了重要作用。铁路的修通，配合和支援了全国解放战争及新中国各项事业的建设和发展。奖状是吉林工务段在新行车制工作中作出卓越贡献的见证。

奖状现藏于吉林省博物院（东北抗日联军纪念馆）。

21. 解放战争时期金犊士使用的笔记本

近现代纸质类文物

长36厘米，宽19厘米

笔记本为长方形，内用蓝色钢笔书写。是金犊士在担任吉林省政府秘书处主任时使用的笔记本，内容包含时任吉林省政府主席周保中发出的电报底稿。

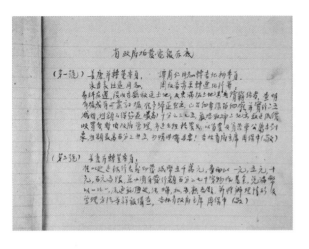

金犊士，河南荥阳人。年少时曾参加过抗日救亡学生活动。1939年参加抗日团体西北青年救国会，后转入华北联合大学社会科学部二队学习马列主义理论。1940年2月加入中国共产党。抗日战争胜利后赴东北工作。1945年11月，任长春市公安局秘书，后赴九台参与主持中共吉林省工委组织的干部训练班，为根据地建设培养人才。1946年2月，调至吉林省政府任秘书处主任。1946年5月，随省政府机关转移到延吉市。同年6月，被派往安图县任副县长，到任后迅速深入群众调查研究。6月29日晚，被收编的安图县大队长带领部分队员叛变，战乱中金犊士被击中，不幸牺牲。

笔记本记录了金犊士在担任吉林省政府秘书处主任期间，为省政府机关建设所做的具体工作。

1982年6月23日，笔记本由金犊士夫人黄绍岩捐赠，现藏于吉林省博物院（东北抗日联军纪念馆）。

22. 1945年袁任远出席中国共产党第七次全国代表大会的代表证（460号）

近现代纸质类文物

长6.5厘米，宽4.5厘米

代表证为红色封皮，内附两折页，左页内容为"中国共产党第七次全国代表大会""代表证""第四六〇号"；右页内容为"座号：15排19号""姓名：袁任远"，下方印有"注意 1.绝对不得转借，不得遗失。2.出入会场须受门卫检查。"右下角印有"七大秘书处制"。两页中间钤盖红色椭圆形"中国共产党第七次全国代表大会秘书处"印章。

袁任远（1898—1986），原名袁明濂，曾用名袁思贤、满平青，湖南省慈利县人。1925年加入中国共产党。1945年4—6月，袁任远作为晋绥代表团成员出席中国共产党第七次全国代表大会。会后，赴东北工作。先后担任吉林省永吉地委书记兼永吉军分区政委，吉林省政府秘书长、副主席。1949年8月，任湖南省政府副主席。1954年后，历任政务院内务部副部长，青海省委书记、省长，中央纪律检查委员会副书记等职。1986年1月2日在北京病逝。

1988年9月12日，代表证由袁任远之子袁意奋捐赠，现藏于吉林省博物院（东北抗日联军纪念馆）。

23. 1949年中国人民解放军总部《中国人民解放战争三年战绩》图册

近现代纸质类文物

长 35.5 厘米，宽 26 厘米，厚 1.5 厘米

图册封面由著名画家张仃设计，用大红色作底，金色字迹，色彩醒目。左侧用深蓝色丝线装订。顶端横排书名为"中国人民解放战争三年战绩"，中间印有由军徽、军旗、绶带、稻穗组成的徽章图案；底部横排印有"中国人民解放军总部"及"一九四九年七月"。

图册由时任中央军委作战部部长兼一局局长李涛主持编纂，1949 年 7 月出版。其内容时间跨度为 1946 年 7 月至 1949 年 6 月，用文字、图片、图表、地图、统计表等形式，翔实地展示了中国人民解放战争的战绩。从 3 年战绩综合，3 年间敌我兵力消减对比，3 年俘虏和击毙敌高级军官统计数，以及解放区 3 年来的面积、人口、城市、铁路的发展统计等方面对解放战争进行了总结，为详细研究解放战争过程及中国人民解放军战绩提供了重要资料。图册还收录了《中国人民解放战争三年概述》《中国人民解放战争两周年的总结和第三年的任务》《将革命进行到底》等

重要文献；解放军阵容、人民支前、济南战役、淮海战役、渡江战役等相关照片；1946—1949 年，各年度中国解放区形势图等。内容丰富，史料价值高。图册中还刊印了毛主席的题词"人民的胜利"。还被作为中国人民政治协商会议第一届全体会议的献礼图书。

《中国人民解放战争三年战绩》一书现藏于吉林省博物院（东北抗日联军纪念馆）。

24. 1945 年 12 月吉林省人民代表会议通过的《吉林省政府施政纲领》

近现代纸质类文物

长 27 厘米，宽 19 厘米

《吉林省政府施政纲领》为 16 开纸铅印。标题"吉林省人民代表会议通过吉林省政府施政纲领"。主要内容为：联合、团结进步党派和阶层，结成最广泛的统一战线，反对内战与独裁统治，为建设和平民主的新东北、新吉林而奋斗；恢复和发展各种公营企业与农村经济，保护奖励私人工商业，发展合作事业，保护私有财产，以繁荣吉林之经济，充裕吉林人民之生活；一切军队必须忠实服务人民，严格遵守人民军队的"三大纪律、八项注意"，保护和平生活与建设；废除法

西斯文化教育，发展新民主主义的文化教育，保障人民的言论、出版、集会、结社、职业及人身自由；改善工人生活，救济失业工人，实行减租减息，调整土地关系，使农民有地种，以改善农民生活；实行男女平等，提高妇女地位，保护妇女和儿童；认真执行民族政策，尊重少数民族的语言、文字、风俗和宗教信仰，保护外侨的人身安全和合法权益等。

1945年12月27—30日，吉林省人民代表会议在永吉县岔路河镇召开。会上，中共吉林省工委代表周保中作了《为建立新东北新吉林而奋斗》的报告，省工委书记张启龙作了总结发言。会议根据当时的形势，宣传了中国共产党的正确主张。选举周保中、周鲸文、万毅、刘居英等13人为吉林省政府行政委员，并选举周保中为吉林省政府主席，周鲸文为副主席（未到职）。讨论通过了《吉林省政府施政纲领》，确定了吉林省政府的施政方针。施政纲领的内容，符合广大人民群众的意愿，与以往旧政权的主张形成鲜明对比，吉林省进入了一个崭新的历史发展时期。

1978年12月，《吉林省政府施政纲领》由吉林省民政厅调拨，现藏于吉林省博物院（东北抗日联军纪念馆）。

25. 民国时期张云责编辑的《大胆》文集

近现代纸质类文物

长23.5厘米，宽15厘米

书籍封面白色底，中间印有"大胆"二字。右侧钉简装本。主编张云责。

张云责（1891—1931），原名张清岱，吉林省榆树县人。1911年，就读北京高等师范学校，其间接触了蔡元培、李大钊等人，开始接受新

思想。1915年，毕业回到吉林市，在吉林毓文中学任教务主任兼国文教员，是吉林省新文化运动的主要传播者之一。1919年春，为宣传新思想，与李光汉以张三、李四为笔名创办第一个不定期刊物——《不平鸣》，后改为《春鸟秋虫》。1921年《大东日报》在长春创刊，张云责任社长。其曾以《大东日报》为阵地，宣传马克思主义思想，发表政治评论文章。1928年，投笔从军，为张学良办《益世报》，任张学良的秘书。1931年，石友三叛变，被张云责及时揭发，最后张学良免于遇难，但张云责难逃厄运，被石友三活埋于石家庄，遇难时年仅41岁。

张云责在《春鸟秋虫》的发刊词中写道："世界潮流，声浪波动，激人耳鼓，亦犹春鸟之声、秋虫之鸣也。"其文章针砭时弊，大胆地揭露了帝国主义侵略者和军阀的罪行，以

及反动势力的贪婪腐败，引起当局的不满，刊物随即被取缔，张云责本人被罢免职务，驱逐出省。"春鸟秋虫"案后，将其在《春鸟秋虫》上发表的部分文章编辑在了《大胆》一书中，书中还记录了其与郭沫若共同宣传的"中国必须走十月革命的道路，唤起民众，彻底推翻旧中国"等进步言论。

此书由吉林市民革调拨，现藏于吉林省博物院（东北抗日联军纪念馆）。

26. 1924年王朴山手迹

近现代纸质类文物

长5.3厘米，宽3.8厘米

手迹书写在长方形硬纸板上，右侧黑色墨迹竖书"奋斗"二字，左侧竖书"一九二四，残夜"。左侧底部钤盖朱色"王葆曾"名章。是1924年王朴山为激励自己"奋斗"，以"残夜"为笔名书写的。

王朴山（1895—1930），原名王葆曾，吉林省榆树县人，祖籍蓬莱。1913年就读于天津南开学校，与周恩来是同学，志趣相投的二人常在学业上互相切磋，品德上互相砥砺，思想上互相交流，共同的理想最终使他们成为挚友。1914年参加了由周恩来等进步同学发起的"敬业乐群会"，1917年与周恩来东渡日本留学。在日本期间积极参加"拒约运动"，从事华工救济事业。1923年回国后，初期从事教育工作，后在东北屯垦公署任职。其始终不忘奋斗，曾以"残夜"为笔名书写进步文章，后收录于《残夜诗踪》。

1930年，王朴山因患白血病在白城病逝。1962年6月17日，周恩来总理和夫人邓颖超来长春视察时，曾在南湖宾馆接见王朴山的女儿王晓苏、侄女王晓蕴。周总理称其是爱国知识分子，指出"他若不是过早离开人世，也会找到马列主义，也会是我党的同志"。

1999年，手迹由王朴山的女儿王晓苏捐赠，现藏于吉林省博物院（东北抗日联军纪念馆）。

27. 1933年中共吉林特支第二交通站负责人邓晓村从事革命活动时使用的线毯

近现代织绣类文物

长142厘米，宽118厘米

线毯为长方形，上有两种颜色花布，毯面织有花纹，有多处补丁，四周有穗。

邓晓村（1913—1937），又名周建华、碧天，吉林省双阳县人。1932年5月加入中国共产党。曾参与领导吉林一中的学生运动。10月，任共青团吉林市特支书记。1933年初，迁居吉林市并建立党的地下联络站，任站长。该联络站曾多次接待和转送中共满洲省委领导和磐石中心县委领导。5月，吉林市党团组织遭到敌人破坏，转赴

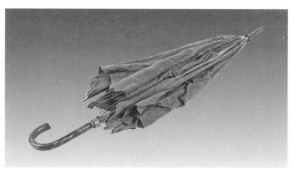

磐石，先后担任共青团磐石中心县委委员，南满第一游击大队政治部主任，东北人民革命军第一军独立师共青团书记，东北人民革命军第一军第二教导团政委，东北抗日联军第三师政委等职。1937年冬，在对敌作战中，为掩护同志突围，壮烈牺牲。邓晓村任党的地下联络站站长时，经常在深夜书写抗日标语、传单，为避免被敌人发现，便用这条毯子代作窗帘遮住窗户。线毯是邓晓村在隐蔽战线从事抗日活动的历史物证。

线毯是1963年蒋颂贤等同志从邓晓村之妻闫庆莲处征集，现藏于吉林省博物院（东北抗日联军纪念馆）。

28. 抗日战争时期邓晓村烈士使用的布伞

近现代复合质地类文物

伞长93厘米

伞呈圆状，蓝色，布质，铁伞条，木柄。

邓晓村（1913—1937），又名周建华、碧天，吉林省双阳县人。1932年5月加入中国共产党。曾参与领导吉林一中的学生运动。10月，任共青团吉林市特支书记。1933年初，迁居吉林市并建立党的地下联络站，任站长。该联络站曾多次接待和转送中共满洲省委领导和磐石

中心县委领导。5月，吉林市党团组织遭到敌人破坏，转赴磐石，先后担任共青团磐石中心县委委员，南满第一游击大队政治部主任，东北人民革命军第一军独立师共青团书记，东北人民革命军第一军第二教导团政委，东北抗日联军第三师政委等职。1937年冬，在对敌作战中，为掩护同志突围，壮烈牺牲。布伞是邓晓村从事抗日斗争时使用的物品，是邓晓村从事抗日活动的历史物证。

布伞是1964年任万举等同志从邓晓村之妻闫庆莲处征集，现藏于吉林省博物院（东北抗日联军纪念馆）。

29. 抗日战争时期邓晓村烈士穿的上衣

近现代织绣类文物

衣长60厘米

毛料质地，棉布里，深蓝色。

邓晓村（1913—1937），又名周建华、碧天，吉林省双阳县人。1932年5月加入中国共产党。曾参与领导吉林一中的学生运动。10月，任共青团吉林市特支书记。1933年初，迁居吉林市并建立党的地下联络站，任站长。该联络站曾多次接待和转送中共满洲省委领导和磐石中心县委领导。5月，吉林市党团组织遭到敌人破坏，转赴磐石，先后担任共青团磐石中心县委委员，南满

第一游击大队政治部主任，东北人民革命军第一军独立师共青团书记，东北人民革命军第一军第二教导团政委，东北抗日联军第三师政委等职。1937年冬，在对敌作战中，为掩护同志突围，壮烈牺牲。上衣是邓晓村从事革命活动时穿的，是邓晓村从事抗日活动的历史物证。

上衣是1964年任万举从邓晓村之妻闫庆莲处征集，现藏于吉林省博物院（东北抗日联军纪念馆）。

30.1948年海龙县太平区前进村贫雇农委员会赠给海龙县农民代表大会的"天下穷人是一家"锦旗

近现代织绣类文物

纵84厘米，横107厘米

锦旗用褐色锦缎制成，镶有绿色缎边。旗正中缝有白布裁剪而成的"天下穷人是一家"7个字，上方缝制"庆祝海龙县农民代表大会开幕"13个字，下方缝制"太平区前进村贫雇农委员会赠"13个字。

随着解放战争的顺利深入，为了适应新形势，我党首先在东北和老解放区实行了消灭封建剥削制度的土地改革运动，贫苦农民拥有土地的

愿望得以达成，初步实现了有饭吃、有房住、有地种，农民的革命热情被充分激发出来，为解放战争的胜利奠定了物质基础。土地改革运动结束以后，各地都召开了贫雇农代表大会。海龙县（今梅河口市海龙镇）于1945年成立民主政府，1947年夏季获得二次解放。1948年海龙县召开农民代表大会，各区、村送锦旗表示祝贺。前进村送的"天下穷人是一家"锦旗，充分体现了农民翻身解放后团结一心的喜悦之情。

锦旗由业务人员从海龙县征集，现藏于吉林省博物院（东北抗日联军纪念馆）。

31.解放战争时期土地改革运动中吉林省伊通县"太平区万宝村农民会"会旗

近现代织绣类文物

纵97厘米，横133厘米

该旗由红布制成，旗的右侧有宽6厘米的白色旗裤，旗面上用墨书有"太平区万宝村农民会"9个楷体字。

农民会是解放战争时期土地改革运动中翻身农民的群众组织。伊通县太平区万宝村农民会于1946年7月建立，董风云为会长。当地农会会员经常打着这面旗帜斗争地主、分田分

粮，开展各种革命斗争。1947年7月17日至9月13日，为了配合解放战争逐渐深入的需要，中共中央工作委员会在河北省西柏坡召开全国土地会议，制定了《中国土地法大纲》，明确规定"废除封建性及半封建性剥削的土地制度，实行耕者有其田的土地制度"，"废除一切地主的土地所有权"；还规定了彻底平分土地的基本原则等。随着解放战争的顺利深入，为了适应新形势，我党首先在东北和老解放区实行了消灭封建剥削制度的土地改革运动，农民的革命热情被充分激发出来，为解放战争的胜利奠定了物质基础。这面旗帜是我党在东北解放区为建立巩固后方、开展土地改革运动的历史物证。

会旗原由伊通县文化馆保存，现藏于吉林省博物院（东北抗日联军纪念馆）。

32. 解放战争时期东北野战军独立九师政治部赠给和龙县担架第十一大队的"战勤模范"旗

近现代织绣类文物

纵91厘米，横70厘米

该旗由红斜纹布制成，用三角形白布镶边，下端抹角成尖。旗的中部缝制由白布裁剪而成的"战勤模范"4个字，右侧缝有"和龙县担架第十一大队"10个字，左侧缝有"独立九师政治部赠"8个字。

1948年9—11月，辽沈战役打响，吉林解放区以各种形式大力支援前线。和龙县人民担架队第十、第十一、第十二、第十三大队相继开赴前线，1690名民工携带240副担架，随军转战于长春、开原、铁岭、抚顺、彰武、通辽、阜新、义县等地。担架队员不避艰险，无畏牺牲，战斗在硝烟弥漫的战场上。和龙县担架十一大队的队员们在进驻新解放区抚顺期间，为当地群众医治疾病，帮助农民打场、打柴、挖水井、编织草鞋、积肥开荒，和新解放区人民一起努力恢复生产，积极支援前线。他们是战勤模范，也是爱民工作的模范，受到当地群众的好评和部队的奖励。该旗是见证东北人民支援解放战争的重要历史物证。

锦旗由业务人员从和龙县征集，现藏于吉林省博物院（东北抗日联军纪念馆）。

33. 1952年朝鲜万景台革命烈士子弟学校赠给吉林省政府的锦旗

近现代织绣类文物

纵74厘米，横54厘米

该旗由红色素缎制成，上端是白布制成的旗裤，宽5厘米，其余边部饰有3厘米的蓝色缎边，下端抹角处还镶饰有黄色苏缀，约4.8厘米长，旗的中间部分贴有黄绒布字，名头和落款为白色布字，内容大意为"赠吉林省政府""特别感谢贵政府和人民给予我们的援助""1952年4月10日"等字样。

当朝鲜遭受美国侵略之时，吉林人民发扬爱国主义和国际主义精神，全力支援抗美援朝战争。吉林省政府发出《关于接收安置朝鲜伤员朝鲜干部家属应注意事项的指示》，强调为了使友方伤员及干部家属尽可能迅速地得到治疗和休养，并妥善安置，必须主动积极地给他们切实解决问题，这是国际主义思想与精神的体现，是抗美援朝最实际的具体表现与考验。在接收朝鲜难童的工作中，舒兰县受到东北局的表扬。吉林、长春、九台等承担抚养朝鲜难童任务的市县也积极地为难童服务，圆满完成了抚养任务。为此，朝鲜万景台革命烈士子弟学校向吉林省政府赠送了锦旗。这面锦旗是朝鲜人民向吉林人民致以敬意的珍贵实物。

锦旗现藏于吉林省博物院（东北抗日联军纪念馆）。

34. 1954年朝鲜人民代表团献给吉林省抗美援朝分会的锦旗

近现代织绣类文物

纵138厘米，横75厘米

该旗由素缎制成，红地，白字，下端抹角并镶饰黄色苏缀，译文大意为"赠：吉林省抗美援朝分会""用鲜血凝成的朝中两国人民之间不灭的友谊团结""1954年6月""访问中国朝鲜人民代表团"字样。

中共中央作出"抗美援朝，保家卫国"决策后，吉林人民高举爱国主义旗帜，发扬国际主义精神，同心同德，全力支援中国人民志愿军和朝鲜人民，为抗美援朝战争的胜利作出了重大贡献。吉林省委省、省人民政府发出了

35. 1955年中国新民主主义青年团中央委员会授予吉林省团委的"优秀的青年先进集体"锦旗

近现代织绣类文物

纵105厘米，横54厘米

锦旗用暗红色素缎制成，背衬白布，旗上方中央饰有一颗金色五角星。旗上缝制镶金边的金色字"授予优秀的青年先进集体""朝气勃勃，永远前进""中国新民主主义青年团中央委员会""一九五五年九月"等字样。

为了更好地调动青年在国家建设中的积极性和创造性，表彰他们在各条战线上作出的贡献，传播先进经验，激发广大青年建设祖国的热情，青年团中央1955年9月召开全国青年社会主义建设积极分子大会。周恩来总理为大会题词，邓小平代表党中央讲话，团中央书记胡耀邦向大会作了报告。团中央向出席大会的青年积极分子颁发了"青年社会主义建设积极分

《关于扩兵工作的指示》，广大青年踊跃参军，同时各界人士积极支前，群众性抗美援朝热潮在全省掀起。吉林省委、省抗美援朝分会响应中国人民抗美援朝总会号召，积极组织发动"推行爱国公约、捐献飞机大炮和优待烈属军属与残疾军人"三项运动，极大鼓舞了前方志愿军指战员的士气。中国人民志愿军归国代表团和朝鲜人民军访华团曾来到吉林省，访问英雄模范人物，参观发电厂、造纸厂、电影制片厂、煤矿、铜矿及学校、烈士纪念馆等单位，所到之处受到人民群众的热烈欢迎和赞颂。

锦旗现藏于吉林省博物院（东北抗日联军纪念馆）。

子奖章"，授予163个先进集体"朝气勃勃，永远前进"的锦旗。会上青年积极分子提出了70余项倡议和保证，得到成千上万青年的热烈响应。这表明，通过发动群众与组织行动相结合的方式开展团的独立活动，不仅能激发广大青年参与热情，还能将这种热情引导至可充分发挥作用的领域，从而产生巨大的社会效益。

锦旗由共青团吉林省委拨交吉林省革命博物馆，现藏于吉林省博物院（东北抗日联军纪念馆）。

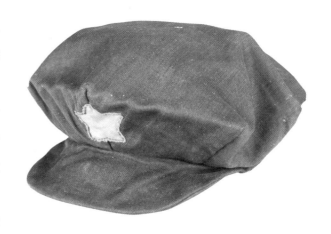

1961年，军帽由原吉林省博物馆业务人员从省建设厅冯玉莲处征集，现藏于吉林省博物院（东北抗日联军纪念馆）。

36. 红军女战士冯玉莲戴的红军帽

近现代织绣类文物

帽围56厘米

红军帽为黑色，是女红军缝纫班副班长冯玉莲用地主的黑大衫缝制，帽前方中央有一颗红色五角星。冯玉莲曾戴着这顶红军帽参加了二万五千里长征。

长征是人类历史上一次伟大的壮举，在这次艰难的行军过程中，每一位红军女战士都有一个可歌可泣的传奇故事。她们不但要行军打仗，还要承担救护伤病员、宣传发动群众、为战友缝洗衣物、做饭等重要任务。她们经受得住枪林弹雨的考验和极端环境的挑战，她们团结奋进、顽强不屈、坚韧不拔地走完了二万五千里长征路，充分展现了红军女战士伟大的献身精神。她们用自己的行动铸就了伟大的长征精神，她们在崇高的信仰和坚定的理想信念的支撑下，为民族独立和人民解放作出了重大贡献。这顶红军帽就是中国工农红军进行战略转移胜利完成二万五千里长征的历史见证。

37. 1957年中共吉林省委员会祝贺吉林肥料厂、染料厂、电石厂开工典礼赠送的锦旗

近现代织绣类文物

纵234厘米，横118厘米

锦旗用紫色金丝绒制成，下方镶饰黄色苏缀。从右至左竖行书写"祝贺吉林肥料厂、染料厂、电石厂开工典礼""提高社会主义觉悟，学习与掌握新技术，又多、又快、又好、又省地大量生产化学肥料、人造纤维，支援工农业生产，增强国防""中国共产党吉林省委员会""一九五七年十月廿五日"字样。

国家"一五"计划期间，吉林化肥厂、吉林染料厂、吉林电石厂共同构成了新中国第一个化工基地（坐落于吉林市），1954年开工建设，1957年建成投产。新中国的第一桶染料、第一袋化肥、第一炉电石就诞生在这里。1957年10月25日，吉林"三大化"工厂在吉林市举行第一批工程竣工投产典礼。吉林肥料厂生

命博物馆，现藏于吉林省博物院（东北抗日联军纪念馆）。

38. 1952年中央访问团访问延边时赠送的"中华人民共和国各民族团结起来"锦旗

近现代织绣类文物

纵170厘米，横80厘米

锦旗为红色，四周有宽约7厘米的黄色镶边，下方有长约20厘米的苏缀，锦旗上的文字为黄色，双股金线镶边，中文和朝鲜语文字对照书写"中华人民共和国各民族团结起来。毛泽东"和"中央访问团赠，一九五二·七"。

产的化学肥料除在本省销售外，还销往河北、山西、辽宁、河南等省份，该厂生产的精制甲醇，属国内首次生产，被定为国家重要的化学工业原料；所产电石供应沈阳、大连、哈尔滨、上海、北京、天津等地工业需求。吉林化肥厂、电石厂、染料厂的建成生产，结束了新中国化学工业基础薄弱、依赖进口的历史，标志着吉林省化学工业步入了一个崭新的历史阶段。锦旗是吉林"三大化"工厂开业典礼的历史见证。

锦旗由吉林化学工业公司拨交给吉林省革

新中国成立时，全国大部分地区已获得解放，为了团结各族人民，宣传党的民族政策，传达党中央对各民族人民的深切关怀，进一步增进民族关系，1952年7月，党中央派出以彭泽民为团长的中央人民政府民族访问团东北内蒙古分团来到吉林省延边地区开展慰问活动，这是新中国建立民族工作体系的开创性实践。访问团通过召开座谈会、群众大会和培训民族干部等方式宣传新中国民族平等团结政策，展示社会主义新风貌，进一步鼓舞了延边各族人民建设社会主义的信心，也为自治区的成立增添了力量。遵照党中央的指示，访问团在访问期间，向少数民族同胞赠送了各种礼品，这面"中华人民共和国各民族团结起来"的锦旗就是访问期间中央访问团赠送给延边地区的，它见证了当年的访问活动，是反映各民族团结的一份重要的历史实物。

锦旗由延边捐赠给吉林省革命博物馆，现藏于吉林省博物院（东北抗日联军纪念馆）。

39. 1951年朝鲜成川郡人民委员会赠给中国人民志愿军的锦旗

近现代织绣类文物

纵46.5厘米，横37厘米

锦旗白底，粉绿色字，镶红边，上方正中央为"祝"字，中间有"有光荣属于英明的中国人民志愿军部队"字样，下方左侧为时间"1951.2.8"，右侧为赠送者"成川郡人民委员会"。

1950年，中国人民志愿军在彭德怀司令员的率领下，雄赳赳、气昂昂地跨过鸭绿江，

开始了一场援助朝鲜人民、保卫国家安全的伟大抗美援朝战争。与此同时，全国各族人民也在中国共产党的领导下，投入到轰轰烈烈的抗美援朝运动中，掀起群众性参军参战和支前热潮。铁路职工、汽车司机和民工纷纷赴朝鲜前线承担战地各种运输与勤务工作，大批医务工作者也组成医疗队奔赴战场救死扶伤。抗美援朝战争期间为保障战勤供应，我国人民加紧生产，保证军需民用，支援战争，全国开展爱国增产节约和爱国丰产运动，给予朝鲜人民有力的支援，为抗美援朝战争作出了巨大贡献。经过近三年的浴血奋战，英勇的中国人民志愿军同朝鲜人民军赢得了反抗美帝国主义侵略战争的伟大胜利。这面锦旗不仅是"抗美援朝，保家卫国"的历史见证，更是中朝两国人民深厚友谊的真实记录。

锦旗现藏于吉林省博物院（东北抗日联军纪念馆）。

40. 1951年朝鲜遂安郡大城面人民委员会为纪念中国人民志愿军参战一周年赠给中国人民志愿军的锦旗

近现代织绣类文物

纵65厘米，横42厘米

锦旗由蓝色、红色和黄色三种颜色的布料制成，从右至左有"中国人民志愿军参战一周年纪念，一九五一年十月廿五日，遂安郡大成面人民委员会赠"等字样，部分文字缺失。

1950年，中国人民志愿军在彭德怀司令员的率领下，雄赳赳、气昂昂地跨过鸭绿江，开始了一场援助朝鲜人民、保卫国家安全的伟大抗美援朝战争。与此同时，全国各族人民也在中国共产党的领导下，投入到轰轰烈烈的抗美援朝运动中，掀起群众性参军参战和支前热潮。铁路职工、汽车司机和民工纷纷赴朝鲜前线承担战地的各种运输与勤务工作，大批医务工作者也组成医疗队奔赴战场救死扶伤。抗美援朝战争期间为保障战勤供应，我国人民加紧生产，保证军需民用，支援战争，全国开展爱国增产节约和爱国丰产运动，给予朝鲜人民有力的支援，为抗美援朝战争作出了巨大贡献。经过近三年的浴血奋战，英勇的中国人民志愿军同朝鲜人民军赢得了反抗美帝国主义侵略战争的伟大胜利。1951年朝鲜遂安郡大城面人民委员会为纪念中国人民志愿军参战一周年特赠这面锦旗。锦旗不仅是"抗美援朝，保家卫国"的历史见证，更是中朝两国人民深厚友谊的真实记录。

锦旗现藏于吉林省博物院（东北抗日联军纪念馆）。

41. 解放战争时期东北民主联军总后勤司令部第三办事处赠给和龙县运输第八大队的锦旗

近现代织绣类文物

斜边118厘米，高74厘米

锦旗呈三角形，用红色、白色两种颜色的布料制成，旗裤在左侧，其余两边镶有月牙边，旗上有"运输完成""东北民主联军总后勤司令部第三办事处赠和龙县运输第八大队"字样。

为进一步巩固和扩大东北解放区，中共中央东北局于1947年5月5日作出《关于东北目前形势与任务的决定》（又称"五五决议"），主要内容是：大反攻，大力歼敌，大量收复失地。吉林省委根据"五五决议"精神提出要"配合主力作战，争取战争胜利，一切为了前线，一切为了胜利"的口号。同时，下达了《东满军

事建设计划》，提出军事建设的五项任务。1947年5月13日，东北民主联军从南、东、西三线同时发动了强大的夏季攻势，东北解放战争进入了战略反攻阶段。攻势迅速取得了辉煌战果，南、北满部队会师，东、南满根据地连成一片。战果的取得离不开吉林军民的重大贡献。其中战勤部和龙县运输大队在炮火连天的战场上运送弹药、转移伤员、不怕流血、不怕牺牲，以实际行动支援了解放事业。为表彰其功绩，东北民主联军总后勤司令部第三办事处授予和龙县运输大队这面锦旗，此锦旗是见证吉林人民在解放战争中所作贡献的一份重要的历史实物。

锦旗现藏于吉林省博物院（东北抗日联军纪念馆）。

42. 解放战争时期吉林省伊通县万宝村农民会自卫队袖标

近现代织绣类文物

纵15厘米，横36.5厘米

袖标呈长方形，用红布制成，已褪色，上面写有"万宝村农民会"和"自卫队"两行字。

抗战胜利后，东北成为国共两党争夺的战略要地。为取得东北解放战争的胜利，中共中央颁布的《东北局关于形势和任务的决议》指出，要在东北建立巩固的根据地。为此，从1946年开始，东北各解放区开展了轰轰烈烈的土地改革运动，各地相继建立翻身农民的群众组织——农会。农会一般分为县、区、村三级，伊通县万宝村农民会就是在这一时期建立的，并成立了自卫队以保障农民斗争。农民会会长董风云带领群众斗争地主、分田、分粮，开展反霸清算等运动。自卫队通过锻炼不断发展，为解放战争前线输送了一批战斗力强、数量充足的后备兵员。到1948年，东北的土改运动取得彻底胜利，解决了民主革命中的基本问题，使根据地日益巩固，为东北解放奠定了坚实基础。此枚袖标是解放战争时期东北解放区开展土地改革运动、实现巩固后方的历史见证。

袖标由伊通县文化馆保存，1964年10月调拨吉林省博物馆，现藏于吉林省博物院（东北抗日联军纪念馆）。

43. 1947年吉林解放区群众刘清山支援前线缝制的"拥护共产党，打倒蒋介石"拥军鞋

近现代织绣类文物

鞋长26.5厘米

鞋为黑布面，白布底，圆口，两只鞋的前

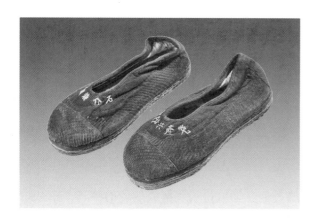

脸分别用白线缝有"拥护共产党""打倒蒋介石"字样,其中一只鞋内还写着"刘清山"三个字,为做鞋人的名字。

吉林省既是东北解放战争的主要战场,也是东北民众支援前线的重要后方。1947年,东北民主联军发动秋季攻势,吉林解放区人民掀起了支援前线热潮:广大妇女积极行动起来,她们日夜缝制军鞋,更用白线把革命口号绣制在鞋面上,激励子弟兵英勇作战,夺取解放战争的伟大胜利。刘清山缝制的这双拥军鞋,正是支前的典型例证。

1947年,金树然从吉林军区后勤部领到这双鞋,并一直保存在身边。1983年,金树然将军鞋捐赠给吉林省革命博物馆,现藏于吉林省博物院(东北抗日联军纪念馆)。

44. 解放战争时期陈正人使用的毛毯

近现代织绣类文物

纵272厘米,横220厘米

毛毯为灰色,织有蓝色条纹图案,四周用粉色线码边,有开线处。

陈正人(1907—1972),原名陈林,江西省遂川县人。1946年7月11日,中共中央东北局决定以原吉辽省委所属吉林、吉东分省委为基础,组建中共吉林省委,任命陈正人为吉林省委书记兼军区政委,主要负责东满根据地建设。作为中共吉林省委首任书记,陈正人在工作期间,认真贯彻执行党的路线、方针和政策,克服暂时的经济困难,领导吉林解放区军民开展大生产运动。在东北解放战争时期,陈正人组织开展了土地改革、支援前线、发展地方武装、配合主力部队作战、发展工农业生产、反奸锄特、恢复工商业、安置人民生活等一系列工作,为吉林省的解放和东北解放战争的胜利作出了不可磨灭的贡献。在吉林工作期间,陈正人居无定所,风餐露宿,是这条毛毯一直陪伴着他。毛毯见证了那段历史,是重要的历史实物。

1987年,陈正人夫人彭儒将毛毯捐赠给吉林省革命博物馆,现藏于吉林省博物院(东北抗日联军纪念馆)。

45. 1951年朝鲜人民军后方医院吉林医院 第三管理所赠给吉林省周持衡主席的 锦旗

近现代织绣类文物

纵83厘米,横56厘米

锦旗用红色、蓝色缎子制成，白色旗裤，旗下方为凹形。上书金色朝鲜文，译文内容大致为：周主席，您对朝鲜伤病医院治疗工作的积极协助，是国际主义的体现，是抗美援朝的神圣斗争。朝鲜人民军后方医院，1951年5月。

1950年，中国人民志愿军在彭德怀司令员的率领下，雄赳赳、气昂昂地跨过鸭绿江，赴朝作战。吉林省各族人民，响应党中央"抗美援朝，保家卫国"的号召，在中共吉林省委和省政府的领导下，在全省掀起群众性参军参战和支前热潮。与此同时加紧生产，保证军需民用，支援战争，并开展爱国增产节约和爱国丰产运动。在整个抗美援朝战争期间，铁路职工、汽车司机和民工纷纷到朝鲜前线承担战地的各种运输与勤务工作，大批医务工作者也组成医

疗队奔赴战场救死扶伤，他们发扬了国际主义和人道主义精神，为抗美援朝战争的胜利作出了巨大贡献。朝鲜人民军后方医院为了表达感谢，于1951年5月特赠这面锦旗给周持衡主席。此面锦旗是吉林人民"抗美援朝，保家卫国"的历史见证，同时也体现了中朝两国人民的深厚友谊。

锦旗现藏于吉林省博物院（东北抗日联军纪念馆）。

46. 1947年东北民主联军总后勤司令部第三办事处赠给额穆县运输大队的"秋季攻势战勤运输模范"旗

近现代织绣类文物

斜边长137厘米，高81厘米

锦旗呈三角形，红色暗花缎面材质，白色字。旗右侧有宽约5厘米的白色旗裤，另外两条边均镶有白色锯齿状装饰布边。旗面右侧竖排书写"特赠：额穆县运输大队"，中间大字内容为"秋季攻势战勤运输模范"，底端横排落款"东北民主联军总后勤司令部第三办事处"等字样。

为配合其他战区人民解放军的战略进攻，东北民主联军于1947年9月14日发起秋季攻势。先在辽西地区作战，继而在长春至铁岭路段出击，后又奔袭长春和吉林外围战略要点。秋季攻势历时50天，至11月5日结束，歼灭大量敌军，攻克长春外围的伊通、农安、德惠等地，为赢得解放战争的胜利，战勤部额穆县（今敦化市）运输大队在炮火连天的战场上送弹药、运伤员，不怕流血、不怕牺牲，以实际行动支援人民的解放事业。为表彰他们的功

绩，东北民主联军总后勤司令部第三办事处授予额穆县运输大队这面锦旗，它是珍贵的历史见证物。

锦旗现藏于吉林省博物院（东北抗日联军纪念馆）。

47. 1947年东北民主联军第六纵队政治部送给和龙县担架队的"无上光荣"锦旗

近现代织绣类文物

纵94厘米，横62厘米

锦旗为红色布面材质，有脱色，呈长方形。旗面上方用黑色墨水手书"秋季攻势和龙县担架队"，中间书有"无上光荣"四个大字，落款为"东北民主联军第六纵队政治部赠"。

为配合其他战区人民解放军的战略进攻，1947年9月14日，东北民主联军发动了秋季攻势。先在辽西地区作战，继而在长春至铁岭段出击，后又奔袭长春和吉林外围。吉林解放区主要承担支援前线的任务。和龙县担架队跟随东北民主联军第六纵队开赴前线，他们以子弟兵为榜样，一面上前线抢救伤员；一面开展各项群众工作，深受部队和地方群众的好评，并得到东北民主联军第六纵队政治部的表彰。

锦旗由家织粗布手工缝制，黑色墨水手书文字，反映了当时环境的艰苦。锦旗也彰显了解放战争时期东北民主联军第六纵队政治部对吉林解放区民众支援工作的高度认可，见证了当地民众与人民子弟兵之间的深厚情谊。

锦旗现藏于吉林省博物院（东北抗日联军纪念馆）。

48. 抗美援朝期间朝鲜平安南道人民献给中国人民志愿军后勤二分部十大站运四营四连的锦旗

近现代织绣类文物

纵95厘米，横61厘米

锦旗为玫红色暗花缎面材质，顶部有浅绿色旗裤，周边镶有淡黄色装饰边，旗底部嵌有七彩缨穗。旗面竖排绣有深蓝色字迹，内容为"献给：中国人民志愿军后勤二分部十大站运四营四连全体指战员：'你们是保卫和平的人民战士！！''是站在反侵略的最前线！！''亲爱的同志！胜利一定属于顽强不屈的朝中人民，荣誉一定属于勇敢奋斗的你们！！''更伟大的胜利在面前等待着，前进！前进！向辉煌的新胜利再前进！！''仅向你们致以最崇高的敬

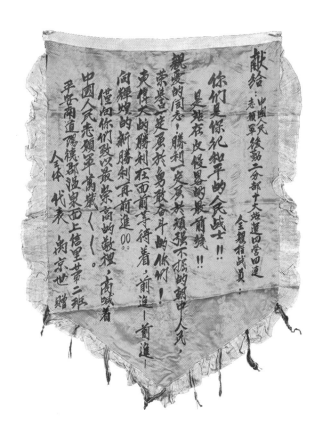

49.1958年共青团中央委员会奖给出席第二次全国青年社会主义建设积极分子大会的先进集体的锦旗

近现代织绣类文物

纵88厘米，横56厘米

锦旗为红色缎面材质，上方有旗裤，黄色缎面镶边，底边缀有金黄色缨穗。锦旗上端正中饰有两颗稻穗托举五角星的图案，红底黄字。右侧竖排内容为"奖给出席第二次全国青年社会主义建设积极分子大会的先进集体"，中间内容为"坚决做社会主义和共产主义的突击队"，左侧落款为"共青团中央委员会，一九五八年十一月"。

礼，高喊着中国人民志愿军万岁！！''平安南道阳德郡温泉面上信里第二班''全体代表禹京世赠'"。

1950年10月19日，中国人民志愿军在司令员兼政治委员彭德怀的率领下，跨过鸭绿江，赴朝作战。1953年7月27日，战争双方在《朝鲜停战协定》上签字，抗美援朝战争结束，中国人民志愿军分批撤离朝鲜。

在抗美援朝战争中，中国人民志愿军依托中国人民解放军全军的保障体系和全国人民的竭力支持，以及朝鲜军民的全力配合，最终赢得了战争的胜利。锦旗是抗美援朝期间中朝两国人民共同抵御侵略的历史见证。

锦旗为吉林省军区拨交，现藏于吉林省博物院（东北抗日联军纪念馆）。

1958年11月，中国共产主义青年团三届二中全会决定在北京召开第二次全国青年社会主义建设积极分子大会。会上表彰了5000名青年积极分子和先进集体代表，并颁发了奖章、奖状和锦旗等。会议表彰了先进集体和先进人物对祖国的贡献，宣传了他们的模范事迹和先进经验，动员了全国青年投身社会主义建设，"又多、又快、又好、又省"地实现党提出的伟大任务，促进了各项建设事业的大发展，此面锦旗正是第二次全国青年社会主义建设积极分子大会上颁发给参会先进集体的。

锦旗现藏于吉林省博物院（东北抗日联军纪念馆）。

50. 1951年朝鲜国立映画摄影所《少年游击队》工作团赠给中央文化部电影局东北电影制片厂的锦旗

近现代织绣类文物

纵125厘米，横73厘米

锦旗为蓝紫色缎面材质，顶端有白色旗裤，旗周有暗红色镶边，底端缀有黄色缨穗。锦旗上端饰有由中朝两国国旗，以及党徽、麦穗和"1951"组成的图案，右侧竖排红色字内容为"中央文化部电影局东北电影制片厂"，中间竖排黄色大字"朝中人民电影工作者永远不灭的友谊万岁"，左侧竖排红色字落款"朝鲜国立映画摄影所少年游击队工作团全体敬赠"。

1951年，朝鲜故事片《少年游击队》拍摄完成。影片由尹龙奎执导，郑奎镇、金炳炼、张得熙、张炳烨、郑昌焕、南承民等领衔主演。主要剧情是朝鲜战争转入第二阶段后，英勇的朝鲜少年在敌占区组织游击队，配合朝鲜人民军和中国人民志愿军作战，最终取得了胜利。1950年10月下旬，美军凭借强大兵力向朝鲜民主主义人民共和国发起进攻，朝鲜人民军被迫撤退。模范少年崔昌龙、金承焕、宋浩民等五人，在山崖下的一个防空洞里组建了少年游击队。他们的任务包括侦察敌情、搜集情报、破坏敌人通讯设备，并通过张贴标语揭露敌人的欺骗行径；同时配合游击队歼灭未能及时撤退的美军，解救被捕的老百姓。影片由中央文化部电影局东北电影制片厂译制。锦旗是中朝两国电影工作者紧密合作的见证。

锦旗由长春电影制片厂拨交，现藏于吉林省博物院（东北抗日联军纪念馆）。

51. 1951年朝鲜平安南道顺川郡赠给中国人民志愿军的"中朝人民亲善"锦旗

近现代织绣类文物

纵94厘米，横62厘米

锦旗为玫粉色暗花缎面材质，旗面图文采用了缝绣技艺，旗周缀有米色缨穗。锦旗正面顶部饰有中朝两国国旗托举"祝"字的图案。中间竖排内容为"中朝人民亲善"，落款为"朝鲜平安南道顺川郡厚滩面立石里民青初级团体一同，1951年10月15日"。锦旗背面顶端装饰有五颗五角星图案，两侧有"呈""赠"二字，中间竖排内容为"英勇的中国人民志愿军全体同志"。

1951年6月11日，抗美援朝战争进入第二阶段。中国人民志愿军与朝鲜人民军贯彻"持久作战、积极防御"的战略方针，以阵地战为主要形式，进行持久的防御作战。军事斗争与停战谈

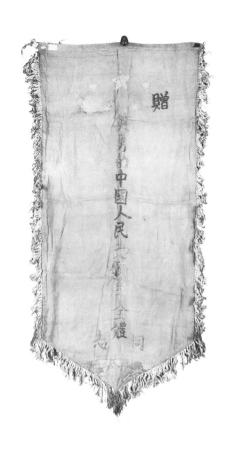

判密切配合，边打边谈，以打促谈，形势尖锐复杂；战线相对稳定，局部性攻防作战频繁；双方都力图争取主动，打破僵局谋求有利地位。为配合停战谈判，中国人民志愿军和朝鲜人民军于1951年8月18日至10月22日在"三八线"附近先后开展夏季防御战役和秋季防御战役。锦旗是中朝两国军民并肩作战的历史见证。

锦旗现藏于吉林省博物院（东北抗日联军纪念馆）。

52. 抗美援朝期间朝鲜人民军第986军部队后方部赠给中国人民志愿军的锦旗

近现代织绣类文物

纵82厘米，横66厘米

锦旗为粉色绸面材质，顶端有白色旗裤，旗周饰有黄色装饰边，缀有网状缨穗。正面中

央主体为蓝色球形图案，外围环绕麦穗和黄色飘带，球身饰有红色绶带，球上部还有中朝两国国旗与握手图形构成的组合图案。正面顶端黄色朝鲜文内容为"朝中友谊""世界和平"，两侧饰有和平鸽，落款为"朝鲜人民军第986军部队后方部全体"。锦旗背面为淡粉色布面材质，右侧竖排黑色朝鲜文的内容为："朝中人

民之间用鲜血凝结而成的永久不灭的无产阶级国际主义友谊，团结万岁！"左侧中间大字为"赠"，下面竖排朝鲜文签名"金昌国、李宰焕、洪尚仁、朴锡秀、许燕、朴正甲、朴珠花、金红三、金永俊"（名字顺序为从右向左）。

1950年10月19日，中国人民志愿军在司令员兼政治委员彭德怀的率领下，跨过鸭绿江，赴朝作战。1953年7月27日，战争双方在《朝鲜停战协定》上签字，抗美援朝战争结束，中国人民志愿军分批撤离朝鲜。

在抗美援朝战争中，中国人民志愿军依托中国人民解放军全军的保障体系和全国人民的竭力支持，并得到朝鲜军民的全力配合，最终赢得了战争的胜利。锦旗承载了抗美援朝期间朝鲜人民军与中国人民志愿军协同作战、共御外侵的团结精神。

锦旗现藏于吉林省博物院（东北抗日联军纪念馆）。

53. 1937年东北抗日联军第四军司务长高山在苏联住院期间使用的毛毯

近现代织绣类文物

纵200厘米，横135厘米

毛毯为双面织羊毛材质，饰有由暗红色和米色纱线交织的图案，中间有破损和折痕。毛毯是东北抗日联军第四军司务长高山同志在苏联住院养伤期间使用的。

1936年8月，在虎林县对日作战中，高山身负重伤，由于缺医少药，伤口长期不能愈合。1937年4月，他被送往苏联治疗。住院期间，苏联政府按规定向其配发生活物资，其中就有这条毛毯。1939年，高山伤愈归国，返回延安继续工

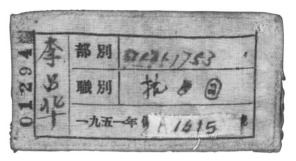

作。抗日战争胜利后，高山返回东北战场。这条毛毯一直伴随着他，是珍贵的历史见证物。

东北抗日联军第四军是东北抗日联军的主力部队之一，1936年3月由东北抗日同盟军第四军改编成立，下辖4个师，军长李延禄（李延平代），政治部主任黄玉清，全军约2000人。1937年1月，与抗联第五、七、八、十军合编为东北抗日联军第二路军。

1979年9月，毛毯由高山捐赠，现藏于吉林省博物院（东北抗日联军纪念馆）。

54. 1951年中国人民志愿军战士李吕华佩戴的胸章

近现代织绣类文物

长8厘米，宽4厘米

胸章为白色麻布材质，呈长方形，正面红色边框内印有"中国人民志愿军"字样；背面黑色表格内印有"部别""职别""一九五一年佩用第　号"等字样，蓝色钢笔相应书写有："李吕华""75751753""抗8②"等字样。

中国人民志愿军是1950年10月至1959年1月参加抗美援朝的中国方面部队，由中国人民解放军东北边防军改编而成，共有240万人。1950年10月19日，中国人民志愿军在司令员兼政治委员彭德怀的率领下，跨过鸭绿江，赶赴朝鲜战

场。10月25日，揭开抗美援朝战争序幕。1953年7月27日，战争双方在《朝鲜停战协定》上签字，抗美援朝战争结束。中国人民志愿军分批撤离朝鲜。1959年1月，志愿军司令部、政治部、后勤部建制被撤销。

在抗美援朝战争中，中国人民志愿军得到了中国人民解放军全军和全国人民的全力支持，得到了朝鲜军民的全力配合，最终赢得了战争的胜利。抗美援朝战争锻造形成的伟大抗美援朝精神，是弥足珍贵的精神财富。这枚胸章是抗美援朝期间配发给中国人民志愿军战士李吕华使用的，是历史的见证物。

胸章现藏于吉林省博物院（东北抗日联军纪念馆）。

55. 1954年中国人民志愿军战士曲金生佩戴的胸章

近现代织绣类文物

长8厘米，宽4厘米

胸章为白色麻布材质，呈长方形，正面红

朝精神，是弥足珍贵的精神财富。这枚胸章是抗美援朝期间配发给中国人民志愿军战士曲金生使用的，是历史的见证物。

胸章现藏于吉林省博物院（东北抗日联军纪念馆）。

56. 史云峰烈士在长春四中读书时使用的帆布书包

近现代织绣类文物

长33厘米，宽25厘米

书包为帆布材质，米白色，兜盖宽18.5厘米，有一处缝补，包带用白色编织袋做成，长约74厘米，宽2.5厘米。

史云峰（1949—1976），吉林省长春市人，中国共产党党员，原长春市第一光学仪器厂工人。少年时熟读许多介绍革命先烈的书籍，书中的主人公成了他学习的典范。他在日记中写道："冷静的头脑要学习列宁，刚强的性格要学习保尔·柯察金。"他读了《红岩》后，对许云峰、江姐的高大形象由衷敬佩。他初中一年级时，常听舅舅讲雷锋的故事，年少的史云峰表示："我要学习雷锋叔叔，长大做雷锋叔叔那样的人！"升入高中后，他就向老师提出，要像革命先烈那样做一个有远大抱负的青年，把云峰作为自己

色边框内印有"中国人民志愿军"字样；背面黑色表格内印有"部别""职别""一九五四年佩用第 号"等字样，黑色钢笔对应填写"曲金生""04009290""抗8"等字样。钤印朱色方形"杨德光印"。

中国人民志愿军是1950年10月至1959年1月参加抗美援朝的中国方面部队，由中国人民解放军东北边防军改编而成，共有240万人。1950年10月19日，中国人民志愿军在司令员兼政治委员彭德怀的率领下，跨过鸭绿江，赶赴朝鲜战场。10月25日，揭开抗美援朝战争序幕。1953年7月27日，战争双方在《朝鲜停战协定》上签字，抗美援朝战争结束。中国人民志愿军分批撤离朝鲜。1959年1月，志愿军司令部、政治部、后勤部建制被撤销。

在抗美援朝战争中，中国人民志愿军得到了中国人民解放军全军和全国人民的全力支持，得到了朝鲜军民的全力配合，最终赢得了战争的胜利。抗美援朝战争锻造形成的伟大抗美援

的名字。1974年12月24日史云峰被秘密逮捕，1976年12月19日含冤被判处死刑。1980年3月24日，吉林省委、省革命委员会追认他为革命烈士和中共党员。书包是史云峰在长春四中读书时的遗物。

1980年，书包由吉林省革命博物馆从长春四中征集，现藏于吉林省博物院（东北抗日联军纪念馆）。

长、校部办公室副主任。新中国成立后，因教学和医疗工作出色，多次被评为党的模范干部。曾当选为吉林省妇联第三、第五届执委，政协吉林省第四届常委等职。上衣是解放战争时期安芝兰坚守艰苦朴素、勤恳工作作风的重要见证。

1981年，上衣由吉林省长春市白求恩医科大学捐赠给吉林省革命博物馆，现藏于吉林省博物院（东北抗日联军纪念馆）。

57. 解放战争时期安芝兰同志穿的上衣

近现代织绣类文物

长63厘米

上衣为米黄色棉布材质，衣服严重褪色，衣领处有补丁，两只袖口有缝补痕迹。

安芝兰，女，1914年出生于河北省定县。1938年参加革命，1939年7月加入中国共产党。1939年2月，白求恩"东征医疗队"到冀中时任军区后方医院看护长。1939年10月下旬，白求恩左手中指被手术刀割破感染，安芝兰担任护理工作。1942年5月，在冀中军区做地下交通员工作。1943年，入晋察冀军区白求恩卫生学校学习。1945年毕业后，历任冀中军区后方医院看护长、军医，辽吉一分区医政科长、医院副院长、吉林省医院副院长，白求恩医科大学附设卫生学校校

58. 抗日战争时期刘锡五同志的战利品军毯

近现代织绣类文物

长189厘米，宽174厘米

军毯为军绿色毛呢材质，双侧短边有军绿色棉布包边，一角印有一枚五角星图案。

刘锡五（1903—1970），曾用名刘荣福、刘心平，河南省孟县人。1924年8月加入中国共产主义青年团，1925年10月转为中国共产党党员。1930年夏被派往东北后，先后任满洲省委代理职工部长，全国总工会驻北方特派员兼铁路总工会党委书记，中共顺直省委委员，中共北平市委书记，中共河北省委委员、常委委员、省委职工运动委员会书记。解放战争时期，历任中共嫩江地委书记，中共嫩江工委书记兼嫩江军区政治委员，中共中央东北局组织部部长，中共吉林

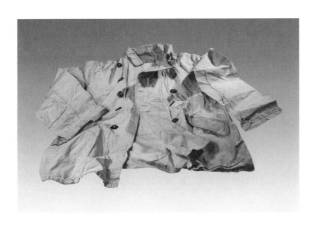

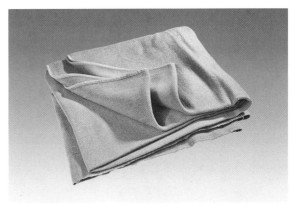

省委书记等职。新中国成立后，任中共吉林省委书记兼吉林省军区政治委员，中共中央东北局委员，东北人民政府监察委员会主任。1955年起担任中共中央监察委员会常务委员、副书记等职。第三届全国政协常务委员。1970年2月28日在郑州病逝。这条军毯是刘锡五在抗日战争时期缴获的战利品，并在解放战争时期使用过。

1986年10月23日，毛毯由刘锡五夫人何真捐赠给吉林省革命博物馆，现藏于吉林省博物院（东北抗日联军纪念馆）。

59. 解放战争时期周保中使用的帆布包

近现代织绣类文物

长77厘米，宽44厘米

布包为麻黄色帆布材质，背带、提梁和包边为棕色皮革材质。有褪色，多处有污渍，缺失一个皮提梁，背带破损，多处有裂痕。布包是周保中在解放战争时期使用的。

周保中（1902—1964），白族，原名奚李元，字绍黄，云南省大理县人。1927年7月加入中国共产党，1928年赴莫斯科学习。九一八事变后回国，曾任中共满洲省委军委书记，东北抗日联军第五军军长兼军党委书记，东北抗联第二路军总指挥，吉东省委执行部主席，东北抗联教导旅旅长等职。解放战争时期，曾任东北人民自卫军总司令，东北人民自治军副司令，东北民主联军副总司令，吉林军区司令员，吉林省政府主席，吉辽军区司令员等职。1949年调到云南工作。1964年2月21日在北京病逝。

解放战争时期，周保中的工作中心在东北。帆布包见证了他为创建东北民主政权、建设东北根据地、支援全国解放事业作出的重大贡献。

1987年11月，帆布包由周保中的夫人王一知捐赠给吉林省革命博物馆，现藏于吉林省博物院（东北抗日联军纪念馆）。

60. 解放战争时期吴溉之穿的美式大衣

近现代织绣类文物

长100厘米

外衣为军绿色棉布材质，驼绒内里，连帽半截大衣。美式国民党军官冬装制式，兜盖和袖口处有磨损。大衣缴获自国民党军官，解放战争时期，由吴溉之穿着。

吴溉之（1898—1968），字璇枢，曾用名武维扬，湖南省岳阳市平江县人。1924年加入中国共产党。曾参加过北伐战争、南昌起义、平江起义、红军长征等。是平江游击队的主要领导人之一。曾任中央党务委员会秘书，八路军总政治部组织部部长，中央军委总政治部直属工作部部长，军委总政治部锄奸部部长等职。解放战争时期，历任东北民主联军后勤部政委兼任通化省委书记，东北、华中军政大学副政委，人民解放军第一所航空学校政委。新中国成立后，曾任最高人民法院副院长、党组书记等职，第一届全国人大代表，第二、第三、第四届全国政协常委。

两侧中间共有6个银色金属圆环，其用长15厘米的双股浅绿色线绳绑带连接，另有一条长360厘米、宽184厘米相同质地和颜色的顶帘，蚊帐局部有破损。蚊帐是李延禄在解放战争时期使用的。

李延禄（1895—1985），原名李庆宾，吉林省延吉县人。1929年参加革命，1931年加入中国共产党。九一八事变后，曾任救国军总参谋长兼补充团团长，东北抗日救国游击军司令，东北抗日同盟军第四军军长，东北抗日联军第四军军长等职。抗日战争时期，曾任中国共产党东北工作委员会副主任，中国解放区人民代表会议筹备委员会常务委员。解放战争时期，曾任合江省政府主席，中共合江省委常委，东北行政委员会委员，松江省政府副主席，中共松江省委委员等职。新中国成立后，先后任中共松江省委纪律检查委员会副书记，松江省人民政府委员会副主席，黑龙江省人民政府副主席，中共黑龙江省委委员，黑龙江省副省长等职。全国人大第一、第二、第三、第四、第五届代表，全国人大第三、第四、第五届常委。1985年在北京逝世。蚊帐见证了李延禄在解放战争时期的革命历程。

1988年8月，蚊帐由高云青捐赠给吉林省革命博物馆，现藏于吉林省博物院（东北抗日联军纪念馆）。

1968年7月2日在北京病逝。这件大衣见证了吴溉之在解放战争时期深入农村、发动群众、组织建立工农民主政府、巩固根据地、支援全国解放等革命斗争的光辉历程。

1987年11月，大衣由吴溉之女儿吴耘云捐赠给吉林省革命博物馆，现藏于吉林省博物院（东北抗日联军纪念馆）。

61. 解放战争时期李延禄使用的军用蚊帐

近现代织绣类文物

长226厘米，宽150厘米，高176厘米

蚊帐为米色和蓝色亚麻材质，顶端四角和

62. 解放战争时期袁任远使用的军用毛毯

近现代织绣类文物

长200厘米，宽160厘米

毛毯为军绿色毛呢材质，毛边，有破损和虫蛀情况。这条军用毛毯是袁任远在解放战争

时期使用的。

袁任远（1898—1986），原名袁明濂，曾用名袁思贤、满平青，湖南省慈利县人。1925年加入中国共产党。解放战争时期，赴东北工作。先后担任吉林省永吉地委书记兼永吉军分区政委，吉林省政府秘书长、副主席。1949年8月任湖南省政府副主席。1954年后历任政务院内务部副部长，青海省委书记、省长，中央纪律检查委员会副书记等职。1986年1月2日在北京病逝。

解放战争时期，袁任远的工作中心在吉林省。毛毯见证了袁任远在此期间开展剿匪、土地改革、支援前线和建设生产等方面的工作历程。

1988年3月，军毯由袁任远之子袁意奋捐赠给吉林省革命博物馆，现藏于吉林省博物院（东北抗日联军纪念馆）。

63. 抗日战争时期东北抗联使用的搪瓷盆

近现代复合质地类文物

盆口直径40厘米，高10厘米

盆呈圆形，隐约可见白绿相间的搪瓷瓷釉，带锈迹，底部有修补痕迹。

和龙县是当年东北抗日联军的重要活动地区，在此建立了抗日游击根据地。抗联以

共产主义、爱国主义为理想信念，联合一切力量共同抗日，决心誓死抗战，活动于白山黑水之间，其游击地范围南起长白山的辽东山区、北至黑龙江畔、东起乌苏里江、西抵大兴安岭并越小兴安岭，覆盖70多个县的广大地域。

搪瓷盆从和龙县征集，是东北抗联艰苦生活的真实写照。

搪瓷盆现藏于吉林省博物院（东北抗日联军纪念馆）。

64—66. 抗日战争时期朴春燮使用的兽医针

近现代金属类文物

兽医针共三根，其中两根呈扁状，一根长12.4厘米、宽0.3厘米；另一根长8厘米、宽0.3厘米。一根呈圆柱形，长12.4厘米、直径0.1厘米

三根兽医针装在一竹筒内，其中一扁针尾部有一圆孔，圆柱形针尾部为螺旋状，是朴春燮烈士牺牲时携带在身上的遗物。

朴春燮（1893—1932），朝鲜族，吉林省延吉县人。1930年参加革命。1931年4月，朴春燮参加了延吉长白乡农民协会，积极投身土地革命活动。九一八事变后，在中共东满特委的领导下，抗日斗争如火如荼地

展开。朴春燮携带兽医针，以兽医身份为掩护，担任秘密交通员。1932年11月9日，朴春燮在传递情报时被捕，于延吉龙岩洞遭残忍杀害，遗体被焚烧。敌人撤走后，家属收殓遗体时，从朴春燮烈士身上发现了这些尚存的兽医针，针筒的下部还留有被火烧焦的痕迹。

烈士家属将兽医针细心保存，以作纪念。它是揭露日本侵略罪行的铁证，也是中国人民英勇抵抗外来侵略的历史物证。

兽医针现藏于吉林省博物院（东北抗日联军纪念馆）。

67. 抗日战争时期和龙县抗日游击队使用的朝鲜族铜碗

近现代金属类文物

口径14厘米，高13厘米，底径7.2厘米

朝鲜族民众生活用品，碗底有"改良特品"字样。铜碗为和龙县抗日游击队的日用器具。

1932年，中共和龙县委根据斗争需要，把开山屯、大砬子、平岗、三道沟等地抗日力量集中起来，并转移到渔浪村，成立和龙抗日游击中队，正式创建渔浪村抗日游击根据地。之后，还迅速建立起兵工厂、炸弹制造厂、被服厂、医院、印刷厂等战时生产机构。游击队多次主动出击，给日寇以沉重打击，并缴获其武器弹药供游击队使用。1934年末，转移到安图县车厂子抗日游击根据地。抗日游击战争的迅猛发展令日本侵略者深感恐慌，他们调集重兵包围根据地，并实行严密的经济封锁，致使抗日游击根据地陷入极度困境。1935年10月，车厂子抗日游击根据地撤销。尽管根据地仅存10个月，但它在壮大抗日武装力量、创建东北人民革命军第二军，推进东满抗日游击战争发展等方面作出了重要贡献。

铜碗从和龙县七区群众处征集，是民族团结共同抵御外来侵略的实物见证。

铜碗现藏于吉林省博物院（东北抗日联军纪念馆）。

68. 1938年东北抗日联军使用的朝鲜式铜匙

近现代金属类文物

长22厘米，铜匙腹宽5厘米

铜匙为朝鲜式，铜质。

集安位于吉林省东南部，地处长白山西南麓，其境内山高林密。1937年秋，抗联第一军第二师及第二军一部进入集安境内活动。在桓仁、宽甸交界处的摇钱树岭和刀尖岭建立游击营地，同时又沿老岭山脉向北，在五道沟、大

西岔沟、长岗等地修建密营，开辟了东岔抗日游击根据地。

东北抗联由朝鲜族、满族、汉族、蒙古族等多民族战士共同组成。铜匙是东北抗联中朝鲜族战士使用的行军餐具，是中国各族人民勠力同心抵御外来侵略的历史见证。

铜匙从集安县东岔村征集，现藏于吉林省博物院（东北抗日联军纪念馆）。

69. 抗日战争时期东北抗联使用的锅撑

近现代金属类文物

口径20厘米，高24厘米

锅撑由废弃的锯条改制而成，主体为圆形，原为三脚支撑，现存两支脚，且均已变形。

1933年初，磐石中心县委和杨靖宇率领的南满游击队，为保存和发展武装力量，开辟了

磐石滚马岭、红石砬子等抗日游击根据地。根据地生活极其艰苦，一方面靠缴获敌军物资来保存有生力量，一方面自己动手制作简单的生活用具、采集中草药等。磐石县地处吉林省中南部，山岭连绵起伏，河流密布，磐石滚马岭抗日密营就其天然地理优势隐蔽其中，杨靖宇曾在此养病疗伤，并指挥抗联部队开展游击作战。

1964年春，这只锅撑发现于磐石县驿马镇滚马岭抗日游击队密营遗址，是东北抗日联军艰苦生活的真实写照。

锅撑现藏于吉林省博物院（东北抗日联军纪念馆）。

70. 1938年东北抗日联军使用的手提式饭盒

近现代金属类文物

长16.3厘米，宽9.2厘米，高2.2厘米

饭盒为手提式，铝质，已分不清颜色。有一提梁，带盖。内有嵌层，微残。

集安地处吉林省东南部，1931年九一八事变，日军铁蹄践踏东北，东北人民陷于水深火热之中。不甘做亡国奴的东北各界人士最先投身反满抗日斗争中，工人、农民成立了义勇军、红枪会等组织，进行不屈不挠的革命斗争，书写了东北抗战史上悲壮的一页。1937年秋，抗联第一军第二师及第二军一部进入集安境内活动。其在桓仁、宽甸交界处的摇钱树岭、刀尖岭建立了游击营地。同时又沿老岭山脉向北，在五道沟、大西岔沟、长岗等地修建密营，开辟了东岔抗日游击根据地。此饭盒是当时抗联战士使用的，承载了东北抗联在艰苦卓绝的环境下仍与日本侵略者顽强斗争的民族

精神。

1958年3月，手提式饭盒在集安县大样子沟和青沟交界处出土，现藏于吉林省博物院（东北抗日联军纪念馆）。

71. 抗日战争时期东北抗日联军使用的凿子

近现代金属类文物

长17.6厘米，直径3厘米，刃宽1厘米

凿子为铁质，无柄，是木匠凿卯用的工具。

1938年6月，魏拯民兼任抗联第一路军副总司令。10月，全国抗日战争进入相持阶段。日本侵略者对吉林抗日军民特别是抗联第一路军，实行疯狂的军事"围剿"和经济封锁，企图将抗日联军逼入绝境。因东北抗联各军处境极端困难，抗联第一路军各部也不得不离开游击区，转入深山密林露营，继续开展抗日游击活动。

凿子发现于抚松县魏拯民和抗联战士居住址的营房内，是东北抗联艰苦奋斗、不屈不挠坚持抗战的见证。

凿子现藏于吉林省博物院（东北抗日联军纪念馆）。

72. 红军女战士冯玉莲在长征时挖野菜用的剪刀

近现代金属类文物

长30厘米

剪刀为铁质，手柄处用布缠绕。剪刀为红军缝纫班副班长冯玉莲同志长征途中挖野菜使用的工具。

长征是人类历史上的伟大奇迹。中央红军为摆脱国民党军队的追击，被迫实行战略转移，退出中央革命根据地进行长征。途经11个省，翻越18座大山，跨过24条大河，走过荒无人烟的草地，行程约二万五千里，最终取得胜利。

雪山草地人迹罕至，有些地方甚至地图上都没有过标记。中央红军在此经历了常人难以克服的困难，战胜了"人马同时饿，落幕无宿所"的恶劣环境，从1935年6月至8月的3个月内，行程3000余里，谱写出中国革命史上极其

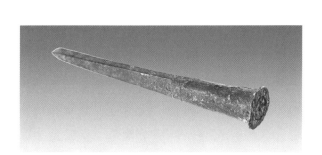

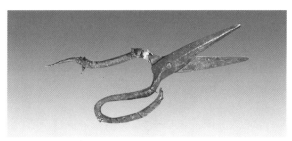

悲壮的一曲。

1935年8月，红军艰苦行军，途经荒无人烟的茫茫草地时，冯玉莲就用这把剪刀挖野菜充饥。抗日战争胜利后，冯玉莲随八路军挺进东北，后留在东北工作。剪刀是中国工农红军进行战略转移，胜利完成二万五千里长征的历史见证。

1966年4月6日，剪刀由冯玉莲捐赠，现藏于吉林省博物院（东北抗日联军纪念馆）。

73. 抗日战争时期东北抗日联军使用的铲刀

近现代金属类文物

长10.6厘米，宽11.5厘米

铲刀无把，已锈蚀，一侧有一豁口。

磐石县位于吉林省中南部山地与丘陵的过渡地带。日军侵占吉林后，磐石人民在党的领导下，开展反对日伪汉奸的"秋收斗争"，建立起反帝大同盟、农民协会、妇女会等群众组织。

1933年初，磐石中心县委和杨靖宇率领的南满游击队，为保存和发展武装力量，开辟了磐石滚马岭、红石砬子等抗日游击根据地。根据地生活极其艰苦，一方面靠缴获敌军物资来保存有生力量，一方面自己动手制作简单的生活用具、采集中草药等。这把铲刀即反映了抗联当时的艰苦生活。

铲刀在磐石县驿马镇滚马岭抗联密营发现，现藏于吉林省博物院（东北抗日联军纪念馆）。

74. 抗日战争时期东北抗日联军使用的铁盒（残）

近现代金属类文物

口径7.8厘米，高5厘米

铁盒为圆柱形，盒身有锈蚀的洞；上盖残半，脱落；底部有洞。

1939年到1940年，东北抗日联军的游击战争进入了极端艰苦的斗争阶段。日本侵略者一次又一次的疯狂"讨伐"，用尽各种手段，切断抗联与群众的联系，抗联部队被迫转入深山密林，利用树木土石搭建密营，驻扎部队、藏匿补给、疗伤养病等。1940年杨靖宇牺牲后，魏拯民承担起领导第一路军的全部重担，继续坚持艰苦卓绝的斗争。长期紧张的野外作战和极其艰苦险恶的生存环境，魏拯民积劳成疾，身患严重的心脏病和胃病，但他不顾病魔缠身，仍以惊人的毅力，坚持战斗在最前线。1940年秋，魏拯民在一次战斗中受伤，病情加重，由警卫排护送回到桦甸县夹皮沟密营养病。1941年，魏拯民因久病不愈，病逝于桦甸县夹皮沟二道河子密营

中。铁盒在桦甸县夹皮沟二道河子密营遗址发现，是东北抗联艰苦生活的实物见证。

铁盒现藏于吉林省博物院（东北抗日联军纪念馆）。

灯座在抚松县密营地发现，现藏于吉林省博物院（东北抗日联军纪念馆）。

75. 抗日战争时期东北抗日联军使用的油灯座

近现代金属类文物

圆铁片直径5厘米，灯芯柱直径0.6厘米，灯座高5厘米

灯座为一空心灯柱贯穿于一圆铁片中间，极为简陋。

1938年6月，魏拯民兼任抗联第一路军副总司令。10月，全国抗日战争进入相持阶段。日本侵略者对吉林抗日军民特别是抗联第一路军，实行疯狂的军事"围剿"和经济封锁，使抗联第一路军各部陷于艰难困苦之中，被迫离开游击区，转入深山密林露营，继续开展抗日游击活动。在攻打抚松庙岭、辉南县城和敦化寒葱沟伏击战等重大战斗中，给敌人以沉重的打击。这个灯座体现了东北抗联不畏生活艰苦，坚持与日本侵略者进行顽强斗争的英勇战斗精神。

76. 抗日战争时期东北抗日联军使用的四棱铁锥

近现代金属类文物

通长20.3厘米，方头边长2.2厘米

四棱铁锥为铁质，一头尖细，一头方，锈蚀严重。外形基本完整。

磐石县位于吉林省中南部山地与丘陵的过渡地带。1933年初，为保存和发展武装力量，中共磐石中心县委和时任南满游击队政治委员的杨靖宇率领队伍在磐石县双河乡红石砬子地区创办后方医院、修械所及印刷所等后勤机构。铁椎既可作为武器使用，又可充当制作工具，反映了当时游击队的生活与装备情况。

铁锥为吉林大学历史系学生在磐石县双河乡红石砬子抗联密营发掘，现藏于吉林省博物院（东北抗日联军纪念馆）。

77. 抗日战争时期中国人民抗日军政大学教职员证章

近现代金属类文物

通长4.5厘米，通宽3.5厘米

证章主体以红色为主，为中国地图形状，上有五角星、镰刀、锤头，两支步枪交叉，中间横写"中国人民抗日军政大学"，小字"教职员证章"。

中国共产党为培养军政干部，1936年6月在陕北瓦窑堡创办了中国抗日红军大学，简称"红大"。1937年1月，中国抗日红军大学改名为中国人民抗日军政大学，简称"抗大"，校址迁至延安。全国抗战爆发后，各地进步青年向往延安，大批知识分子奔赴革命圣地延安。1938年12月以后，中国人民抗日军政大学陆续在山东沂水、晋察冀灵寿等地成立分校。至1945年9月，抗大培养了十几万军政干部，为中国人民革命事业作出了历史性的重大贡献。这枚证章是当时中国人民抗日军政大学的教职员证章，具有重要的历史意义。

证章现藏于吉林省博物院（东北抗日联军纪念馆）。

78—81. 抗日战争时期抗日大刀会使用的扎枪头

近现代金属类文物

长度分别为37厘米；39厘米；35厘米；29厘米

扎枪头共4支，铁质，扁平状，菱形枪尖，其中一支扎枪为圆头，尖钝。均无枪杆。是抗日战争时期抗日大刀会使用的武器。

抗日大刀会是吉林人民反帝反军阀斗争中自发组织起来的抗日组织，大刀会成员多为自愿加入，没有兵饷，没有洋枪洋炮，成员自备大刀、长矛（也称扎枪）、红缨枪等兵器。抗日大刀会是继义和团和忠义军之后，又一次反封建、反军阀统治及反帝国主义侵略的农民武装斗争队伍。其充分显示了农民抵制侵略、不畏凶暴，敢于斗争、不怕牺牲的精神，在吉林人民斗争史上留下光辉的一页。

扎枪头在临江县板石沟征集，现藏于吉林省博物院（东北抗日联军纪念馆）。

82. 1923年江岸京汉铁路工会会员证章

近现代金属类文物

直径3.5厘米，厚0.1厘米

江岸京汉铁路工会会员证章为银质，圆形，上有系鼻。外缘环刻"江岸京汉铁路工会""会员证"，中心图案下部为地球，顶端饰跃动的火焰纹和飞轮，飞轮两侧装饰雄鹰翅膀，其间镌有"劳工神圣"字样。背面阳文浮雕阿拉伯数字"1923"。证章顶端有圆形挂环。

1923年2月1日，京汉铁路总工会在郑州成立。2月4日，全路工人总罢工。提出了五项条件："①要求交通部撤革京汉路局长赵继贤和南段段长；要求吴、靳（云鹗）及豫省当局撤革查办黄殿辰。②要求路局赔偿成立大会之损失6000元。③要求郑州地方长官将所有当日被军警扣留之一切匾额礼物，军队奏乐送还总工会郑州会所。所有占领郑州分会之军队立即撤退。郑州分会匾额重新挂起，一切会中损失由郑州分会开单索价，并由郑州地方长官向总工会道歉。④要求星期日休息，并照发

工资。⑤要求阴历年放假一星期，并照发工资。"7日，直系军阀吴佩孚在帝国主义支持下，对江岸郑州、长辛店等地铁路工人进行了血腥镇压。共产党员、江岸工会委员长林祥谦，共产党员、京汉铁路总工会法律顾问施洋等38人被杀害，200余人受伤。京汉铁路工人大罢工是中国共产党领导的第一次工人运动高潮的顶点，虽然以失败告终，但它显示了中国工人阶级的力量，扩大了党在全国人民心中的影响。会员证章为江岸京汉铁路工会的象征及会员身份的证物。

证章由原中国革命博物馆拨交，现藏于吉林省博物院（东北抗日联军纪念馆）。

（83、85合）1950年长春市人民政府铜方印

近现代金属类文物

共两枚，一枚印面边长6厘米，厚2.2厘米，柄长5.7厘米；另一枚印面边长7.6厘米，厚1.5厘米，无柄

长春市人民政府印为铜质，印面呈正方形，印文为宋体，阳文镌刻"长春市人民政府印"，印背左侧錾刻"一九五〇年十二月 日"，印背右侧錾刻"长春市人民政府印"，下端有"第十号"字样，印面文字有破损。另一枚长春市人民政府印印面也为正方形，印文为宋体，阳文镌刻"长春市人民政府印"，无印柄，背面有一柄洞。印面受损。

1948年10月19日，长春解放，中共长春市委和市政府随军入城。长春市改为长春特别市，隶属东北行政委员会。1949年5月9日，长春市政府改称市人民政府，隶属吉林省。1950年4月1日，长春市各界人民代表会议召开，选举出市

长春市人民政府印印面为圆形，印文为宋体，阳文镌刻"长春市人民政府"，印背左侧錾刻"一九五〇年十二月 日"，印背右侧錾刻"长春市人民政府印"，下端有"第十号"字样。印面文字有破损，印柄为圆球状。

1948年10月19日，长春解放，中共长春市委和市政府随军入城。长春市改为长春特别市，隶属东北行政委员会。1949年5月9日，长春市政府改称市人民政府，隶属吉林省。1950年4月1日，第二届第一次各界人民代表会议召开，选举出市人民政府委员会委员和长春市市长。长春市民主政权的建立，巩固了新生政权，保障了政令的畅通。

长春市人民政府印由吉林省政府民政厅拨交，现藏于吉林省博物院（东北抗日联军纪念馆）。

人民政府委员会委员和长春市市长。长春市民主政权的建立，巩固了新生政权，保障了政令的畅通。

长春市人民政府印由吉林省政府民政厅拨交，现藏于吉林省博物院（东北抗日联军纪念馆）。

84. 1950年长春市人民政府圆形铜印

近现代金属类文物

通高5.7厘米，印面直径4.5厘米，印面厚0.6厘米

86. 1953年吉林省延边朝鲜民族自治区延吉县人民政府印

近现代金属类文物

印面边长6厘米，厚2.4厘米，柄5.5厘米

吉林省延边朝鲜民族自治区延吉县人民政府印为铜质，印面为正方形，阳文镌刻"吉林

省延边朝鲜民族自治区延吉县人民政府印"，朝鲜语文字和汉文两种。印背一侧刻"一九五三年 月 日"，另一侧刻"吉林省延边朝鲜民族自治区延吉县人民政府印"。

1952年9月3日，中国延边朝鲜民族自治区成立大会在吉林省延吉市举行。1955年4月，中共吉林省委和吉林省政府决定改延边朝鲜民族自治区为延边朝鲜族自治州。同年12月，延边朝鲜族自治州第一届人民代表大会第二次会议宣布改自治区为自治州。吉林省延边朝鲜民族自治区延吉县人民政府印反映了吉林省在社会主义建设时期地方政权的建立情况，具有重要的历史价值。

印章由吉林省博物馆从吉林省民政厅征集入藏，现藏于吉林省博物院（东北抗日联军纪念馆）。

（87、105合）1949年发行的中国人民政治协商会议纪念章

近现代金属类文物

直径3.2厘米

中国人民政治协商会议纪念章呈圆形，

以会徽为主图案。上端饰有一五角星，边缘呈齿轮状，中间饰四面红旗图案，上方标注"1949"字样，底部地球纹样上凸显中国版图，红色缎带上以仿宋体书写"中国人民政治协商会议纪念章"13字，此纪念章在1949年9月21日开幕的中国人民政治协商会议第一届全体会议上正式使用。

1949年9月，中国人民政治协商会议第一届全体会议召开。参加中国人民政治协商会议第一届全体会议的单位及代表，分党派代表、区域代表、军队代表、团体代表、特邀代表等，共46个单位，正式代表510人、候补代表77人、特别邀请代表75人，共计662位代表。会议通

过了《中国人民政治协商会议共同纲领》，此纲领在新中国成立初期起到了临时宪法的作用，成为中国人民的大宪章。

中国人民政治协商会议纪念章共两枚，一枚由吉林市兰树森捐赠；另一枚是吉林省代表留下的，代表姓名不详，纪念章号码为38504，由吉林省民政厅拨交。现藏于吉林省博物院（东北抗日联军纪念馆）。

88. 1932年吉林毓文中学学生的帽徽

近现代金属类文物

长2.2厘米，宽1.8厘米

帽徽为长方形，白地上纵向书写"毓文"两个红色大字。

吉林毓文中学是一所始建于1917年的私立中学，坐落于吉林省吉林市松花江畔。著名教育家、南开大学校长张伯苓曾亲临建校地址，见校址南临松花江，北靠北山，乃曰："此地钟灵毓秀，必有孔子所云'郁郁乎文'之势，或可名之为'毓文'，以达文明之志。"学校因此而得名。校训是"敦品修学，达材成德"。多位中共党员和思想进步的教师曾在此执教。

1924年，吉林省第一位共产党员、五四运动时期京津地区著名的爱国学生运动领袖、觉悟社创始人之一马骏曾到吉林毓文中学任教。他以学校为基地，开展革命活动，使吉林毓文中学

成为当时传播马克思主义的重要阵地和反帝反封建斗争的中心之一。1935年出任吉林毓文中学校长的李光汉在吉林市教育界秘密建立了救国会，救国会的活动主要是向师生宣传抗日救国思想，揭露日本侵略者和汉奸的罪恶言行，以唤起师生的爱国思想和抗日热情。因叛徒靠密，吉林教育界救国会遭日本宪兵队破坏，李光汉、萧汝纶、魏辅周、娄少石等20余位救国会成员被逮捕，毓文中学被查封。被捕的成员虽遭酷刑折磨，但仍坚贞不屈、视死如归，李光汉、娄少石、魏辅周等多人牺牲于狱中。

帽徽从吉林毓文中学征集，现藏于吉林省博物院（东北抗日联军纪念馆）。

89. 抗日战争时期高山使用的水壶

近现代金属类文物

口径3.5厘米，高20厘米，厚5厘米

水壶为赭黄色，铝质，壶嘴有一木塞，斜挎的背带。是东北抗日联军第四军司务长高山使用的军用水壶。

东北抗日联军第四军是在吉林国民救国军余部基础上发展起来的一支人民抗日武装。1936年3月，正式改编为东北抗日联军第四军，下辖3个师。李延禄、李延平相继担任军长，黄玉清担任政治部主任。

高山在东北抗日联军第四军中管理部队伙食、住宿、财务等事宜。他曾在战斗中受伤，久治难愈便被送往苏联医院救治，伤愈出院后，返回延安继续工作，抗战胜利后，高山返回东北战场。直到新中国成立，高山一直珍藏着这个陪着他经历无数战斗风雨的水壶。

1979年，高山将水壶捐赠给吉林省革命博物馆，现藏于吉林省博物院（东北抗日联军纪念馆）。

90. 抗日战争时期吴玉成保存的铁锅（残）

近现代金属类文物

口径35厘米，高17厘米

铁锅一半缺失，残存的锅体边缘参差不齐，铸铁锻造。是东北抗日联军使用的炊具。

东北抗日联军长期在白山黑水之间与日军作战，当时这里环境恶劣，条件艰苦。1940年后，日军展开疯狂的封锁和扫荡，抗联能获得的食物越来越少，最困难的时候以草根树皮充饥。

铁锅是东北抗联老战士吴玉成保存下来的，见证了东北抗日联军艰苦卓绝的斗争生活。

铁锅从通化县兴华公社朝阳大队征集入藏，现藏于吉林省博物院（东北抗日联军纪念馆）。

91. 抗日战争时期东北抗日联军第一路军兵工厂修械所用的铁砧子

近现代金属类文物

上边长9.5厘米，下边长10厘米

铁砧子主体为正方体，上面凸起，侧面凸出两个角，是抗联一军兵工厂的修械工具。

1936—1938年，东北抗日联军第一军在通化县金川河里一带建立了后方根据地，并设有兵工厂、医院和被服厂等密营。位于金川、辉南和柳河县区域内的轱辘屯密营地就是兵工厂之一，亦称枪械修造所，1938年遭到破坏。1940年，曾在抗联承担物资运输任务的施常青前往轱辘屯挖山贝母时，于废弃的抗联兵工厂旧址内，发现了铁砧子等遗物，并珍藏起来。

1979年，吉林省革命博物馆三名同志赴通化县境内进行革命史迹踏查时，在兴林镇朝阳村当地老住户施常青家征集。现藏于吉林省博物院（东北抗日联军纪念馆）。

92.1932年孟庆林给游击队员看病用的戥子

近现代复合质地类文物

杆长34.7厘米；盘长11厘米，宽8.5厘米；
砣长3厘米，宽2.3厘米

戥子由杆、盘和扁砣组成。盘和砣为铜质；
杆为木质。是给游击队伤病员配药用的计量
工具。

九一八事变后，磐石成为抗日活动中心。
1932年5月，成立了南满工农反日游击队。11
月，杨靖宇代表满洲省委对这支抗日武装进行
整编，成立了中国工农红军第三十二军南满游
击队。

磐石县地处东北中南部山区，境内山岭
连绵起伏，河流密布，有利于开展游击活动。
然而因日本侵略者重兵"围剿"，大力推行坚

壁清野、归屯并户和"三光"政策，严格管
制百姓的衣食住行，割断了抗日军民的联系，
导致游击队的生活极其艰苦。抗日游击队一
方面靠从敌人那里夺取给养来保存有生力量，
一方面要自己动手制作简单生活用具、采集
中草药治病疗伤等。

戥子从磐石县细林公社征集，现藏于吉林
省博物院（东北抗日联军纪念馆）。

93. 抗日战争时期东北抗日联军双鸭子密营中使用的斧子

近现代金属类文物

通长27厘米，刃长28.6厘米

斧头为铁质，无把手，呈"7"字形，一端
有一长方形銎。是东北抗联使用的工具。

1935年，杨靖宇将军所率领的东北人民
革命军第一军在辉南、濛江两县交界地区开
展抗日游击战争，并以濛江那尔轰为中心建
立了抗日游击根据地。他们既要同日本侵略
军浴血战斗，又需抵御极端严寒——当地冰
冻期长达半年。战士除携带枪支弹药外，还
需携带锯、斧等伐木工具用于搭建密营、修
筑工事。"伐木为营，围火而眠"就是抗联战
士艰苦战斗生活的真实写照。抗联部队为保
存和发展武装力量，修理、制造武器弹药，
储备军需品，医治安置伤病员，在崇山峻岭
的密林深处修建了许多营房。

斧子是中共地下交通员张润生与其子张海山
在靖宇县那尔轰西南岔双鸭子山"放山"时，于
抗联密营遗址中发现。靖宇县那尔轰镇西南岔为
抗联第一军的密营之一。

1981年9月，张海山将斧子捐赠给吉林省

革命博物馆，现藏于吉林省博物院（东北抗日联军纪念馆）。

94. 1946年黄生发缴获并使用的指南针

近现代复合质地类文物

直径5.5厘米，厚2厘米

指南针主体为铜质，盖为铝质，圆形，有挂环，玻璃盘面，功能完好。是黄生发缴获国民党军的战利品。

黄生发（1920—1993），满族，原名黄生金，曾用名常景春。1920年出生于辽宁省兴京县苇子峪村的贫民家庭。1935年3月参加兴京县农民抗日自卫大队。1938年担任杨靖宇警卫员。1942年8月加入中国共产党。1945年9月任蛟河县城防司令兼保安大队长，11月16日任蛟河县保安团团长。1946年2月8日任蛟河县临时参议会议长，6月参加拉新战斗。1948年

8月任吉林军区独立二团副团长、团党委副书记。1949年1月到地方工作，曾任吉林市公安局局长、党组书记，吉林省建设厅副厅长，吉林省工业管理局副局长，吉林省二轻局副局长。1993年12月24日因病逝世。

1946年6月7日，黄生发率领蛟河县保安部队支援拉法战斗。在老爷岭战斗中，缴获了这枚指南针，黄生发一直携带使用，在多次剿匪战斗中指南针发挥了重要作用。

1982年，黄生发将指南针捐赠给吉林省革命博物馆，现藏于吉林省博物院（东北抗日联军纪念馆）。

95. 1940年东北抗联第十军军长汪亚臣赠予参战农民张万成的战利品——银挂件

近现代金属类文物

长31厘米，宽约6厘米

银挂件自上而下主要由四部分构成，顶部为双玲动物纹银环，主体为镂空花篮形饰件，下方悬挂银元宝坠饰，最底部以银链连接组合工具，包括银针、银剑、银钩、银刀、银耳勺。轻度磨损。此银挂件是在攻打拉滨铁路日伪重要据点时缴获的战利品，后赠予参战农民张万成。

1940年9月，东北抗联第十军军长汪亚臣率部攻打拉滨铁路日伪重要据点山河屯，舒兰县金马等地民众30余人也参加了这次战斗，在汪亚臣军长的指挥下，十军战士和民众攻入山河屯伪警察署及日军守备队和日本人开设的当铺，缴获了一批武器弹药，以及金银首饰、衣服、粮食等生活用品。战斗结束后，为酬谢当地民众对我军的支援，将缴获的生活物品分发给他们，金银首

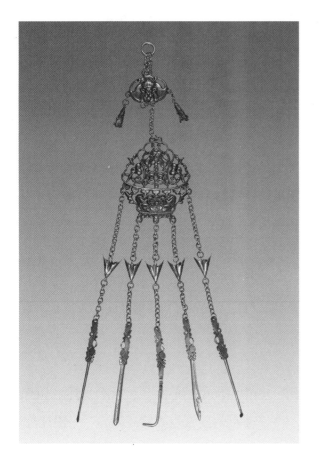

此刀是刘福祥在辛亥革命期间使用的。1916年刘福祥曾持此刀参加榆树县农民反清丈土地的自发斗争。1932年起，刘福祥儿子又携此刀参加了榆树红枪会，打鬼子，杀汉奸，斗争恶霸地主。后来，刘福祥儿子在一次战斗中负伤。这把大刀一直由刘福祥保存。

1980年，刘福祥的亲属刘春林将刀捐赠给吉林省革命博物馆，现藏于吉林省博物院（东北抗日联军纪念馆）。

饰等较贵重的物品赠予了参加战斗的百姓。农民张万成分到了银手镯和这件银挂件。因被叛徒告密，同年张万成等人于12月12日被捕入狱，1941年2月，在舒兰县城西棒槌沟被日军杀害。这件银挂件是东北抗联第十军和广大人民群众英勇抗日、收复东北河山的历史见证。

1982年5月，张万成后代张禄将银挂件捐赠给吉林省革命博物馆，现藏于吉林省博物院（东北抗日联军纪念馆）。

96. 辛亥革命时期刘福祥使用的大刀

近现代金属类文物

通长88.5厘米，把长17厘米，护手直径8厘米，刃最宽5.5厘米

大刀为铁质，木柄，柄有裂痕，柄尾部有铁箍保护，有护手。

97. 解放战争时期周保中使用的台灯座

近现代复合质地类文物

底座直径15厘米，高21厘米，灯柱直径3.5厘米

台灯座为圆形底盘，中间有一圆柱，上端有插口式灯座，底盘上有一开关。台灯是周保中在1946年4月长春争夺战期间使用的。

周保中（1902—1964），白族，原名奚李元，字绍黄，云南省大理县人。1927年7月加入中国共产党，1928年赴莫斯科学习。九一八事变后回国，历任中共满洲省委军委书记，东北抗日联军第五军军长兼军党委书记，东北抗联第二路军总指挥，吉东省委执行部主席，东北抗联教导旅旅长等职。解放战争时期，曾任东北人民自卫军总司令，东北人民自治军副司令，东北民主联军副总司令，吉林军区司令

护手长7厘米，宽5.5厘米

员，吉林省政府主席，吉辽军区司令员等职。1949年调到云南工作。1964年2月21日在北京病逝。

　　周保中任吉辽军区司令员时，担任长春争夺战总指挥。他把指挥所设在火车上，听取汇报，召开会议。日落以后，车厢里常遮上厚厚的窗帘，周保中在这只台灯下看文件、查地图，签发作战命令、批阅战报等，一直到战役取得胜利。周保中在吉林工作期间，一直使用这只台灯，体现了一代共产党人艰苦朴素的生活风貌。

　　1987年，周保中夫人王一知将台灯座捐赠给吉林省革命博物馆，现藏于吉林省博物院（东北抗日联军纪念馆）。

98. 解放战争时期袁任远使用的战刀

　　近现代金属类文物

　　通长96厘米，刀把长24厘米，刃宽3厘米；

　　战刀为钢与铁混合材质，刃有一豁口，护手为铜质。刀鞘为木质，外覆牛皮，有破损。

　　袁任远（1898—1986），原名袁明濂，曾用名袁思贤、满平青，湖南省慈利县人。1925年加入中国共产党。解放战争时期，赴东北工作。先后担任中共吉林省永吉地委书记兼永吉军分区政委，吉林省政府秘书长、副主席。1949年8月任湖南省政府副主席。1954年后历任政务院内务部副部长，青海省委书记、省长，中共中央纪律检查委员会副书记等职。1986年1月2日在北京病逝。这把战刀是袁任远在解放战争时期使用的。

　　1986年，在举办"吉林党史人物"展览时，袁任远儿子袁意奋将战刀捐赠给吉林省革命博物馆。现藏于吉林省博物院（东北抗日联军纪念馆）。

99. 中华人民共和国时期吉林省人民政府主席印

　　近现代金属类文物

　　印面边长2厘米，高3.5厘米，印面厚0.8厘米

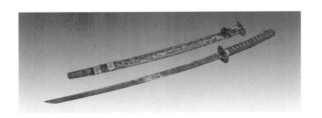

吉林省人民政府主席印为铜质，印面呈正方形，用宋体字刻写"吉林省人民政府主席印"，印面有破损。

该印侧面反映了社会主义建设时期地方政权的建设情况，具有重要的历史和收藏价值。

吉林省人民政府主席印从吉林省民政厅征集，现藏于吉林省博物院（东北抗日联军纪念馆）。

100. 中华人民共和国时期长春市人民政府市长印

近现代金属类文物

印面边长 2 厘米，高 3.5 厘米，印面厚 0.8 厘米

长春市人民政府市长印为铜质，印面呈正方形，有破损。采用宋体字刻写"长春市人民政府市长印"。

长春市人民政府市长印反映了社会主义建设时期地方政权建设情况，有重要的历史和收藏价值。

长春市人民政府市长印从吉林省民政厅征集，现藏于吉林省博物院（东北抗日联军纪念馆）。

101. 解放战争时期长春新报证章

近现代金属类文物

直径 2.2 厘米

长春新报证章呈圆形，主体为蓝底，外缘饰紫色环，中间绘有黄色东北地图轮廓，其上叠加红色"新报"二字，下方有白色"长春"二字，背面有"24分"字样。

《长春新报》创刊于 1945 年 11 月 15 日，是中共长春市委机关报。1946 年 5 月并入迁至长春的《东北日报》。1948 年 10 月 19 日，长春解放以后，复刊，1954 年更名为《长春日报》。《长春新报》是研究解放战争和新中国成立初期长春市、吉林省乃至东北地方革命史的重要文献资料。在伟大的历史转变时期，为长春人民的解放事业发挥了巨大作用。长春新报证章既是报社工作人员的身份标识，也是长春新闻战线参与解放斗争的重要物证。

长春新报证章由长春市公安局拨交，现藏于吉林省博物院（东北抗日联军纪念馆）。

（102、103合）抗日战争时期游击队使用的土枪大抬杆

近现代复合质地类文物

共2支。一支通长178厘米，枪筒长130厘米，枪筒直径3厘米，筒壁厚0.8厘米，枪托最宽13厘米，保存完整；另一支通长190厘米，枪筒长150厘米，枪筒直径4.5厘米，筒壁厚1厘米，枪托最宽14厘米，枪栓残缺。两支土枪均重30斤

土枪大抬杆，别名二人抬、二抬杆、老洋炮等，一般由铁质枪筒、木质枪托、枪栓和扳机组成。大抬杆枪枪管和弹药都是手工制作，弹药和枪筒之间有很大的缝隙，为了增强威力，加长了枪筒，但精准度极低。

此抬杆枪是1932年活动在磐石、桦甸两县边界山区的磐石工农反日义勇军使用的武器。1932年春，磐石县委在杨林、杨佐青同志的帮助下，把李红光领导的"打狗队"队员、"四三"暴动的农民骨干、哗变过来的伪军士兵及从各地抽调的一些党员团员组织和武装起来，正式组建了磐石工农反日游击队。11月，杨靖宇代表满洲省委对这支抗日武装进行整编，改称中国工农红军第三十二军南满游击队。

抗日游击队的武器装备与日本侵略军相比极为悬殊。磐石工农反日义勇军创建初期，义勇军战士就是使用这种抬杆枪与日本侵略军进

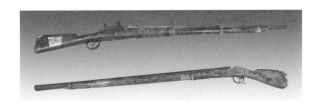

行英勇顽强的斗争。这两支大抬杠见证了抗联战士勇赴国难的民族气节，以及同侵略者血战到底的英雄气概。

两支土枪大抬杆现藏于吉林省博物院（东北抗日联军纪念馆）。

104. 1946年中共代表团周光的军事调处执行部证章

近现代金属类文物

直径2.2厘米

军事调处执行部证章呈圆形，铜质，以蓝色做背景色，中央为三环相扣图案，上缘有"军事调处执行部"，下缘环绕双麦穗纹饰，底部有"中共代表团"等字样。

1945年8月15日，日本宣布无条件投降。1946年1月上旬，共产党代表和国民党代表在重庆签订了《关于停止国内军事冲突的协议》和《关于建立军事调处执行部的协议》。根据协议，在北平设立军事调处执行部（简称"军调部"），作为执行停战协议的机构。军调部受军事三人小组（由周恩来、张治中和马歇尔三人组成）领导。军事调处执行部下设36个"调处小组"，分赴各军事冲突地点进行调处。军调部在东北最早设沈阳执行小组，后又陆续增设长春、四平、本溪等执行小组，统称为军调部东北执行小组，主要负责东北地区的军事调停。

周光，1912年生于一个贫苦农民家庭。1930年加入中国共产党。1946年3月，周光受党派遣到东北工作，曾任旅大区党委常委，旅大市副市长兼公安总局局长，公安总队司令员、政委。1946年曾在军调处东北组工作，任中共代表。

1988年1月，周光夫人池精武将军将调处执行部证章捐赠给吉林省革命博物馆，现藏于吉林省博物院（东北抗日联军纪念馆）。

106. 1925—1927年张蔚华烈士在抚松县高小读书时使用的书箱

近现代竹木器类文物

长47厘米，宽34厘米，高25厘米

书箱深褐色，长方体，上方配有可以打开的箱板盖。书箱是张蔚华在抚松县高小读书时使用的学习用品。

张蔚华（1913—1937），字亚青，吉林抚松人。自幼头脑聪敏，勤勉好学，在其父严格教导下，勤习诗文书画。1925年，进入抚松县立高小读书时，与金日成同班同桌。共同的志趣和追求，使两位少年一见如故，情同手足。高小毕业后，两人也常在一起交流读书体会，共同参与反帝爱国斗争。1932年，张蔚华加入中国共产党，任中共抚松县地下党组织特别支部负责人，以家中开办的书局、商号、印刷厂、照相馆为掩护发展革命组织，为抗日游击队输送枪支弹药、布匹药品等物资。1937年10月，叛徒郑学海带领日本宪兵队，秘密囚禁了张蔚华，并威逼利诱要他交出党组织名单，说出金日成和部队的去向。张蔚华为了保守党的机密和战友安全，毅然以身殉国，年仅24岁。新中国成立后，党和人民政府追认张蔚华为革命烈士。

书箱为吉林省抚松县文化馆拨交，现藏于吉林省博物院（东北抗日联军纪念馆）。

107. 1936年刻有"金日同志"四字的抗联密营房柱（残）

近现代竹木器类文物

高170厘米，直径12厘米

圆柱形，木质，两端残朽。房柱刻有"金日同志"及"一九三六年"等字样。房柱在安图县和平营子抗联密营地遗址发现。

1934—1940年，中国共产党领导的东北人民革命军第二军（后为东北抗联第二军）及其后改编的第一路军，在以万宝大甸子为中心的区域与日伪军交战数十次。1936年，东北抗联第二军正式成立（前身为东北人民革命军第二军）后，安图县成为部队开展东北抗日游击战争的重点地区，其境内留存多处比较典型的密营遗址。房柱就是在和平营

子西南约8公里的池北保护区密营发现的遗物。这根房柱十分珍贵，它见证了东北抗联英雄在艰苦卓绝的深山老林以不屈不挠的意志对抗日本侵略者。

密营房柱于1974年11月19日由专业人员征集，现藏于吉林省博物院（东北抗日联军纪念馆）。

108.1932年抗日烈士邓晓村使用的书立

近现代竹木器类文物

长17厘米，高23.5厘米

书立为木质，立板部分雕刻松鹤山石图案，主体结构保存完整，但连接横档缺失。

邓晓村（1913—1937），又名周建华、碧天，吉林省双阳县人。1932年5月加入中国共产党。曾参与领导吉林一中的学生运动。10月，

任共青团吉林市支部书记。1933年初，迁居吉林市并建立党的地下联络站，任站长。该联络站曾多次接待和转送中共满洲省委领导和磐石中心县委领导。5月，吉林市党团组织遭到敌人破坏，转赴磐石，先后担任共青团磐石中心县委委员，南满第一游击大队政治部主任，东北人民革命军第一军独立师共青团书记，东北人民革命军第一军第二教导团政委，东北抗日联军第三师政委等职。1937年冬，在对敌作战中，为掩护同志突围，壮烈牺牲，时年24岁。邓晓村牺牲后，此书立成为邓晓村烈士的珍贵遗物，也是中共满洲省委领导吉林人民坚持反满抗日斗争的历史见证。

书立一直由邓晓村的夫人闫庆莲珍藏，1963年捐赠，现藏于吉林省博物院（东北抗日联军纪念馆）。

109.1932年抗日烈士邓晓村使用的本夹

近现代竹木器类文物

长30厘米，宽19.5厘米

本夹为长方形，木质，一侧中间有铁皮夹子，保存基本完好。是邓晓村使用的物品。

邓晓村（1913—1937），又名周建华、碧天，吉林省双阳县人。1932年5月加入中国共产党。曾参与领导吉林一中的学生运动。10月，任共青团吉林市支部书记。1933年初，迁居吉林市并建立党的地下联络站，任站长。该联络站曾多次接待和转送中共满洲省委领导和磐石中心县委领导。5月，吉林市党团组织遭到敌人破坏，转赴磐石，先后担任共青团磐石中心县委委员，南满第一游击大队政治部主任，东北人民革命军第一军独立师共青团书记，东北人

民革命军第一军第二教导团政委，东北抗日联军第三师政委等职。1937年冬，在对敌作战中，为掩护同志突围，壮烈牺牲，时年24岁。邓晓村牺牲后，此本夹成为邓晓村烈士的珍贵遗物，也是中共满洲省委领导吉林人民坚持反满抗日斗争的历史见证。

本夹一直由邓晓村夫人闫庆莲珍藏，1963年闫庆莲将本夹捐赠，现藏于吉林省博物院（东北抗日联军纪念馆）。

110. 抗日战争时期辑安县蚊子沟民众为东北抗联送粮用的背筐（残）

近现代竹木器类文物

最大口径54厘米，最小口径34厘米，高63厘米

背筐以榆树条做骨架，用椴树皮编织筐体，口沿部破损，背绳残断。

1935年冬至1936年初，积雪掩盖了长白山区的原野，给抗日部队带来极大的困难。日军乘机调动优势兵力，向活动在抚松、濛江（今靖宇县）和辑安一带深山中的抗日部队进行总"围剿"。抗联战士在杨靖宇将军的领导下英勇奋战，一次又一次粉碎了敌人的进攻。腊月里，抗联战士在辑安蚊子沟山村战斗时，被敌人重兵包围，经过几天激战，抗联战士的给养吃光了，弹药也快消耗尽了，仅靠吃树皮充饥，但

战士们仍然坚持与敌人进行顽强的斗争。蚊子沟屯的民众知道抗联战士的处境后，由蚊子沟反日会组织五名会员，背上装粮食的背筐，藏好粮食，伪装成赶集或串亲戚的模样，冒着生命危险，避开敌人的监视，忍受零下四十摄氏度的严寒，奔走在山崖绝壁之上，终于把粮食送到了抗联部队驻地，支援了东北抗日游击战争。该文物诠释了抗联与百姓之间的鱼水深情，反映了人民群众不怕牺牲、勇往直前的大无畏精神，也成为人民群众坚决支持抗联、争取民族解放的历史见证。

背筐由原集安县博物馆调拨，现藏于吉林省博物院（东北抗日联军纪念馆）。

111. 1946年东北民主联军李红光支队缴获的钢琴

近现代复合质地类文物

通长147厘米，通宽64厘米，高124厘米

钢琴深棕色，漆面严重磨损，琴板及琴键

多处松动，左踏板残缺。

李红光（1910—1935），又名李弘海，是东北抗日联军的主要创建者和领导人之一。他出生在朝鲜京畿道龙岩郡一个农民家庭。1930年，他光荣加入中国共产党，历任中共双阳、伊通特支组织委员，磐石中心县委委员。

1932年春，李红光和孟杰民等组织发动了著名的蛤蟆河子农民大暴动，清算土豪劣绅，惩处汉奸走狗，收缴枪支弹药，准备建立党领导下的抗日武装。1933年9月，南满游击队扩编为东北人民革命军第一军独立师，李红光任师参谋长。1934年11月，东北人民革命军正式成立，李红光任第一军第一师师长兼政委。1946年2月13日，通化专员公署代东北民主联军总司令林彪、政委彭真、罗荣桓发布命令：将原通化支队改为通化省保安部队杨靖宇支队、朝鲜义勇军改为李红光支队，以资纪念抗日先烈。在朝鲜义勇军的基础上改编的李红光支队，先后于通化、临江、抚松、辑安等县剿灭孙化南、钟海山等几十个大小土匪帮伙，歼灭土匪500余人。在平定"二三"反革命暴乱（"通化二三事件"）中战功卓著，写下了光辉

的一页。在四保临江战役中参与收复辉南县城的战斗，后来又参与东北解放战争。新中国成立初期，李红光支队回到朝鲜民主主义人民共和国。这架钢琴见证了中朝人民传统友谊和共同争取国家自由解放的历史，具有重要的历史价值。

钢琴是2003年吉林省革命博物馆专业人员赴吉林通化师范幼儿园征集，现藏于吉林省博物院（东北抗日联军纪念馆）。

112. 抗日战争时期东北抗联使用的小石磨（残）

近现代石器类文物

直径50厘米，上厚17厘米，下厚15.5厘米

这盘小石磨分上下两扇，下扇残损。

1935年9月，东北人民革命军第一军第二师师长兼政委曹国安领导的队伍转移江南后，留下某连指导员张万友（共产党员）等10余人，张万友等人在松江康大砬子周边发动群众组织抗日游击队。他们以康大砬子山为根据地，频繁下山袭击日寇，并得到当地群众的大力支持。

1936年5月，在康大砬子（俗称康大腊）抗日游击队受挫后，这盘小石磨被康大砬子山中庙里的老道拿去使用。1947年土改后，庙被拆除，小石磨被农民王凤春背到家里。石磨盘是当年抗日游击队在康大砬子山三道沟半山岗抗日密营里磨米用的工具，它是抗日游击队在艰苦卓绝的岁月里自给自足的生活写照。

石磨来源于吉林省磐石县红石砬子抗联遗址，现藏于吉林省博物院（东北抗日联军纪念馆）。

（113、114合）抗日战争时期邓晓村使用的帽筒

近现代陶瓷类文物

高27厘米，口径12厘米

直口，平底。外壁上端有"福在桃前"字样，筒身以蝙蝠、桃枝、寿星、祥云等纹样组成吉祥图案，人物造型栩栩如生。釉面白中有斑点，其中一帽筒腹身有裂纹。

邓晓村（1913—1937），又名周建华、碧天，吉林省双阳县人。1932年5月加入中国共产党。曾参与领导吉林一中的学生运动。10月，任共青团吉林市支部书记。1933年初，迁居吉林市并建立党的地下联络站，任站长。该联络站曾多次接待和转送中共满洲省委领导和磐石中心县委领导。5月，吉林市党团组织遭到敌人破坏，转赴磐石，先后担任共青团磐石中心县委委员，南满第一游击大队政治部主任，东北人民革命军第一军独立师共青团书记，东北人民革命军第一军第二教导团政委，东北抗日联军第三师政委等职。1937年冬，在对敌作战中，为掩护同志突围，壮烈牺牲，时年24岁。邓晓村牺牲后，这对帽筒成为邓晓村烈士的珍贵遗物，也是中共满洲省委领导吉林人民坚持反满抗日斗争的历史见证。

这对帽筒一直由邓晓村夫人闫庆莲珍藏，1963年捐赠，现藏于吉林省博物院（东北抗日联军纪念馆）。

115. 1933年抗日烈士邓晓村使用的墨盘（残）

近现代陶瓷类文物

口径15.5厘米，通高4.5厘米

墨盘边缘残缺，底部完整。

邓晓村（1913—1937），又名周建华、碧天，吉林省双阳县人。1932年5月加入中国共产党。曾参与领导吉林一中的学生运动。10月，任共青团吉林市支部书记。1933年初，迁居吉林市并建立党的地下联络站，任站长。该联络站曾多次接待和转送中共满洲省委领导和磐石中心县委领导。5月，吉林市党团组织遭到敌人破坏，转赴磐石，先后担任共青团磐石中心县

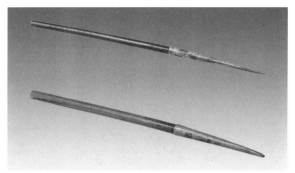

委委员，南满第一游击大队政治部主任，东北人民革命军第一军独立师共青团书记，东北人民革命军第一军第二教导团政委，东北抗日联军第三师政委等职。1937年冬，在对敌作战中，为掩护同志突围，壮烈牺牲，时年24岁。邓晓村曾用此墨盘书写标语、传单，张贴在大街小巷，声讨和揭露日本帝国主义的侵略罪行。邓晓村牺牲后，墨盘成为邓晓村烈士的珍贵遗物，也是中共满洲省委领导吉林人民坚持反满抗日斗争的历史见证。

墨盘一直由邓晓村夫人闫庆莲珍藏，1963年捐赠，现藏于吉林省博物院（东北抗日联军纪念馆）。

（116、117合）抗日战争时期邓晓村使用的毛笔

近现代复合质地类文物

共两支，一支通长16.2厘米，另一支通长17.5厘米

其中一支棕色笔杆，带笔帽；另外一支浅黄色笔杆，笔杆开裂，带笔帽。

邓晓村（1913—1937），又名周建华、碧天，吉林省双阳县人。1932年5月加入中国共产党。曾参与领导吉林一中的学生运动。10月，任共青团吉林市支部书记。1933年初，迁居吉林市并

建立党的地下联络站，任站长。该联络站曾多次接待和转送中共满洲省委领导和磐石中心县委领导。5月，吉林市党团组织遭到敌人破坏，转赴磐石，先后担任共青团磐石中心县委委员，南满第一游击大队政治部主任，东北人民革命军第一军独立师共青团书记，东北人民革命军第一军第二教导团政委，东北抗日联军第三师政委等职。1937年冬，在对敌作战中，为掩护同志突围，壮烈牺牲，时年24岁。此毛笔是邓晓村在交通站工作期间使用的，书写标语、传单，张贴在大街小巷，声讨和揭露日本帝国主义的侵略罪行。邓晓村牺牲后，这两支毛笔成为邓晓村烈士的珍贵遗物，也是中共满洲省委领导吉林人民坚持反满抗日斗争的历史见证。

毛笔一直由邓晓村夫人闫庆莲珍藏，1963年捐赠，现藏于吉林省博物院（东北抗日联军纪念馆）。

118. 抗日战争时期邓晓村使用的笔筒

近现代陶瓷类文物

高11厘米，口径6.5厘米

直口，平底。青花，开片，外壁绘有蝙蝠、童子、老翁、亭阁等纹饰，人物造型栩栩如生。筒体有裂痕。

邓晓村（1913—1937），又名周建华、碧

天，吉林省双阳县人。1932年5月加入中国共产党。曾参与领导吉林一中的学生运动。10月，任共青团吉林市支部书记。1933年初，迁居吉林市并建立党的地下联络站，任站长。该联络站曾多次接待和转送中共满洲省委领导和磐石中心县委领导。5月，吉林市党团组织遭到敌人破坏，转赴磐石，先后担任共青团磐石中心县委委员，南满第一游击大队政治部主任，东北人民革命军第一军独立师共青团书记，东北人民革命军第一军第二教导团政委，东北抗日联军第三师政委等职。1937年冬，在对敌作战中，为掩护同志突围，壮烈牺牲，时年24岁。笔筒是邓晓村从事革命活动时使用的办公用品，也是邓晓村在交通站工作期间从事抗日活动的历史物证。

笔筒一直由邓晓村夫人闫庆莲珍藏，1963年闫庆莲将笔筒捐赠，现藏于吉林省博物院（东北抗日联军纪念馆）。

119. 抗日战争时期邓晓村使用的小手提箱

近现代皮革类文物

长30厘米，宽18厘米，高7.5厘米

手提箱为皮革质地，长方体，棕色，箱盖边角有残缺、磨损，手提梁及锁保存完好。

邓晓村（1913—1937），又名周建华、碧天，吉林省双阳县人。1932年5月加入中国共产党。曾参与领导吉林一中的学生运动。10月，任共青团吉林市支部书记。1933年初，迁居吉林市并建立党的地下联络站，任站长。该联络站曾多次接待和转送中共满洲省委领导和磐石中心县委领导。5月，吉林市党团组织遭到敌人破坏，转赴磐石，先后担任共青团磐石中心县委委员，南满第一游击大队政治部主任，东北人民革命军第一军独立师共青团书记，东北人民革命军第一军第二教导团政委，东北抗日联军第三师政委等职。1937年冬，在对敌作战中，为掩护同志突围，壮烈牺牲，时年24岁。手提箱作为革命活动的重要物证，真实记录了邓晓村在抗日战争时期的革命工作。

手提箱一直由邓晓村夫人闫庆莲珍藏，1963年闫庆莲将手提箱捐赠，现藏于吉林省博物院（东北抗日联军纪念馆）。

120. 1932年孟庆林给游击队治病用的药杵臼

近现代陶瓷类文物

药杵臼高5厘米、口径14.1厘米，杵长11厘米

青花瓷器。圆口，腹内收，平底，外壁有

青花纹饰。药杵臼为草药加工工具。

1932年，磐石游击队（南满工农反日游击队）成立。1933年，杨靖宇对该部队进行了整编，成为中国共产党在东北组织领导的第一支抗日队伍。

磐石游击队以红石砬子、玻璃河套一带为抗日游击根据地，积极开展抗日斗争。游击队的生活极其艰苦，游击队员疗伤治病时所用的中草药，就是用这个药杵臼捣碎后熬制的。这件药具既是简陋医疗条件的实物见证，也是抗日武装在持续作战环境中顽强生命力的体现。

药杵臼为吉林省磐石县细林公社拨交，现藏于吉林省博物院（东北抗日联军纪念馆）。

121. 1931年孟杰民学生时代书写革命檄文使用的砚台

近现代石质类文物

长12.2厘米，宽8.4厘米，厚1.4厘米

砚台为青石制作，长方体，底残，砚面为椭圆形。为著名抗日英雄孟杰民学生时代书写革命檄文时使用的。

孟杰民（1912—1933），原名孟庆春，吉林省磐石县人。1930年加入中国共产党。九一八事变后，在磐石县立中学组织反日救国会，领导学生开展抵制日货斗争。1931年11月，参加中共磐石县委组织的干部培训班。1932年5月上旬，

参与指挥磐北蛤蟆河子群众反日大暴动，成功瓦解前来镇压的伪军。5月中旬，组织策动驻伊通县营城子伪军第五旅第十四团二营七连30余人携19支枪起义，为党创建磐石抗日武装奠定了基础。孟杰民先后任满洲工农反日义勇军第四军第一纵队第二分队队长，代理纵队长，中国工农红军第三十二军南满游击队总队长兼第一大队长等职。1933年1月，在率队解除汉奸地主武装时，遭暗算牺牲，年仅21岁。

孟杰民曾用这方砚台研墨书写大量标语、传单、讲演稿，声讨和揭露日本帝国主义的侵略罪行。他为开创磐石地区武装抗日斗争的新局面和吉林抗日民族解放斗争作出了不可磨灭的贡献。这方砚台是孟杰民从事东北抗日斗争的历史见证。

孟杰民牺牲后，砚台由其家属一直珍藏。1981年，吉林省革命博物馆业务人员在吉林省磐石县细林公社孟凡奇（孟杰民之侄）家中征集，现藏于吉林省博物院（东北抗日联军纪念馆）。

122. 抗日战争时期抗日地下交通员张润生穿的靰鞡鞋

近现代皮革类文物

长29厘米，底宽13厘米

牛皮质地，手工缝制，鞋面抽成一圈均匀

的捏褶儿，褶儿后面是一个向上的鞋舌，鞋口周边串上细细的牛皮带子。

靰鞡又称作"乌拉"，源自满语对皮靴的称谓，在东北也叫"土皮鞋"。

1933年10月，杨靖宇率部渡过辉发江后，开辟了那尔轰抗日游击区，并发动群众进行抗日斗争，建立了党的基层组织和"反日会"。这是抗日地下交通员张润生上山开会，以及为抗联一军送情报进行秘密反日斗争时穿的靰鞡鞋，作为党的秘密交通线，为传递情报发挥重要的作用。同时，这件文物也记录了东北抗日斗争的艰苦情况和战斗状态。

1981年，张润生爱人将靰鞡鞋捐赠给吉林省革命博物馆，现藏于吉林省博物院（东北抗日联军纪念馆）。

123. 解放战争时期石磊缴获的放大镜

近现代复合质地类文物

通长21.6厘米，镜面直径9厘米

黑色长把手柄，保存完好，另有一个收纳放大镜的咖色布袋。

石磊（1908—1990），原名曹瑛，曾用名曹原生、张慕良、钟真才，湖南省平江县人。1925年初加入共青团，同年11月加入中国共产党。1945年10月化名石磊，赴东北工作，任长春市委书记。1946年5月以后，先后担任

吉林省委委员、宣传部长兼城工部长，中共敦化中心县委书记，中共吉林市委书记，长春市委书记兼警备司令部政委，1948年11月被调回中央。新中国成立后，先后担任中共长沙市委书记，中国驻捷克斯洛伐克人民共和国第二任特命全权大使兼使馆党委书记，国务院对外文化联络委员会副主任、党组成员、代理书记等职。1990年3月26日在北京病逝。

解放战争时期石磊缴获的放大镜曾是伪满洲国皇宫内府大臣沈瑞麟使用的物品，后一直伴随在石磊身边。

1981年，石磊将放大镜捐赠给吉林省革命博物馆，现藏于吉林省博物院（东北抗日联军纪念馆）。

124. 1946年李梦龄使用的手提皮箱

近现代皮革类文物

长34.5厘米，宽20厘米，高10厘米

皮革质地，箱面明线缝制，深棕色，长方体，箱盖有铆钉装饰及护角保护，手提把处搭配锁具。

李梦龄（1903—1985），生于河北晋县。李梦龄读书时接触了先进思想，决定在黑暗中寻找一条光明的道路。1925年11月，李梦龄在北京师范大学参加革命并成为一名光荣的共产党员。在校期间，李梦龄在同学中享有很高

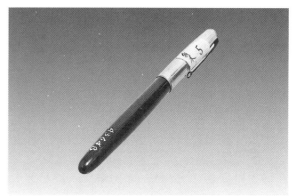

威望，经常带领学生积极参与反帝反封建革命活动，同时秘密开展党的地下工作，壮大了革命力量。

1934年8月，根据党的指示，李梦龄到东北军做政治工作。抗日战争胜利后，先后担任中共中央东北局组织部科长，中共吉北地委书记，中共吉林省委民运部长、组织部长等职。他为解放东北和建立巩固东北根据地做了大量的工作。

新中国成立后，李梦龄一直在东北担任重要职务，任中共中央东北局党校副校长，1952年6月任中共吉林省委书记、省军区政委，1956年7月任中共吉林省委书记处书记等职务。1985年4月21日在长春逝世。

皮箱由李梦龄孙女李彦青捐赠给吉林省革命博物馆，现藏于吉林省博物院（东北抗日联军纪念馆）。

125. 解放战争时期栗又文的派克金笔

近现代复合质地类文物

长13厘米

派克金笔，金色笔帽，蓝色笔杆。

栗又文（1901—1984），辽宁省辽阳县人。1936年4月加入中国共产党。抗日战争胜利后赴东北工作，历任辽北省政府副主席（主持工作）、

吉江行署主任、吉林省政府副主席、党组副书记，东北行政委员会秘书长。新中国成立后，曾任吉林省委副书记，吉林省省长，吉林省人大常委会主任等职。1984年4月在北京病逝。

这支派克金笔就是栗又文在辽北省政府工作期间使用的，是中共在东北建立民主政权，开辟东北根据地的历史见证。

栗又文逝世后，派克金笔由其夫人明辉珍藏。1986年借展于"吉林党史人物"展览。1987年明辉将其捐赠给吉林省革命博物馆，现藏于吉林省博物院（东北抗日联军纪念馆）。

126. 抗日战争时期栗又文佩戴的领章

近现代织绣类文物

长5厘米，宽2厘米

领章为红色，呈平行四边形，是抗日战争时期栗又文佩戴的。

栗又文（1901—1984），辽宁省辽阳县人。1936年4月加入中国共产党。抗日战争胜利后赴东北工作，历任辽北省政府副主席（主持工作）、吉江行署主任，吉林省政府副主席、党组副书记，东北行政委员会秘书长。新中国成立后，曾任吉林省委副书记、吉林省省长、吉林省人大常

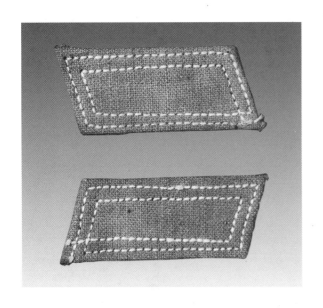

委会主任等职。1984年4月在北京病逝。

抗日战争爆发后，栗又文被党派往绥远东北挺进军总部任上校秘书主任、党支部书记，积极开展党在东北挺进军的组织工作。1939年，到延安中央马列学院学习。1940—1945年，栗又文曾任延安八路军留守兵团司令部秘书长，陕甘宁晋绥联防军政治部联络处处长，这枚领章就是栗又文在这一时期佩戴的。

栗又文逝世后，领章由其夫人明辉珍藏。1986年借展于"吉林党史人物"展览。1987年，明辉将其捐赠给吉林省革命博物馆，现藏于吉林省博物院（东北抗日联军纪念馆）。

127. 抗日战争时期栗又文佩戴的第十八集团军臂章

近现代织绣类文物

长9厘米，宽6厘米

白底蓝色，臂章中间印有"G·A"，底边印有"中华民国三十　年度佩用"字样。

栗又文（1901—1984），辽宁省辽阳县人。1936年4月加入中国共产党。抗日战争胜利后赴东北工作，历任辽北省政府副主席（主持工作），吉江行署主任，吉林省政府副主席、党组副书记，东北行政委员会秘书长。新中国成立后，曾任吉林省委副书记、吉林省省长、吉林省人大常委会主任等职。1984年4月在北京病逝。

抗日战争爆发后，1937年9月，国民政府军事委员会下达命令，将八路军改称国民革命军第十八集团军。但八路军的称呼，仍被广大指战员和人民群众习惯地沿用下来。1940—1945年，栗又文曾任延安八路军留守兵团司令部秘书长、陕甘宁晋绥联防军政治部联络处处长，这枚第十八集团军臂章就是栗又文在这一时期佩戴的。

栗又文逝世后，臂章由其夫人明辉珍藏。1986年借展于"吉林党史人物"展览。1987年，明辉将其捐赠给吉林省革命博物馆，现藏于吉林省博物院（东北抗日联军纪念馆）。

128. 解放战争时期袁任远使用的印章

近现代玉石类文物

通长2.2厘米，通宽2.2厘米，通高6厘米

长方寿山石刻印章，一侧有浮雕，刻有松柏庭院，雕工古朴简洁。

袁任远（1898—1986），原名袁明濂，曾用名袁思贤、满平青，湖南省慈利县人。1925年加入中国共产党。解放战争时期，赴东北工作。先后担任吉林省永吉地委书记兼永吉军分区政委，吉林省政府秘书长、副主席。1949年8月任湖南省政府副主席。1954年后历任政务院内务部副部长，青海省委书记、省长，中央纪律检查委员会副书记等职。在任期间，袁任远始终坚持真理，以一个革命家的高尚风范和坦荡心胸，始终与人民群众站在一起，一切为党和人民的利益，不计得失。1986年1月2日在北京病逝。

袁任远是一位具有广泛作战经验的军事家，为中国的独立和解放作出了重要贡献。这枚石刻印章是袁任远在解放战争时期到新中国成立后一直使用的重要随身物件。

1988年9月12日，其子袁意奋将印章捐赠，现藏于吉林省博物院（东北抗日联军纪念馆）。

129. 解放战争时期肖丹峰使用的望远镜

近现代复合质地类文物

通高10厘米

黑色双筒望远镜，原装棕色牛皮盒。镜架部分为钢质，望远镜中间有"21939"白色阿拉伯数字。镜筒与牛皮盒均有磨损。

肖丹峰（1902—1985），原名肖凤，字丹峰，化名肖寅，曾用名肖仪昌，吉林省双阳县人。1921年3月考入吉林省立第二师范学校。在五卅运动中，参与成立长春沪案后援会，领导全市学生进行罢课、游行示威等声援活动。1926年7月加入中国共产党。1927年11月中共吉长区委成立后，肖丹峰负责宣传工作。1928年1月中共吉长临时县委建立，负责宣传兼做学生支部工作。1935年3月任北平东城交通总站负责人。同年冬，负责东北流亡青年工作，组建东北人民抗敌会（简称"民抗"）。抗战胜利后，任桦甸县县长、双阳县县长等职。东北解放后，任吉林省法院副院长。1955年任吉林省人民政府秘书长。1977年当选为吉林省政协副主席。1985年9月11日因病在长春逝世。

此望远镜是肖丹峰解放战争时期在吉林工作期间使用的。抗日战争胜利后，肖丹峰回到吉林省，曾担任桦甸和双阳县县长，吉南办事处和吉南专署秘书主任，在伊通、双阳、磐石、桦甸等县开展游击战争，建立地方政权，为建立根据地和解放东北作出了重要贡献。

望远镜是吉林省革命博物馆业务人员于肖丹峰家中征集，现藏于吉林省博物院（东北抗日联军纪念馆）。

★ 四平战役纪念馆

130. 1946年东北行政委员会和东北民主联军发布的《关于优恤工作的联合指示》

近现代纸质类文物

长38厘米，宽26厘米

《关于优恤工作的联合指示》呈长方形，纸质细薄泛黄，从右至左竖排铅印，左下方有一处残缺，右上方有一处裂口。正文内容共4条17行，落款署"东北行政委员会主席林枫，副主席张学思、高崇民，东北民主联军总政治部主任谭政、副主任周桓"，日期为"中华民国三十五年十一月三十日"，并加盖"东北行政委员会"和"东北民主联军总政治部"两枚红印。

对革命军人的优恤工作是政府和军队的优良传统。这份联合指示内容包括对在革命战争中因作战剿匪负伤而致残废的荣誉军人、因病或衰老不能在部队继续工作而必须退伍的军人及军属、烈属的优待等工作，是解放战争时期中国共产党对革命军人优恤工作的一份重要历史见证。

1964年从吉林省东丰县委档案馆征集，现藏于四平战役纪念馆。

131. 1946年刘增荣在四平保卫战中荣获的东北民主联军勇敢奖章

近现代金属类文物

通径3.8厘米，厚0.4厘米

奖章外周呈放射状光环，中央为一战士持枪侧身全身像，正面顶部有一枚红色的五角星，环铸"东北民主联军勇敢奖章"，背铸"6014号"。

1946年6月，东北民主联军总政治部为激励一线作战人员，开展了战场人人争立功运动，颁布了当时我军史上最为完善和规范的立功条例《东北民主联军立功运动暂行条例》，明确了获得不同等级军功章的具体条件。1947年4月12日，东北民主联军发出《关于奖励战斗有功

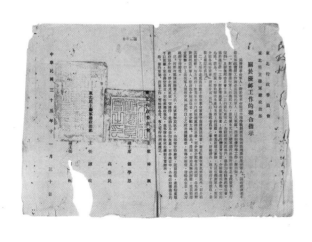

人员的通令》,设立各类奖章。其中,勇敢奖章授予在战场上一次立一大功或三小功,或数次立三小功者。

这枚奖章为东北民主联军西满纵队十九师五十五团一营三连战士刘增荣所荣获。他在1946年四平保卫战中因作战勇敢,坚守阵地,连续击退国民党军五次进攻,而成为当时全军学习的榜样。东北民主联军总部特授予他战斗英雄称号和这枚勇敢奖章。这枚勇敢奖章是反映解放战争时期东北民主联军历史的一份重要实物。

1959年从四平市民政局征集,现藏于四平战役纪念馆。

132.1947年赵文才在四平攻坚战中荣获的东北民主联军英雄奖章

近现代金属类文物

通径4.8厘米,厚0.4厘米

奖章为一枚红色五角星和一枚黄色五角星交叠而成的十角形,中央为地球图案,并铸有橙色的英文"Hero",地球图案外围环铸蓝色的"东北民主联军英雄奖章"。背铸"联字264号"。1946年6月,东北民主联军总政

治部为激励一线作战人员,开展了战场人人争立功运动,颁布了当时我军史上最为完善和规范的立功条例《东北民主联军立功运动暂行条例》,明确了获得不同等级军功章的具体条件。1947年4月12日,东北民主联军发出《关于奖励战斗有功人员的通令》,设立各类奖章。其中,英雄奖章是授予在战场上一次立二大功者。

这枚奖章是解放战争时期东北民主联军授予特级战斗英雄赵文才的。赵文才,1925年出生,吉林省双城县人。1946年5月参加东北民主联军,1947年5月加入中国共产党。他是全军著名的"孤胆英雄"。在1947年四平攻坚战中,时任六纵十六师四十八团四连二排五班副班长的赵文才一人俘敌11人,缴获步枪7支,轻机枪1挺,连续完成爆破任务,在炸毁敌人固守的两栋大楼后不幸牺牲。此英雄奖章是反映解放战争时期东北民主联军历史的一份重要实物。

1959年从四平市民政局征集,现藏于四平战役纪念馆。

133.1946年东北民主联军第二师政治部编辑出版的《英雄模范集》

近现代纸质类文物

长18.5厘米,宽13厘米,厚0.5厘米

此书共80页,图片8幅,铅印,红色封面。这本《英雄模范集》系群英大会纪念册之一,与《群英大会特辑》是姊妹篇,由东北民主联军第二师政治部1946年11月编辑出版。主要介绍该师于1946年10月在黑龙江省五常县召开庆功大会的情况,记录一批英雄人

物及战斗事迹，书中还包含领导题词，是了解与研究解放战争初期军事情况的一份重要历史资料。

《英雄模范集》1964年从河北省保定市三十八军政治部征集，现藏于四平战役纪念馆。

134. 1946年东北民主联军第二师政治部编辑出版的《群英大会特辑》

近现代纸质类文物

长18厘米，宽13厘米，厚0.4厘米

此书共39页，图片18幅，铅印。这本《群英大会特辑》系群英大会纪念册之二，与《英雄模范集》是姊妹篇，由东北民主联军第二师政治部1946年11月编辑出版。主要内容为领导讲话及群英大会总结，是了解与研究解放战争初期军事情况的一份重要历史资料。

《群英大会特辑》1964年从河北省保定

市三十八军政治部征集，现藏于四平战役纪念馆。

135. 1947年东北民主联军第一纵队司令部整理编印的七十一军四平守备参考资料

近现代纸质类文物

长18.5厘米，宽13厘米，厚0.7厘米

此资料为纸质，线装，黑色油墨印刷，双折18页，附图3份，第一纵队司令部印，封面标有"秘密"字样，且用四个小圆圈标示秘密等级。

这件参考资料为1947年四平攻坚战时我军缴获的作战文件的一部分，十分详细地记录了国民党军的设防，军事力量的布置、装备、通讯等军事情报，供各级指挥员参考，是解放战争时期四平攻坚战一份重要的历史见证。

这份资料为1962年从四平市档案馆征集，现藏于四平战役纪念馆。

136.1947年东北民主联军第六纵队十六师政治部编印的《夏季攻势人民功臣集》

近现代纸质类文物

长19厘米，宽13厘米

此书80页，铅印，内有图片31幅，封面上部有两行黄底白字"夏季攻势""人民功臣集"，中间为人民功臣在街上庆功游行的黑白照片，下面为黄底黑字"东北民主联军第六纵队十六师政治部编印"。

1947年，东北民主联军总司令兼政治委员林彪为打通南满和北满的联系，从根本上扭转东北战局，于4月经请示中共中央军委批准，决心乘敌分散守备之机发动夏季攻势，转入战略性反攻。夏季攻势作战历时50天，共毙伤

俘国民党军8.2万余人，收复和一度攻克城镇42座，扩大了解放区，打通了南满、北满的联系，迫使国民党军退守至中长铁路四平南北和北宁铁路沈阳至山海关段狭长走廊地带，为下一步集中兵力实行机动作战创造了有利条件。

1947年夏季攻势结束后，东北民主联军第六纵队十六师政治部编印此书，书内有照片，纵队领导的题词和讲话，功臣名录，以及模范事迹介绍等内容。此书是研究1947年我军夏季攻势以及东北解放战争的第一手珍贵资料。

1964年5月，四平市博物馆崔淑媛从河南省洛阳市一二七师（原六纵十六师）政治部征集，现藏于四平战役纪念馆。

137.1947年辽东军区三纵队七师司令部、政治部编印的《二年爱国自卫战争功臣榜》

近现代纸质类文物

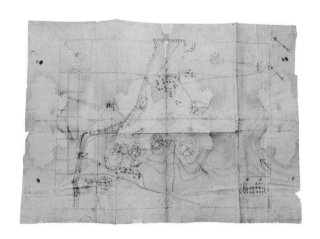

长 19 厘米，宽 13 厘米

封面用红黑两色油墨套印，上端印红字"二年爱国自卫战争"，中间印黑色线描宣传画和红字"功臣榜"，下边印红字"辽东军区三纵队七师司令、政治部""一九四七年八月十五日"，全书共 90 页。

此榜册是 1947 年 8 月 15 日辽东军区三纵队七师司令部、政治部编印的，记载了该师两年来各团的功臣、烈士，以及首长的命令和题词。此书是研究该师及地方史的重要历史资料。

1964 年 8 月 5 日，四平市博物馆张文瑞从二十九集团军——七师司令部征集，现藏丁四平战役纪念馆。

138. 1947 年《四平外围突破战斗要图》

近现代纸质类文物

长 77 厘米，宽 53.5 厘米

该图为红色线图，上书"四平外围突破战斗要图"，图上绘制出了四平外围的河流、陷坑、暗堡、碉堡、地堡等，并标记出突破方向、攻击方向和转攻方向等重要战斗信息。

1964 年 10 月 18 日，战斗要图由四平市档案馆拨交，现藏于四平战役纪念馆。

139. 1947 年夏季攻势后东北民主联军三纵队七师政治部司令部编印的《战例介绍》

近现代纸质类文物

长 19 厘米，宽 13 厘米

此书封面自上至下依次印红色字"夏季战役中""战例介绍""七师司令部印""1947"，全书共 34 页，为复写油印件，附作战地图 7 幅，其中缺 1—5 页、26 页、27 页。由东北民主联军三纵队七师司令部编印。

东北解放战争时期，1947 年东北民主联军展开了强大的夏季攻势，决心乘敌分散守备之机发动夏季攻势，转入战略性反攻，夏季攻势作战历时 50 天，共毙伤俘国民党军 8.2 万余人，收复和一度攻克城镇 42 座，扩大了解放区，打通了南满、北满的联系，迫使国民党军败退至

中长铁路四平南北和北宁铁路沈阳至山海关段狭长走廊地带，为下一步集中兵力实行机动作战创造了有利条件。该书对夏季攻势中的典型战例作了介绍，虽然印数不多，但该书是研究我军1947年夏季攻势的原始资料。

1964年，四平市博物馆崔淑媛从三一三五部队征集，现藏于四平战役纪念馆。

140. 1947年东北民主联军三纵队七师政治部编印的《冬季反攻战役思想动员要点》

近现代纸质类文物

长19厘米，宽13厘米

此书封面自上至下依次印黑色字"冬季反攻战役""思想动员要点""七师政治部""一九四七·十一·廿七"，全书共7页。

1947年，东北国民党军连遭东北民主联军（1948年1月1日改称东北人民解放军）夏、秋季攻势的打击后，被迫收缩兵力于长春、永吉等地，以及中长铁路（哈尔滨—满洲里—绥芬河—大连）四平至大石桥段、北宁铁路（今北京—沈阳）山海关至沈阳段沿线，物资供应匮乏，陷入困境。东北民主联军决心利用严冬江河结冰便于机动兵力的有利条件，集中全部野战部队，在地方部队配合下发动冬季攻势。1947年12月15日冬季攻势开始，1948年3月15日冬季攻势结束。冬季攻势作战历时3个月，东北人民解放军歼灭国民党军9个师，共15.6万余人，攻占城市17座，切断了北宁、中长铁路，将东北国民党军逼退至锦州、沈阳、长春3个孤立地区，为之后全歼东北国民党军创造了条件。

此"动员要点"是东北民主联军三纵七师政治部为动员广大指战员积极参加冬季攻势进行思想动员的资料。它是研究我军在解放战争时期思想工作的原始资料。

1964年8月，四平市博物馆崔淑媛从三一三五部队征集，现藏于四平战役纪念馆。

141.1947年华东政治部出版的战士报《纪念马故师长仁兴同志特刊》

近现代纸质类文物

长54.6厘米，宽38.9厘米

特刊为蓝色油墨印刷，版头为"纪念马故师长仁兴同志特刊"，版面分多个板块，皆为悼念马仁兴师长的文章。

1947年四平攻坚战中，辽吉纵队独立一师师长马仁兴牺牲，华东政治部特发专刊以悼念马仁兴同志。上面有陶铸、阎宝航、黄欧东等领导同志的悼念文章，有中共辽吉省委的敬挽及马仁兴生平事迹的重要历史资料。

马仁兴，1904年出生，河北省平乡县人。1920年从军，参加了北伐战争、中原大战。抗战时期，率部参加抗击日寇，1938年10月，秘密加入中国共产党。1940年，马仁兴率部脱离国民党军，奔赴解放区。曾任东北人民自治军保安一旅旅长、辽吉纵队独立一师师长等职。1947年6月在四平战役中牺牲。

1962年5月，四平市博物馆陈景春从锦州辽沈战役纪念馆征集，现藏于四平战役纪念馆。

142.1947年东北民主联军第一纵队司令部编印的《四平攻坚战总结》

近现代纸质类文物

长13.2厘米，宽9.5厘米

朱红色硬纸封面，右上有"秘密"字样，左侧竖印"四平攻坚战总结"，下侧横印"东北民主联军""第一纵队司令部"，全书共58页。此总结是东北民主联军第一纵队司令部于1947年9月1日编辑印刷，是第一纵队司令部对1947年6月的四平攻坚战的全面总结。其主要内容分三个部分，即四平作战计划组

织和体验、四平攻坚战的几条经验、攻坚战斗的组织与战术。此文献对研究四平攻坚战的作战经过及其经验得失，无疑是难得的历史资料。

1947年5—6月，东北民主联军在以四平为中心的中长路和沈吉路沿线地区发起了夏季攻势。四平攻坚战，是夏季攻势的第二阶段作战，也是夏季攻势的最后一战，东北民主联军集中24个师约24万人准备一举夺占东北战略要地四平，并大量歼灭敌军有生力量，结束东北解放区被分割的局面。经过19天激战，我军伤亡1.3万余人，歼敌1.7万余人，最终没能攻占全城全歼守敌，被迫撤离战场。虽影响了夏季攻势战役目标的完全实现，但此战锻炼了部队，探索了城市攻坚作战的特点和规律，提高了东北民主联军的战术水平，特别是城市进攻作战水平，为以后城市攻坚战的胜利奠定了基础。

1964年10月，四平市博物馆张文瑞从三十八军征集，现藏于四平战役纪念馆。

143. 1947年辽东军区司令部编印的《敌情汇报》

近现代纸质类文物

长18.4厘米，宽13厘米

封面自上至下印有黑色字"敌情汇报"，红色字"秘密"，黑色战士骑马图案，黑色字"辽东军区司令部第二处"，日期为"一九四七年三月十五日"。高丽纸油印，装订不整齐。此材料为辽东军区司令部第二处将缴获的东北敌军侦察部署的"敌情工作文件"原文编印，其说明了情报工作的重要性，战时不但要了解敌人的

兵力部署和战略战术，还要了解敌人的侦察情报工作，这对了解国民党侦察工作布置、研究对敌斗争策略极为重要。

1964年8月，四平战役纪念馆筹备处陈香芝从三一三五部队征集，现藏于四平战役纪念馆。

144—147. 1947年四平攻坚战中东北民主联军班排长在指挥战斗中使用的小喇叭

近现代金属类文物

长16.5厘米

喇叭为铜质，子弹壳碾制成牛角形喇叭口，喇叭嘴由子弹壳焊接而成，上有一铁环。具有

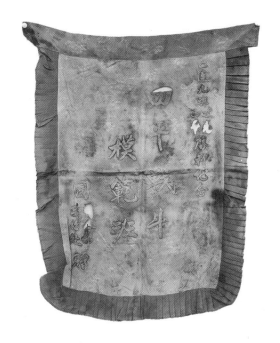

材料易得、加工简单、结实耐用、声音响亮、辨识性强等特点。四平战斗中，东北民主联军班排长以此作为联络工具，利用特定音调传递指令，在战斗中发挥了一定作用。

1963年，四平市博物馆崔淑媛、张文瑞从通化三〇七九部队征集，现藏于四平战役纪念馆。

148. 1948年四平收复战中东北人民解放军三纵七师二十团司令部政治部赠给二连九班的"四平战斗模范班"奖旗

近现代织绣类文物

纵72厘米，横49.5厘米

奖旗外圈为红色绸子，中间主体为绿色绸子，用黄布剪字缝于旗面，从右至左为"二连九班攻□四□胜利纪念""四平战斗模范班""团□令部、政治处赠"。此旗为1948年四平收复战中，三纵七师二十团司令部、政治部赠给攻克四平立功的三连九班的奖旗。

1948年3月4日，东北人民解放军攻城部队

开始外围战斗，集中力量扫清四平守军的外围支撑点。13日晨，东北人民解放军经过重新组织和准备，对国民党军残部发起最后猛攻。在东北人民解放军炮火轰击下，国民党军残部很快投降。7点整，战斗全部结束。这次战斗共歼灭国民党军1.9万余人，其中生俘1.56万余人，毙伤3780人。缴获炮216门，机枪461挺，其他枪支9688支，炮弹1.1万发，子弹77.9万发，手榴弹7474枚，火车头30辆，车皮500节，汽车85辆，骡马1651匹，电台23部，以及其他大量军用物资。人民解放军伤亡4931人。

1964年8月5日，四平市博物馆张文瑞从三纵七师二十团征集，现藏于四平战役纪念馆。

149. 1948年辽北省政府在辽沈战役之前发布的布告（第壹号）

近现代纸质类文物

长77.5厘米，宽54.5厘米

布告为石印黑字，从右至左排印，在末尾署名"主席阎宝航、副主席黄欧东"，发布时间

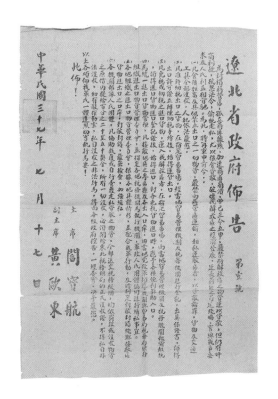

"中华民国三十七年七月十七日",并加盖"辽北省政府"印。

1948年辽沈战役之前,为加速蒋介石在东北军事力量的瓦解,严禁解放区物资,尤其是粮食运往蒋管区,辽北省政府特发此布告。这对当时盘踞在长春的国民党军事力量的崩溃起到了重要作用。此文件是研究解放区经济工作情况的重要资料。

1962年,四平市博物馆崔淑媛从四平市档案馆征集,现藏于四平战役纪念馆。

(150、154—159合)1948年东北人民解放军第七纵十九师政治部编印的《四战四平实施合同立功运动典型总结》

近现代纸质类文物

长18.5厘米,宽13.5厘米

馆藏共7册。

总结材料为钢板刻写,纸质,油印,32开

本,全书39页(双折),附图2幅。封面、封底均为黄色草纸,封面印有由红色锤头、手榴弹、麦穗、绶带组合的图案,图案上部印有黑体绿字"四战四平实施合同立功运动典型总结",下部印有绿色"★七九政治部印★""一九四八年四月"字样。

此书由东北人民解放军第七纵队十九师政治部编印,记录1948年的四平收复战中以营连为单位的具体典型战例及合同立功等情况。耿青发明的一种独特战术叫"合同立功"战术。合同立功战术,就是以一个连队为战斗的基本单位,并将其分为火力组、突击组、爆破组、梯子组,四组之间各有分工,协同作战,以建新功。战斗开始前,在全团范围内挑选一名突击队长,突击队长挑选四组组长,然后组长挑选组员,各组之间签订"生死立功合同"。战斗结束后,大家互相为对方请功。这个战术在一定程度上增加了各个战斗组之间的联系,充

分地调动了战士们的作战积极性，部队的战斗力得到了迅速提升。此书是研究我军解放战争时期组织基层部队完成战斗任务等方面的珍贵历史资料。

1962年，四平市博物馆孙凯、张文瑞从四川征集，现藏于四平战役纪念馆。

151.1948年四平市政府发布关于"四平市战时工商业保护和管理暂行条例"的布告（实商管字第七号）

近现代纸质类文物

长110厘米，宽77厘米

该布告为石印，从右至左纵排印刷，"四平市政府布告 实商管字第七号""兹制定'四平市战时工商业保护和管理暂行条例'公布施行此令""市长张学文""副市长陈凤池""中华民国三十七年九月 日"，并加盖"四平市政府"印，布告为制定"四平市战时工商业保护和管理暂行条例"而发。条例共14条，对保护工商业、促进工商业的发展，保护工人、职员、雇员权益都有明确规定。该布告是四平解放后人民政府发展工商业的具体政策记录，保存较少，具有重要价值。

1964年5月，四平市博物馆崔淑媛从四平市档案馆征集，现藏于四平战役纪念馆。

152.1948年《四平外围东南山歼敌战斗要图》

近现代纸质类文物

长77厘米，宽53.5厘米

该图为红色线图，上书"四平外围东南山歼敌战斗要图"，图上绘制出四平外围东南山附近的敌我战斗力量，分别用蓝色、红色标记出战士、班长、排长、爆破员、机枪、山炮等位置，以及团、营、连各级指挥部的位置等重要战斗信息。此图是1948年四平收复战中三纵队在四平外围东南山歼敌战斗要图。

1964年8月10日，四平市博物馆陈景春从锦州四十军司令部征集，现藏于四平战役纪念馆。

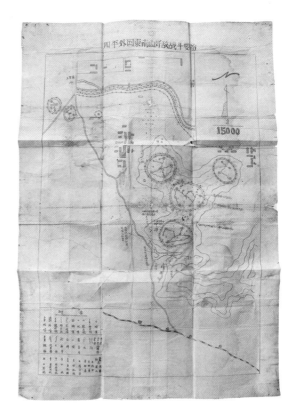

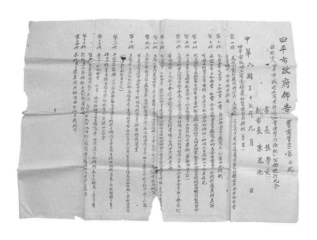

153. 1948年四平收复战中典型战例汇编

近现代纸质类文物

长18.5厘米，宽13厘米

典型战例汇编为32开本，高丽纸，线装（装订不甚整齐），宋体字，手刻，油印，封面缺失。

这是东北人民解放军第三纵队第七师在1948年3月四平收复战后，对该师攻击四平东南部守敌的成功战例汇编，介绍了6个典型战例，并附突破战斗要图5幅。此典型战例汇编不仅介绍了以连为单位的成功突破，还介绍了突破战斗中各级指挥员实施靠前指挥和小分队实施迂回包围、穿插分割的战术等，是研究四平收复战的珍贵历史资料。

四平收复战的胜利，使这座英雄城永远回到了人民手中。在当时，这些重要战役的胜利对东北人民解放军进一步运转兵力、军需物资、组织大规模作战等起着重要作用，也阻断了国民党军沈阳和长春之间的联系，使其陷于首尾不能相顾的境地，为东北全境解放奠定了坚实的基础，极大地鼓舞了东北人民解放军和东北人民的胜利信心。

1964年8月，四平战役纪念馆筹备处陈香芝从三一三六部队征集，现藏于四平战役纪念馆。

160. 1949年战斗英雄李广正参加世界青年代表团交流会的胸签

近现代织绣类文物

长16.4厘米，宽5厘米

绸质胸签，粉色，色泽旧。正面上方印有世界民主青年联盟的徽标，中间竖排印"来宾"，下方编号为"NO.00135"；背面盖"欢迎世界青联代表团委员会秘书处"印，并有手写"北京英模代表李广正"字样。

胸签是1949年战斗英雄代表李广正参加世界民主青年联盟代表大会时佩戴的。李广正（1924—1996），天津武清人，1945年9月参加中国

人民解放军，1946年12月加入中国共产党。解放战争中，李广正参加战斗40余次，作战英勇，立特等功1次、大功4次，获"英雄奖章""勇敢奖章""艰苦奋斗奖章""毛泽东奖章"，并被授予"特级爆破英雄"称号。顽强的战斗作风和卓著的战功让他成为名垂中国人民解放军战史的一位传奇英雄。1996年病逝于河南省新乡市。

2000年6月18日，四平市博物馆张宇明、李桂萍在河南省新乡市五四七七四部队干休所李广正家属赵淑娟处征集，现藏于四平战役纪念馆。

161. 1949年辽北省政府发布关于防风沙调节雨量等工作的布告（第壹号）

近现代纸质类文物

长78厘米，宽54.4厘米

布告为石印，从右至左竖排印刷，"辽北

省政府布告 第壹号"，署名"主席阎宝航、副主席杨易辰"，时间"中华民国三十八年一月廿六日"签发，布告左侧年款处加盖"辽北省政府印"篆体阳文朱方印。

布告内容包括防止风沙、调节雨量、防护堤岸、消弭水患、储备木材、美化城乡、防止任意滥伐等暂行保护林木的9条规定。该布告的内容对生态平衡与人类生存环境的保护起着重要作用，是目前存世较少、有重要历史价值且保存完整的文件。

1962年7月5日，四平市博物馆王中忱从吉林省东丰县档案馆征集，现藏于四平战役纪念馆。

162. 1949年东北行政委员会发布关于清剿国民党残余、特务等布告

近现代纸质类文物

长107厘米，宽78厘米

布告为石印，从右至左竖排印刷，名称"东北行政委员会布告"，署名"主席林枫，副主席张学思、高崇民"，时间"中华民国三十八年三月五日"签发，布告左侧年款处加盖"东北行政委员会之印"篆体阳文朱方印。

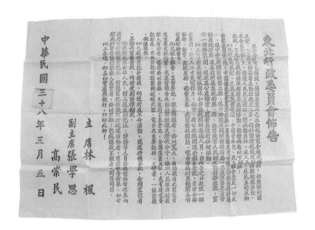

布告内容是东北行政委员会颁布关于对国民党、三青团等反动组织及特务人员实施登记的五条规定。该布告对于巩固解放区政权、支援全国解放起到了巨大作用，是一份重要的历史资料。

1962年，四平市博物馆张文瑞从四平市档案馆征集，现藏于四平战役纪念馆。

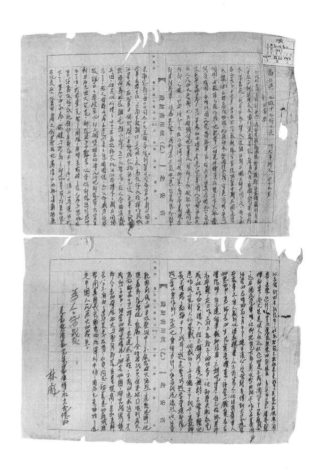

163. 1947年西满纵队独立一师师长马仁兴略历

近现代纸质类文物

长37厘米，宽26厘米

马仁兴略历共2页，用印有"北安省，设计书用纸"字样的美浓纸书写，署名为林彪，盖有"西满革命烈士陵园委员会"章。这份略历记述了马仁兴从北伐战争至牺牲前的事迹，是研究马仁兴生平事迹的珍贵历史资料。

马仁兴（1904—1947），河北平乡县人。1920年从军，参加了北伐战争、中原大战。抗战时期，率部参加抗击日寇。1938年10月，秘密加入中国共产党。1940年4月，率部脱离国民党军，曾任八路军冀中骑兵二团团长，冀中（晋绥）二十七团团长，军分区司令员等职。解放战争时期历任东北人民自治军保安一旅旅长，辽吉纵队独立一师师长等职，1947年6月在四平战役中牺牲。1947年8月，中共辽吉省委追认马仁兴为"辽吉功臣"。

1962年5月，四平市博物馆陈景春从河北省平乡县马仁兴家征集，现藏于四平战役纪念馆。

★ 通化市博物馆（通化市高志航纪念馆）

164. 抗日战争时期东北抗联一路军战士在柳河县回头沟密营使用的瓷罐

近现代陶瓷类文物

口径11厘米，腹径17厘米，底径14厘米，通高14.5厘米

这件瓷罐圆唇，直口，短颈，折肩深腹，下部微收，圈足，平底，酱釉，器身表面布有稍微凸起的竖纹，胎质坚密且较厚。其形制规整，造型端庄，保存完好。

1931年九一八事变后，日本占领东三省，

对中国东北地区进行了残酷的殖民统治。面对东北抗日联军不断壮大的局面，1936年秋，日寇调集大批兵力对抗日联军进行"清剿"。在这紧急时刻，东北抗日联军第一军所属部队在司令员杨靖宇的指挥下，化整为零，分散到各县密林深处修筑秘密营地。在密营里，他们储存军事物资，治疗伤员，修理枪支，收集敌人信息，宣传抗日，缝制冬衣，以防御日寇在冬季的进攻。这些密营主要以地窖子为主，在密林深处挖长方形大坑，这些大坑长10—20米不等，宽3—5米，深达2米，顶盖用数十根木头当横梁，将蒿草覆盖其上，再培上土。依托密营，东北抗日联军坚持在敌后进行抗日斗争。

这个瓷罐是东北抗联一路军在河里地区建立根据地的实物证据，从侧面见证了东北抗日联军反抗日本侵略斗争的历史，具有重要的历史价值。

瓷罐出土于吉林省柳河县回头沟抗联密营，现藏于通化市博物馆（通化市高志航纪念馆）。

★ 陈云旧居纪念馆

165. 解放战争时期陈云使用的公文包

近现代皮革类文物

长38厘米，宽26厘米，厚1.5厘米

棕色牛皮公文包。顶部有提梁，为拎包，正面翻盖下方有双锁扣，内有夹层。做工精致，皮质优良，保存较好。

公文包是陈云在解放战争时期使用的。陈云（1905—1995），江苏青浦（今属上海）人。伟大的无产阶级革命家、政治家，中国共产党和中华人民共和国主要领导人之一，中国社会主义经济建设的开创者和奠基人之一。抗日战争胜利后，参加领导具有重要战略意义的东北解放战争。转战北满和南满，曾任中共中央北满分局书记兼北满军区政委，中共中央东北局副书记兼东北民主联军副政委，中共中央南满分局书记兼辽东军区政委，东北军区副政委，东北财政经济委员会主任，沈阳特别市军事管制委员会主任等职，为东北全境的解放和东北经济的恢复作出了突出贡献。此公文包是见证陈云同志当年驰骋东北战场的一份重要实物。

2007年，公文包由临江林业局移交到临江市文化新闻出版和体育局，现藏于陈云旧居纪念馆。

166. 解放战争时期张长庚使用的牛皮公文包

近现代皮革类文物

长40厘米，宽25.5厘米，厚2.5厘米

公文包为牛皮质地，机制，深褐色，上有提梁，双锁扣分别位于翻盖下方左右两侧，内有夹层，主要用于装存文件及办公用品。

张长庚，山东省肥城县人。1938年加入中国共产党。1940—1945年，按照上级党组织的指示，他一方面广泛组织和发动群众抗日，动员青年参加抗日游击战；另一方面又以泰西军分区联络参谋的身份，宣传党的抗日统一战线政策，扩大党的影响，为扩大与巩固抗日根据地做了大量工作。抗日战争胜利后，他调到辽宁省委组织部工作，带领干部深入发动群众，进行土地改革和建党建政工作，组织大生产，积极支援前线。1948年底调到中共中央东北局，先后在组织部、财经工作部任干部科长、处长。他积极参与加强东北地区党群、政法系统的干部调配工作。1954年调到中央组织部工作，曾任工业干部处副处长、中央工业交通工作部燃料工业处副处长、工业干部处处长。他坚决拥护并认真贯彻中央关于德才兼备的干部政策，为工业系统干部队伍的建设做了大量的基础性工作。

此公文包是张长庚在解放战争时期使用的，是见证张长庚积极工作的一份重要实物。

1986年，张长庚将此公文包捐赠，现藏于白城市博物馆。

167. 解放战争时期骆子程在辽吉省委工作期间使用的毛毯

近现代织绣类文物

长200厘米，宽135厘米，厚0.3厘米

毛毯为长方形，纯毛质地，饰有以米色、砖红色、橘色和灰绿色线交织而成的对称图案，具有典型的俄罗斯风格。毛毯质地坚固，手感厚重。边缘有一处裂口，码边有开线处。

骆子程，1922年生，安徽省桐城县人。1939年3月参加革命工作，1940年8月加入中国共产

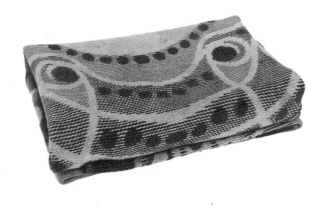

党。在淮南抗日根据地坚持斗争7年。日本投降后调到东北工作。在黑龙江省曾担任青年团省委书记、省委农工部副部长、省人民政府委员职务，1966年任省党报主要负责人，1972年任省计委副主任。1977年以来，先后调任国务院农机办副主任，国家计委计划大组副组长，兼任国家农委计划局局长。

这条毛毯是解放战争时期骆子程在辽吉省委工作期间使用的，是见证当年那段历史的一份重要实物。

1986年，骆子程将此毛毯捐赠，现藏于白城市博物馆。

168. 解放战争时期夏尚志使用的皮箱

近现代皮革类文物

长55厘米，宽33厘米，高17厘米

皮箱呈长方体，纯牛皮机制，箱面近中间位置微残，箱带完整，一把箱锁位于提梁下方，提梁有破损，右前角局部残损，右穿钩缺失，箱里衬白底蓝叶花布。箱面和箱底被挤压变形。

夏尚志（1908—1990），吉林省镇赉县人。1932年加入中国共产党。1934年，满洲省委派他到奉天（今沈阳市）任特委书记。同年冬，任奉天市委书记。1935年3月，调任中共哈尔

滨区委书记。后又调任大连市委书记。1945年8月日本侵略者无条件投降后，夏尚志于9月与中共中央东北局取得联系。10月，任命他为北满第一行政督察专员公署专员。11月初，中共白城子地委、专署和军分区成立，他任军分区司令员，不久又兼任东北人民自治军嫩江第一纵队司令员。1946年3月，任西满纵队二支队司令员。1946年6月，任辽吉军区第四军分区（洮南军分区）副司令员。1947年8月，任辽吉（后改辽北）军区参谋长，协助军区司令指挥部队，参加了解放四平战斗，后又率部参加辽沈战役，直到东北全境解放。1948年11月，任辽西省农委副主任兼农业厅厅长。在夏尚志的主持下辽西办了大型农场、果园和种畜场，推动了辽西农业的发展。

这个皮箱是夏尚志在解放战争时期开展工作使用的办公用品，它是见证当年那段历史的一份珍贵实物。

1986年，夏尚志将此皮箱捐赠，现藏于白城市博物馆。

169. 解放战争时期夏尚志使用的皮包

近现代皮革类文物

长45.6厘米，宽28.7厘米，厚3.3厘米

皮包顶端有皮梁提手，正面有铜锁，铜锁两侧有皮带，右侧皮带有缺损，皮面有多处磨损。

夏尚志（1908—1990），吉林省镇赉县人。1932年加入中国共产党。1934年，满洲省委派他到奉天（今沈阳市）任特委书记。同年冬，任奉天市委书记。1935年3月，调任中共哈尔滨区委书记。后又调任大连市委书记。1945年

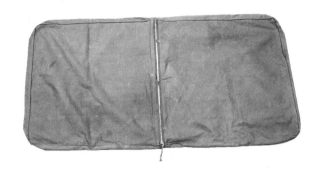

8月日本侵略者无条件投降后，夏尚志于9月与中共中央东北局取得联系。10月，任命他为北满第一行政督察专员公署专员。11月初，中共白城子地委、专署和军分区成立，他任军分区司令员，不久又兼任东北人民自治军嫩江第一纵队司令员。1946年3月，任西满纵队二支队司令员。1946年6月，任辽吉军区第四军分区（洮南军分区）副司令员。1947年8月，任辽吉（后改辽北）军区参谋长，协助军区司令指挥部队，参加了解放四平战斗，后又率部参加辽沈战役，直到东北全境解放。1948年11月，任辽西省农委副主任兼农业厅厅长。在夏尚志的主持下辽西办了大型农场、果园和种畜场，推动了辽西农业的发展。

这个皮包是夏尚志在解放战争时期开展工作使用的办公用品，它是见证当年那段历史的一份珍贵实物。

1986年，夏尚志将此皮包捐赠，现藏于白城市博物馆。

170. 解放战争时期陈曾固在东北工作期间使用的粗帆布马褡子

近现代织绣类文物

长106厘米，宽55厘米

马褡子为长方形，粗帆布质地，灰绿色，一面中间纵向开口，银白色金属拉链，有几处小磨痕。

陈曾固（1907—1988），原名陈文光，曾用名陈近明、曾一峰、曾固，贵州省安顺县人。1931年加入中国共产党。1937年9月赴延安，曾任中央组织部干训班总支书记、主任，中央财经部秘书长，中央直属机关党委书记。1945年4月，当选为中共七大候补代表，并参加了大会。

抗战胜利后，陈曾固赴东北工作。1946年6月，任辽吉省委常委、组织部长，他肩负着紧迫的建党任务，半年内发展新党员4000余人。陈曾固十分重视选拔和培养干部的工作，并取得了显著的成效。据1948年12月统计，辽吉全省共选拔和培养了8470名新干部。辽吉省委成立后，发出了"集中全力，开展土地改革运动"的号召。他配合省委书记陶铸从省、地、县机关、部队和学校抽调3000余名干部、教职员，组成4个工作团，到洮南地区各县开展土地改革运动。1948年11月，任辽北省委副书记。陈曾固为辽吉根据地的建党和土地改革运动的发展作出了重要贡献。

这件马褡子是解放战争时期陈曾固在东北开展革命工作时使用的，是见证那段艰苦岁月的一份珍贵实物。

1986年，陈曾固将马褡子捐赠，现藏于白城市博物馆。

171. 解放战争时期陈曾固在辽吉省委工作期间使用的黄褐色蚊帐

近现代织绣类文物

长190厘米，宽152厘米，高70厘米

蚊帐为棉布质地，黄褐色，支起后造型呈长方体状，四角有细长的棉布系带。

陈曾固（1907—1988），原名陈文光，曾用名陈近明、曾一峰、曾固，贵州省安顺县人。1931年加入中国共产党。1937年9月赴延安，曾任中央组织部干训班总支书记、主任，中央财经部秘书长、中央直属机关党委书记。1945年4月，当选为中共七大候补代表，并参加了大会。

抗战胜利后，陈曾固赴东北工作。1946年6月，任辽吉省委常委、组织部长，他肩负着紧迫的建党任务，半年内发展新党员4000余人。陈曾固十分重视选拔和培养干部的工作，并取得了显著的成效。据1948年12月统计，辽吉全省共选拔和培养了8470名新干部。辽吉省委成立后，发出了"集中全力，开展土地改革运动"的号召。他配合省委书记陶铸从省、地、县机关、部队和学校抽调3000余名干部、教职员，组成4个工作团，到洮南地区各县开展土地改革运动。1948年11月，任辽北省委副书记。陈曾固为辽吉根据地的建党和土地改革运动的发展作出了重要贡献。

这顶蚊帐是解放战争时期陈曾固在辽吉省委工作时使用的，是见证那段艰苦岁月的一份珍贵实物。

1986年，陈曾固将此蚊帐捐赠，现藏于白城市博物馆。

172. 抗日战争时期陈曾固戴的黄呢棉帽

近现代织绣类文物

直径28厘米

棉帽为黄色毛呢质地，内衬棕色毛，帽顶内衬为军绿色棉布，有两根黄绿色系带，帽外侧有圆纽扣。多种戴法。

陈曾固（1907—1988），原名陈文光，曾用名陈近明、曾一峰、曾固，贵州省安顺县人。1931年加入中国共产党。不久，任北平社联组织部长、社联党团书记。1932年调任北方文化总同盟党团书记，后担任中共北平东区区委书记，河北省委派驻北平的巡视员，北平市委组织部长、市委代理书记等职。1937年9月

赴延安，曾任中央组织部干训班总支书记、主任，中央财经部秘书长、中央直属机关党委书记。1945年4月，他当选为中共七大候补代表，并参加了大会。抗战胜利后，陈曾固赴东北工作，曾任辽吉省委常委、组织部长，辽北省委副书记等职。

这顶黄呢棉帽是陈曾固在抗日战争时期戴的，是见证当年那段历史的一份珍贵实物。

1986年，陈曾固将此棉帽捐赠，现藏于白城市博物馆。

173. 解放战争时期安建平在辽吉省委工作期间使用的棉褥子

近现代织绣类文物

长175厘米，宽93厘米，厚0.5厘米

棉褥内衬棉花，褥面为赭红色、皮粉色和白色交叉格纹的纯棉布。棉褥一面正中有1处较大的灰色长方形补丁，针脚细密规整，另有1处小的粉橘色补丁，另一面有3处粉色的长方形补丁。褥面还有几处破损。

安建平（1912—1988），女，原名安芳洪，曾用名黄淑贞、孔淑贞，陕西省米脂县人。1934年加入中国共产党。抗战胜利后，安建平奉命赴东北工作。曾担任中共四平区委书记，辽源（今双辽）县委副书记，辽吉四地委组织部长、秘书长，辽吉省委后方工

作委员会委员，中共辽吉省委妇女工作委员会副书记，中共辽吉妇委书记等职。她到辽吉地区后，立即投身于领导广大妇女翻身解放和根据地建设的斗争中。1947年，她和省妇委把主要精力都放在发动妇女搞生产、争取农业大丰收的工作上，同时鼓励妇女努力发展副业，增加收入，改善生活，更好地支援解放战争。她还大力动员妇女出战勤、送军粮、做军服军鞋、慰问伤员。由于妇女工作做得好，整个辽吉地区出现了父母送儿子、妻子送丈夫的参军热潮。

这件棉褥是解放战争时期安建平在辽吉省委工作期间使用的，是见证安建平艰苦朴素、辛苦工作的一份重要实物。

1986年，安建平将此棉褥捐赠，现藏于白城市博物馆。

174. 解放战争时期任尚琼在辽吉省委工作期间使用的帆布马褡子

近现代织绣类文物

长136厘米，宽67厘米，棱高10厘米

马褡子为粗帆布质地，黄绿色，一面中间纵向开口，有细系带。正面有一处缝补。

任尚琼（1917—1992），山西省方山县人。1936年10月参加革命，1940年加入中国共产党。曾任山西青年抗日决死队中队长，

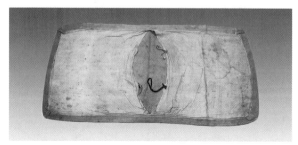

八路军太岳军区二十五团连长、营长。1945年8月抗战胜利后，他奉命赴东北开辟根据地，被分配到辽北省大安县，任县武装大队大队长、副政委，后任大赉县委组织部长，县委副书记、书记。新中国成立后，他曾任中共吉林省委党校副校长兼校党委书记，吉林省社会科学院党委书记、副院长等职。任尚琮在革命战争年代，南征北战，屡立战功。在社会主义建设时期，为党的理论教育和研究工作作出了重大贡献。

这件马褥子是解放战争时期任尚琮在辽吉省委工作期间使用的，它体现了任尚琮艰苦朴素辛苦工作精神，是重要的历史实物。

1986年，任尚琮将此马褥子捐赠，现藏于白城市博物馆。

175. 解放战争时期任尚琮在辽吉省委工作期间使用的毡子

近现代织绣类文物

长175厘米，宽86厘米，厚0.1厘米

毡子一面为素毛毡面，另一面用三种不同的粉色长方形粗布、绿色长条形粗布和黑色粗布拼缝而成的衬面，外缘为黑色粗布，边缘有磨损，毛毡面有3处破洞。

任尚琮（1917—1992），山西省方山县人。1936年10月参加革命，1940年加入中国共产党。曾任山西青年抗日决死队中队长，八路军太岳军区二十五团连长、营长。1945年8月抗战胜利后，他奉命赴东北开辟根据地，被分配到辽北省大安县，任县武装大队大队长、副政委，后任大赉县委组织部长，县委副书记、书记。新中国成立后，他曾任中共吉林省委党校副校长兼校党委书记，吉林省社会科学院党委书记、副院长等职。任尚琮在革命战争年代，南征北战，屡立战功。在社会主义建设时期，为党的理论教育和研究工作作出了重要贡献。

这件毡子是任尚琮在辽吉省委工作期间使用的，解放战争时期，他居无定所，这件毡子一直陪伴着他，是一份重要的历史实物。

1986年，任尚琮将此毡子捐赠，现藏于白城市博物馆。

★ 延边博物馆

176. 抗日战争时期东北抗日联军第一路军警卫旅三团团长崔哲宽戴的怀表

近现代复合质地类文物

直径3.62厘米，通高4.45厘米，厚1.09厘米

怀表为圆形，有表冠，金属表壳，白色搪瓷表盘，阿拉伯数字时标，部分零件缺失。

怀表是东北抗日联军第一路军警卫旅三团团长崔哲宽在抗日战争时期佩戴的。崔哲

宽（1915—1939），朝鲜族。吉林省延吉县人。1930年参加少先队，1931年加入共青团，1932年参加游击队，1937年加入中国共产党。1939年3月任东北抗日联军第一路军警卫旅三团团长。同年8月，带领部队到安图县大沙河古城村筹粮时被敌人包围，突围中身负重伤被俘。敌人严刑拷打，崔哲宽坚贞不屈，最终于安图县大沙河高登村被敌人活埋牺牲，时年24岁。

1958年，安图县大沙河高登村群众重新安葬烈士遗骸时发现此表，现藏于延边博物馆。

177. 抗日战争时期中共南满省委书记魏拯民在桦甸县夹皮沟二道河子密营使用的铁镐头

近现代金属类文物

长29.6厘米，宽11.9厘米

铁质，锻制，宽面，面粗糙，无把，銎为弯折成拱形的宽铁条，与镐面焊接，銎与镐面呈钝角。

此镐是魏拯民与警卫排战士们宿营在桦甸县夹皮沟二道河子密营时期自力更生搞生产时使用的，是抗联密营艰苦生活的实物见证，对研究宣传抗联干部不畏艰难、坚持抗日的革命精神具有重要的历史价值。

魏拯民（1909—1941），原名关有维，山西屯留县人。1927年加入中国共产党，为杨靖宇的亲密战友，东北抗日联军杰出领导人之一，著名的抗日民族英雄。"魏拯民"是他奔赴东北抗日前线以后一直用的化名。他曾任中共东满特委书记，中共东满省委书记，东北人民革命军第二军政治委员，东北抗日联军第二军政治委员兼军党委书记，中共南满省委书记，东北抗日联军第一路军总政治部主任、第一路军副总司令等职。杨靖宇牺牲后，他接替杨靖宇全面统率第一路军。1941年，在桦甸县夹皮沟二道河子密营中病逝，时年32岁。

1961年，铁镐头为延边朝鲜族自治州魏拯

民遗骨踏查队于桦甸县夹皮沟二道河子密营发现，现藏于延边博物馆。

178. 1949年李玉今获得的"中国妇女第一次全国代表大会"纪念章

近现代金属类文物

通径2.5厘米，厚0.3厘米

铜质，铸造。圆形，外缘呈齿轮状，通体镀铬，图案均施珐琅漆。白底圆形内左上角为红五角星图案和"1949"字样，左下角为金色麦穗，右侧为妇女侧面半身像，外圆下半部红色楷书"中国妇女第一次全国代表大会"。

1949年3月24日至4月3日，中国妇女第一次全国代表大会在北平召开，这是中国妇女有史以来第一次全国规模的盛会。会议正式宣布成立中华全国民主妇女联合会，通过了《中华全国民主妇女联合会章程》，选举何香凝为名誉主席，蔡畅为主席，邓颖超、李德全、许广平为副主席，制定了妇女运动总任务，为新中国妇女工作指明了方向。

这枚纪念章是李玉今1949年参加中国妇女第一次全国代表大会时获得的。李玉今（1922—2011），朝鲜族，中共党员。曾经担任吉林省政协委员，吉林省妇女委员会执行委员，多次被评

为支前模范、全国劳动模范、全国三八红旗手。

李玉今虽然只是一个普通的农民，学历不高，但她凭着对党和人民的无限忠诚一心投入支前工作。在战争年代，她奉献青春；在和平年代，她永葆共产党员的本色。

1981年11月，纪念章由延边博物馆李松德于延吉县东盛公社英成四队李玉今家征集。

179. 1949年李玉今获得的"亚洲妇女代表大会"纪念章

近现代陶瓷类文物、近现代金属类文物

共4枚，重量均为3克。其中2枚为白瓷质，呈凸透镜状，黑色烤漆图案，另2枚为铜质，铸造，基本呈圆形，珐琅漆图案。

亚洲妇女代表会纪念章，直径2.9厘米，白瓷质，中间为毛主席头像，纪念章边缘的上下方有"亚洲妇女代表会纪念""中国江西省全体妇女赠"字样，背面别针下方有"中华人民共和国开国纪念""1949.10""江西景德镇市胜利制"3行字。

亚洲妇女代表会纪念章，直径3厘米，白瓷质，中间为斯大林头像，纪念章边缘的上下方有"亚洲妇女代表会纪念""中国江西省全体妇女赠"字样，背面别针下方有"中华人民共和国开国纪念""1949.10""江西景德镇市朱受之制"3行字。

亚洲妇代大会纪念章，直径3.1厘米，铜质，右侧有飞翔的白色和平鸽，边缘2道凸弦纹内施橘色漆。弦纹圆内上下方铸有"亚洲妇代大会纪念""天津市人民政府及各局处会院社妇女干部敬赠"，中间主体图案以红色世界地图为底纹，白色亚洲地图置于正中，橘色"加强

团结"浮于亚洲地图之上。

亚洲妇女代表会议章，直径2.9厘米，铜质，中间是地球仪图案，以蓝色标示经纬线和海洋，亚洲图上有红色"1949"字样，地球仪外围右上方有一面飘扬的红色旗帜，旗面上铸有2行字，上行为"亚洲妇女代表会议"，下行是俄文"Конференция женщин азии"（汉译为"亚洲妇女会议"），旗杆处有一只衔叶飞翔的白色和平鸽，地球仪外围下方分别为英文"ASIAN WOMENS CONFERENCE"和法文"CONFERENCE FEMMES D'ASIE"（汉译为"亚洲妇女会议"）。

1949年12月10—16日，亚洲妇女代表会议在北京举行。国际民主妇女联合会副主席蔡畅致开幕词，国际民主妇女联合会总书记古久里夫人和中华全国妇女联合会副主席邓颖超等分别作报告，会议通过了《致亚洲各国妇女姊妹书》《关于争取妇女权力的决议》等文件。这次会议对于亚洲妇女事业的发展起到了重要的推动作用。

纪念章是李玉今于1949年参加亚洲妇女代

表大会时获得的。

1981年11月，纪念章由延边博物馆李松德于延吉县东盛公社英成四队李玉今家征集入藏。

180.1952年中央访问团赠送延边的"中华人民共和国各民族团结起来"锦旗

近现代织绣类文物

绿色锦旗：纵200厘米，横82厘米；红色锦旗：纵197厘米，横83厘米

有绿色、红色两面锦旗。丝绸质地，剪字镶边粘贴字，衬布为白棉布。

绿色锦旗为绿绸质地，镶白边，底边缀有黄色流苏，正面用中文和阿拉伯文书写"中华人民共和国各民族团结起来"，款署"毛泽东""中央访问团赠""一九五二·七"。

红色锦旗为红绸质地，镶黄边，顶端饰有红色条布，底边缀有黄色流苏，正面有毛主席亲笔题写的"中华人民共和国各民族团结起来"14个大字，雄劲有力，款署"毛泽东""中

央访问团赠""一九五二·七"。

这两面锦旗是在延边朝鲜族自治区成立前的1952年7月24日，由彭泽民为团长、萨空了担任副团长的中央访问团访问延边时赠送的。这两面锦旗不仅承载着毛主席和党中央对延边各族人民的深切关怀，还彰显了民族区域自治制度的温暖，极大地激发了延边各族人民投身社会主义建设的热情，为同年9月3日延边朝鲜族自治区的正式成立营造了良好的政治氛围。它们既是中央访问团慰问延边各族人民的历史见证，也是我国民族团结进步事业中珍贵的实物遗存。

1962年，锦旗从延边朝鲜族自治州人民委员会办公室征集，现藏于延边博物馆。

二级文物

★ 吉林省博物院（东北抗日联军纪念馆）

1	抗日战争时期东北抗联使用的残水桶	22	烈士金学俊穿的马甲
2	民国时期大刀会使用的大刀	23	抗日战争时期东北抗联使用的医针
3	抗日战争时期东北抗联使用的铁锅	24	抗日战争时期东北抗联在康大砬子山三道沟半山岗磨米时用的磨拐子
4	1938年东北抗联使用的朝鲜族式铜勺	25	抗日战争时期东北抗联使用的手枪（2件）
5	1938年东北抗联使用的朝鲜族式铁锅	26	民国时期国民政府颁发的抗战纪念章（2件）
6	1938年东北抗联使用的铁锯条	27	解放战争时期解放军赠给军人家属的军属光荣牌
7	抗日战争时期东北抗联使用的刺刀	28	解放战争时期人民群众参军佩戴的"光荣参军 保卫和平"红披带
8	抗日战争时期东北抗联使用的铁锹（残）	29	解放战争时期四战四平时人民群众支前使用的铁锹头
9	抗日战争时期东北抗联使用的铁勺	30	解放战争时期东北各族人民支前使用的马驮鞍
10	抗日战争时期东北抗联使用的锄头	31	1947年东北民主联军供给部通讯员徐昇山佩戴的名签
11	1938年东北抗联使用的罐头盒	32	1947年东北民主联军警卫连战士安长喆佩戴的名签
12	抗日战争时期东北抗联使用的罐头盒（残）	33	1947年东北民主联军供给部通讯员郝恕臣佩戴的名签
13	抗日战争时期东北抗联战士使用的蓝边瓷饭碗	34	1947年东北民主联军供给部李钟允佩戴的名签
14	抗日战争时期东北抗联使用的砚台	35	1950年吉林市人民政府印
15	1932年东北抗联使用的镊子	36	中华人民共和国成立初期通化市人民政府印（2件）
16	抗日战争时期东北抗联使用的镐头	37	1950年四平市人民政府印
17	抗日战争时期中共吉林特支第二交通站负责人邓晓村使用的棉被	38	中华人民共和国成立初期通化县人民政府印
18	抗日战争时期东北抗联使用的六轮手枪（残）	39	中华人民共和国成立初期白城县人民政府印
19	抗日战争时期东北抗联使用的腰别子手枪	40	中华人民共和国成立初期吉林省人民政府通化地区专员公署印
20	抗日战争时期东北抗联在松江康大砬子山使用的生活用品烟斗	41	中华人民共和国成立初期吉林省人民政府白城子区专员公署木印
21	抗日战争时期东北抗联战士使用的挂包	42	1954年吉林省人民政府白城子专员公署木印

三级文物

43	抗美援朝期间朝鲜平安道农民献给中国人民志愿军部队的锦旗	63	抗美援朝期间志愿军安全行车九万公里的汽车牌
44	抗美援朝期间中国人民志愿军后勤一分部司令部赠给志愿赴朝磐石县民工大队的锦旗	64	1946年解放战争四年战绩画册
45	抗美援朝期间中国人民志愿军后方勤务司令部兵站第十五大站赠给通化县民工大队的锦旗	65	解放战争时期杨家屯土改分地账
46	抗美援朝期间中国人民志愿军后勤二分队司令部政治部赠给吉林省民工大队的锦旗	66	1948年斗争地主果实账
47	1954年朝鲜文化物质保存委员会赠给吉林省政府的锦旗	67	1948年吉林省敦化县杨家屯第一分会发的土地临时执照（7件）
48	抗美援朝期间朝鲜咸镜北道赠给吉林省委和省政府的锦旗	68	1949年东北行政委员会颁发给吉林省敦化县荣军地的土地执照
49	1956年中共吉林省委员会祝贺长春市工商业全部公私合营赠送的锦旗	69	1948年斗争地主果实粮食分配账目
50	1955年吉林省人民委员会庆祝前郭尔罗斯蒙古族自治县成立赠送的锦旗	70	解放战争时期战勤担架名册及民兵名册
51	1950年中央人民政府政务院赠给延边朝鲜族自治区文工团"中华人民共和国各民族团结起来"的锦旗	71	1948年杨家屯划分阶级成分记录本
52	1956年中华人民共和国冶金工业部中国重工业工会全国委员会奖给当年第二季度东北铜铅锌矿务局矿际社会主义竞赛先进单位石咀子铜矿的锦旗	72	1948年杨家屯土改时胜利果实分配账
53	1953年朝鲜万景台革命学院赠送的锦旗	73	解放战争时期东线战勤司令部和政治部赠给敦化大车队的锦旗
54	1951年志愿军烈士朴龙云的信（3件）	74	1956年延吉市工商业联合会祝贺延吉市手工业合作化胜利的锦旗
55	1951年志愿军烈士朴龙云的功臣纪念册	75	1956年长春市私营商业全体业者接受国营经济领导的锦旗
56	1951年志愿军烈士朴龙云的立功证（2件）	76	1952年中国人民志愿军第十四院一大队四队献给延吉市公园街妇联的锦旗
57	抗美援朝期间志愿军烈士朴云龙的钢笔（3件）	77	抗美援朝期间中国人民志愿军战士佩戴的披红
58	抗美援朝期间志愿军烈士朴云龙的铅笔	78	抗美援朝期间朝鲜人民献给中国人民志愿军的红领巾
59	1950年志愿军烈士李喆举的二级勋章	79	抗日战争时期八路军部队用的瓷盘
60	1951年中央访问团赠给陈翰章母亲的毛主席纪念章	80	抗日战争时期八路军部队用的白瓷杯
61	1953年朝鲜人民军烈士金基一的一级国旗勋章	81	抗日战争时期八路军部队用的水杯（2件）
62	1951年的抗美援朝家属模范奖牌	82	解放战争时期刘胡兰和乡亲们慰问八路军时使用的月饼模

83	1956年长春市全体私营工商业者献给毛主席的报喜信	108	1945年辽东人民自卫军战士兰树森佩戴的"辽东人民自卫军"臂章
84	1956年长春市公私合营工业全体职工献给毛主席的报喜信	109	1949年发行的淮海战役纪念章
85	1956年长春市公私合营商业全体职店员献给毛主席的报喜信	110	1947年发行的抗日纪念章
86	1956年长春市郊全体农民献给毛主席的报喜信	111	1937年东北抗日联军第四军司务长高山在苏联住院期间穿的棉袄
87	抗美援朝期间朝鲜三级国旗勋章	112	1947年崔达仁的烈士家属证明书
88	抗美援朝期间朝鲜军功章（5件）	113	1948年房学友烈士家属证明书
89	解放战争时期的妇女会胸章	114	1948年房学友的烈士纪念证
90	解放战争时期的儿童团胸章（3件）	115	1948年王世坤的烈士家属证明书
91	1935年红四方面军铸造的铜碗	116	1948年王世坤的烈士纪念证
92	1933年中华苏区革命互济会发给钟常逊的会员证	117	1948年姜家正的烈士家属证明书
93	1927年农民打土豪分到的布凉鞋（2件）	118	1949年姜家正的烈士纪念证
94	1933年吕泉贵使用的反帝大同盟会证	119	1948年韩德才的革命军人牺牲证明书
95	1933年王先瑞使用的反帝大同盟会证	120	解放战争时期第八区人民政府赠给李义山的锦旗
96	1934年中华苏区革命互济会闽浙赣省互济会入会证	121	1948年《吉林日报》第六七二号刊登的朝鲜语文字《告农民书》
97	1948年东北人民解放军辽吉军区发给俘虏迟应通的归家通行证	122	1957年吴风岐全国农业劳动模范代表会议纪念刊（2件）
98	1948年东北人民解放军辽吉军区发给俘虏汪森的归家通行证	123	1948年的延吉县土地执照申请书
99	1948年东北人民解放军辽吉军区发给俘虏刘继汉的归家通行证	124	1947年土改分土地临时执照
100	金学俊烈士使用的铜盘（6件）	125	1954年益发合公私合营协议书
101	金学俊烈士使用的铜碗（4件）	126	1950年图们机务段参加抗美援朝志愿书（2件）
102	金学俊烈士使用的铜勺	127	1949年东北行政委员会布告
103	1951年中国人民志愿军穿的工作裤（3件）	128	1948年辽宁省政府布告
104	抗美援朝期间中国人民志愿军戴的呢军帽	129	1948年东北民主自治军的传单
105	1953年中国人民赴朝慰问团赠给中立国遣返委员会捷克斯洛伐克代表团的锦旗	130	解放战争时期辽宁省委会印发的《关于目前土地改革与春耕生产的指示》
106	1953年中国人民赴朝慰问团赠给中立国监察委员会波兰代表团的锦旗	131	1948年《关于执行东北局对土地改革指示的几点意见》
107	1951年中国人民赴朝慰问团赠给朝鲜人民的锦旗	132	1947年庆祝收复通化举行扩大宣传的指示

三级文物

三级文物

223	1951年2月17日朝鲜人民军二十七号病院给吉林省人民政府的感谢状	247	中华人民共和国时期吉林省革命残废军人中学校徽
224	民国时期抗战纪念章（4件）	248	中华人民共和国时期吉林省荣誉军人教养院章
225	东北荣军章（13件）	249	中华人民共和国时期龙井市人民政府徽章
226	1950年中南军政委员会颁发的解放华中南纪念章（11件）	250	中华人民共和国时期洮南县人民政府徽章（2件）
227	1950年解放西北纪念章（6件）	251	抗美援朝期间中国人民志愿军战士用废料做的胡琴
228	1950年华北解放纪念章（9件）	252	1950年长春市人民法院布告
229	1949年11月1日中国人民解放军西南军区颁发的解放西南胜利纪念章	253	1949年4月21日东北行政委员会令
230	中华人民共和国时期中南军区兼第四野战军颁发的解放海南岛纪念章（3件）	254	1950年11月20日周持恒、徐元泉给志愿军运输四营的信件
231	1950年湘西剿匪纪念章（2件）	255	1949年11月19日吉林省人民政府命令
232	1949年4月21日中国人民解放军华东军区颁发的渡江胜利纪念章	256	1948年珲春县政府奖给崔凤海的支前担架奖状
233	1950年河南省人民政府赠剿匪胜利纪念章	257	1948年珲春县政府奖给朴仁赫的支前担架奖状
234	解放战争时期东北人民解放军勇敢奖章	258	国民革命时期记载武汉革命实事的文件（2件）
235	1947年6师赠作人民功臣章	259	1946年延吉县土地执照
236	中华人民共和国时期四十七军干部英模代表大会纪念章	260	1951年6月19日抗美援朝吉市分会武器款收据
237	1948年辽东荣代大会纪念章	261	1951年9月6日抗美援朝吉市分会佛教界捐献飞机大炮款收据
238	1956年全国先进生产者代表大会纪念章	262	1951年6月10日抗美援朝吉市分会中华基督教会捐献飞机大炮款收据
239	1951年农业部爱国丰产奖章（3件）	263	1951年6月21日抗美援朝吉市分会佛教界捐献飞机大炮款收据
240	1950年全国工农兵劳动模范代表会议纪念章	264	1951年9月18日抗美援朝吉市分会基督教会捐献飞机大炮款收据
241	1956年吉林省工商业者家属和女工商业者代表会议纪念章（4件）	265	1951年7月30日抗美援朝吉市分会捐献飞机大炮款收据
242	1956年扫除文盲奖章	266	1952年东北行政委员会颁发给辽北省梨树县王禄的土地执照（4件）
243	1956年李川江的轻工业部技术革新奖章	267	1945年中华苏维埃共和国国家银行发行的壹佰圆纸币（3件）
244	中华人民共和国辽西省人民赠抗美援朝纪念章（3件）	268	1921年《新青年》杂志第九卷第一号至第六号
245	1951年辽东抗美援朝纪念章（6件）	269	抗日战争时期抗联战士刘元山使用的毛毯
246	1951年黑龙江省抗美援朝分会赠抗美援朝志愿担架队纪念章（2件）	270	1940年东北抗日联军缴获日军的毛毯

三级文物

317	1952年中央人民政府财政部发行的公粮票证面值伍佰斤小米票（2件）	325	1958年全国农业先进单位代表会议纪念章（3件）
318	1952年中央人民政府财政部发行的行军粮票面值肆拾斤马料票（2件）	326	1958年吉林省"一五"期间的模范奖章（2件）
319	1952年中央人民政府财政部发行的行军粮票面值捌拾斤马料票（3件）	327	1959年崔竹松出席吉林省农业群英会纪念章
320	1952年中央人民政府财政部发行的回乡转业建设军人资助粮票面值伍拾斤主粮粮票	328	20世纪50年代的"光荣之家"军属牌
321	1952年中央人民政府财政部发行的回乡转业建设军人资助粮票面值壹佰斤主粮粮票	329	特等劳动模范蒋筑英穿的浅驼色条绒上衣
322	1957年崔竹松的全国首届农业劳动模范代表会议纪念章	330	抗美援朝期间的纪念册
323	1957年全国首届农业劳动模范代表会议纪念章	331	社会主义建设时期吉林省委副书记富振声的公文包
324	1958年全国人民慰问人民解放军纪念章（5件）		

★ 集安市博物馆

332	20世纪50年代"抗美援朝胜利万岁"锦旗	335	1958年12月国务院奖给农业社会主义建设先进单位吉林省集安县的奖状
333	20世纪50年代南京市中国少年儿童队敬献给志愿军抗美援朝胜利的旗帜	336	1959年吉林省人民委员会奖给1958年农业社会主义建设先进单位集安县的奖状
334	20世纪40年代辽宁军区某团嘉奖令		

★ 磐石市博物馆（磐石市抗日斗争纪念馆）

337	抗日战争时期红石砬子抗日游击队使用的日本制修枪工具及盛放工具的铁盒（21件）	339	抗日战争时期东北抗日联军战士使用的手铳
338	抗日战争时期东北抗日联军医院医用木壳戥秤（3件）	340	抗日战争时期东北抗日联军战士使用的抬枪

★ 桦甸市博物馆

★ 白城市博物馆

★ 榆树市博物馆

364	1946年吉林省榆树县金殿选土地所有权执照（5件）	371	1949年吉林省榆树县张守正土地执照
365	1946年吉林省榆树县李明岱土地所有权执照	372	1949年吉林省榆树县王登科土地执照
366	1949年吉林省榆树县杨发土地执照	373	1949年吉林省榆树县蒋恭谦土地执照
367	1949年吉林省榆树县刘荣土地执照	374	1949年吉林省榆树县任鸿财土地执照
368	1949年吉林省榆树县康景春土地执照	375	1949年吉林省榆树县张守成土地执照
369	1949年吉林省榆树县李清林土地执照	376	1946年"榆树县杨木村人民政府印"木印
370	1949年吉林省榆树县张永安土地执照		

★ 四平战役纪念馆

377	1946年辽东军区政治部下发的《关于目前对敌政治工作指示》	389	1946年东北民主联军孙双印的文件包
378	1946年《十九团七连战时鼓动工作介绍及对坚守阵地部队战时政治工作意见》	390	1946年贾巨文在四平保卫战中穿的军上衣
379	1946年东北民主联军辽东军区第三纵队七旅政治部编印的《二十团三连战时政治工作》	391	1946年东北民主联军战斗奖章
380	1946年辽东军区司令部政治部和辽东省委联合下发的《关于开展机关、军分区、地方武装部及后勤各部门通讯报导工作指示》	392	1946年东北民主联军工作模范奖章
381	1946年10月东北民主联军辽东军区第三纵队七师政治部下发的《战役发展中政治工作领导上须注意几点》	393	1946年东北民主联军勇敢奖章
382	1946年10月东北民主联军辽东军区第三纵队七师政治部下发的《围堡战斗中政治工作几点经验教训》	394	1946—1948年"六八联队"三中队《烈士登记册》
383	1946—1948年东北人民解放军第六纵队十六师四十八团的《烈士登记表》	395	1946—1949年第四野战军四十军一一八师三五四团部分《烈士名册》
384	1946年东北民主联军的夏装单军裤	396	1947年8月24日华东政治部发行的《战士报》追悼专号（第一版）
385	1946年东北民主联军的夏装上衣	397	1947年8月24日华东政治部发行的《战士报》追悼专号（第二版）
386	1946年东北民主联军的绑腿	398	1947年8月24日华东政治部发行的《战士报》追悼专号（第四版）
387	1946年东北民主联军的单军帽	399	1947年8月24日华东政治部发行的《战士报》追悼专号（第五版）
388	1946年东北民主联军的单军裤	400	1947年8月24日华东政治部发行的《战士报》追悼专号（第七版）

401	1947年8月26日华东政治部发行的《战士报》（第一版）	420	1947年邵玉喜在四平攻坚战中立大功荣获的《喜报》
402	1947年东北人民解放军司令部出版的《东北画报》第28期	421	1947年四平攻坚战中记录刘文秀排长的立功事迹《记功表》
403	1947年一纵一师群英大会上《梁政治委员的总结报告》	422	1947年东北民主联军司令部编印的《典型战例》
404	1947年东北民主联军第三纵队九师政治部出版的《火线》副刊	423	1947年东北行政委员会颁发的关于动员妇女做军鞋的通令
405	1947年东北民主联军第六师司令部证明书	424	1947年东北民主联军第一纵队三师八团五连指挥员郝建岳在四平攻坚战中用的马褡子
406	1946年东北民主联军辽东军区第三纵队政治部下发的《关于部队保证土地改革发动农民运动的政治工作指示》	425	1947年辽宁省第二专员公署发布的关于用爬犁支援前线的通知
407	1947年东北民主联军和东北行政委员会下发的联合《通令》	426	1947—1951年中国人民解放军第三八三团政治部的《单位立功英模登记表》
408	1946年东北民主联军辽东军区第三纵队政治部下发的《关于土地政策学习的补充指示》	427	1948年东北画报社出版的关于四平战役的《东北画报》第29期
409	1946年东北民主联军辽东军区第四纵队宋贺庆致史县长的便函	428	1948年东北民主联军辽吉军区战斗英雄奖章
410	1947年东北民主联军第三纵队七师政治部下发的《战役动员讲话材料》	429	1948年石运泉在四平收复战中荣获的东北人民解放军勇敢奖章
411	1947年东北民主联军第三纵队七师政治部下发的《战役动员连队讲话材料》	430	1948年石运泉在四平收复战中荣获的东北人民解放军勇敢奖章
412	1947年东北民主联军第三纵队七师政治部下发的《响应党与上级的号召坚决消灭二十二师》的宣传材料	431	1948年乔大鹏在辽西会战锦州战役中荣获的东北人民解放军艰苦奋斗奖章
413	1947年8月24日华东政治部发行的《战士报》追悼专号（第三版）	432	1948年乔大鹏在辽西会战锦州战役中荣获的东北人民解放军艰苦奋斗奖章
414	1947年白家友荣获的人民功臣奖章	433	1948年东北人民解放军模范奖章
415	1947年东北民主联军第一纵队一师司令部、政治部赠人民功臣奖章（编号：554）	434	1948年东北人民解放军第一纵队司令部下发的《对城市工委组织及任务和职权的暂行规定》
416	1947年东北民主联军第一纵队一师司令部、政治部赠人民功臣奖章（编号：470）	435	1948年东北人民解放军第一纵队政治部下发的《关于胜利品处理的暂行办法》
417	1947年辽宁省政府辽宁省军区联合发布的关于建立人民武装的通令	436	1948年辽北省政府下发的关于《发动拥军劳军运动的通知》（民字第十二号）
418	1947年东北民主联军第三纵队七师十九团四连进行土地政策教育及开展尊干爱兵运动的总结材料	437	1948年东北民主联军总政治部给袁洪义的《烈士家属通知书》
419	1947年四平攻坚战后北撤解放军战士送给王玉琴大娘做纪念的铝碗	438	1948年东北人民解放军第三纵队政治部编印的《认识胜利树立明确攻坚思想的学习材料》

三级文物

★ 白山市浑江区七道江会议纪念馆

★ 陈云旧居纪念馆

★ 靖宇县杨靖宇将军殉国地管理处（杨靖宇将军纪念馆）

★ 延边博物馆

494	1932—1933年珲春县春化板棚沟抗日游击队使用的铁油灯架	515	1941年中共南满省委书记魏拯民在桦甸县夹皮沟二道河子密营时用的洋铁筒
495	1932—1933年珲春县春化西北沟抗日游击队被服厂用的缝纫机头	516	1941年中共南满省委书记魏拯民在桦甸县夹皮沟二道河子密营时用的洋铁盒
496	1933年渔浪村兵民联合庆祝大会宣言书	517	1941年中共南满省委书记魏拯民在密营时使用的洋铁烟筒
497	1933年3月7日青年斗争社发行的《青年斗争第六号》报刊	518	1946年4月1日图们中苏文化协会出版发行的朝鲜语文字版《新民主主义》
498	1933年全基玉烈士在珲春县三道湾一带活动时使用的搪瓷茶缸	519	1946—1949年东北军政吉林分校印发的《社会科学》讲义
499	1933年吴贞玉给吴仲和烈士送饭时使用的铜盖碗	520	1946—1950年"延吉县春光区军政工作队队部之印"图章
500	1934年崔龙泽烈士用的木笔筒	521	1947年11月7日吉东军分区政治部印刷厂出版发行的朝鲜语文字版《思想指南》
501	1934—1935年敦化马号乡刘广宇从事抗日活动时使用的铁锅	522	1947年7月1日东北铁路首届劳模大会上授予张南极的劳动英雄奖章
502	1935年车厂子抗日游击根据地反日自卫队用的洋炮（2件）	523	1947年3月汪清县平安村西山队没收地主物品登记表
503	1935年汪清县罗子沟抗日游击根据地金万吉烈士用的木盐桶	524	1947年8月15日汪清县平安村西山农会的清算物品台账
504	1935年汪清县罗子沟抗日游击根据地金万吉烈士使用的搪瓷茶缸	525	1947年汪清县韩锡山参加土地改革时装文件用的皮包
505	1935年车厂子抗日游击根据地军民装膏药用的铁盒（2件）	526	1947年吉林日报刊登的支援解放战争参加担架队立功的功臣名单简报
506	1935—1936年崔俊烈士狱中写的信（13件）	527	1947年敦化县第二大队第一、二、三分队荣获的"为人民立功"锦旗
507	1937年李元善给东北抗日联军二军五师送粮用的木盆	528	1947年敦化县大车队荣获的"支前模范"锦旗
508	1939年东北抗日联军第一路军第三方面军缴获的日式歪把机枪	529	1947年朴相禄获赠的"英雄及第"锦旗
509	1939年东北抗日联军第一路军第三方面军缴获的捷克式轻机枪	530	1947年吴永俊在爱国自卫保田战争中获得的丙等战斗英雄奖状
510	1939年东北抗日联军第一路军第三方面军金世镇疗伤时使用的石枕	531	1947年朱灿洙获得的参战模范奖状
511	1939年东北抗日联军第一路军警卫旅第三团团长崔哲宽烈士的布腰带	532	1947年全相玉烈士参军时佩戴的光荣绶带（2件）
512	1939年东北抗日联军第一路军警卫旅第三团团长崔哲宽烈士的皮带（4件）	533	1947年申道凤在常山屯大官地孤店子战斗中记大功一次、小功二次立功喜报
513	1941年中共南满省委书记魏拯民在桦甸县夹皮沟二道河子密营时用的铁质茶叶筒	534	1947年马学范在爱国保田自卫战争中获得的乙等战斗英雄奖状
514	1941年中共南满省委书记魏拯民用的玻璃钢笔水瓶	535	1947年金泽镇在烧锅街战斗中立一大功喜报

536	1947年朱炳珍在爱国保田自卫战争中获得的丙等战斗英雄奖状	556	1948年汪清县百草沟第一生产大队西山队的个人土地分得表
537	1947年吴亨模在保田自卫战争中获得的丙等战斗英雄奖状	557	1948年敦化县民工大队荣获的"完成伟大任务的先锋军"锦旗
538	1947年吴亨模在四〇二高地战斗中记大功一次功劳证	558	1948年敦化县民工大队使用的旗帜
539	1947年李东元在四间房战斗中记一大功立功喜报	559	1948年姜昌禄荣获的东北民主联军毛泽东奖章
540	1947年崔东万荣获的东北民主联军英雄奖章	560	1948年郑官采荣获的东北人民解放军英雄奖章
541	1947年朱灿洙在四平战役时佩戴的怀表	561	1948年郑亨连在孤店子战斗中记大功三次、小功一次立功喜报
542	1947年图们铁路分局严光燮荣获的"劳动英雄"奖章	562	1948年屈舒荣获的东北人民解放军模范奖章
543	1947年郑官才在长春东郊小苏河战斗中缴获的望远镜	563	1948年东北军区司令部政治部授予李成山的东北人民解放军勇敢奖章及奖章证明书（2件）
544	1948年1月1日姜泰岩在东长春战斗中记"大功三次"立功喜报	564	1948年金星龙烈士佩戴的怀表
545	1948年1月27日《汪清县贫雇农代表大会决议》	565	1948年朱炳瑱在前五家子战斗中记大功一次立功喜报
546	1948年1月任弼时在西北野战军前线委员会扩大会议上的讲话《土地改革中的几个问题》	566	1948年许南顺在长春南岭功臣大会上佩戴的功臣胸章
547	1948年吴亨模在四〇二高地战斗中记大功一次立功喜报	567	1948年"钢八连"指导员金教真戴的军帽
548	1948年许弘燮在前五家子战斗中立一大功奖章证明书	568	1948年"钢八连"指导员金教真用的望远镜
549	1948年许弘燮在小屯战斗中记大功一次立功喜报	569	1948年"钢八连"指导员金教真使用的铝盖饭盒
550	1948年金南龙在前五家子战斗中记一大功、二小功功劳证	570	1948—1949年支援解放战争担架队李隆奎的战勤日记本
551	1948年金常赫在攻打长春东站战斗中立大功一次功劳榜	571	1949年3月第四野战军特种部队司令部政治部授予金云山的东北人民解放军模范奖章
552	1948年孔进洙在孤店子战斗中记大功二次立功喜报	572	1949年李炳仁在中国人民解放军第43军156师英模大会上荣获的印有"功臣"二字的短袖衬衫
553	1948年珲春县兴仁区高力城党支部"新党员入党誓词"	573	1949年朴元善在东北秋季攻势及平津解放民夫工作中立大功奖状
554	1948年方海龙在孤店子战斗中记大功三次立功喜报	574	1949年崔永珍人民自卫战争中立壹大功奖状
555	1948年汪清县平安村农会的基本群众和非基本群众名簿	575	1949年安龙成立一大功喜报

三级文物

576	1949年三十八军——三师司令部政治部颁发给全永喜记大功一次立功喜报	584	1949年朴今俊的"锦州辽西战役"人民功臣证明书
577	1949年金洙默在南下行军中记大功奖状	585	1949年朴今俊的"南下行军"人民功臣证明书
578	1949年金一龙在锦州战斗中立一大功喜报	586	1951年吉林省人民政府授予李福德的"一等劳动模范"奖章
579	1949年金一龙在天津战役中立一大功喜报	587	1953年朝鲜赠中国人民志愿军"永远辉煌战斗意志"锦旗
580	1950年金一龙在南下长期行军中立一大功喜报	588	1953年朝鲜赠中国人民志愿军"爱民的志愿军"锦旗
581	1949年金镕完在南下行军中立一大功喜报	589	1953年朝鲜赠中国人民志愿军"将兵们有荣光"锦旗
582	1949年崔永录在锦州战役中立二大功喜报	590	1958年崔尊镐参加全国农业社会主义建设先进单位代表大会纪念章
583	1949年李太树荣获艰苦奋斗战斗奖章的喜报		

一般文物

长春市

★ 吉林省博物院（东北抗日联军纪念馆）

1	抗日战争时期东北抗联使用的理发剪子	26	1932—1934年东北抗联使用的羹匙
2	抗日战争时期东北抗联使用的铜匙	27	1939—1940年东北抗联使用的聚子
3	抗日战争时期抗日大刀会使用的扎枪头（2件）	28	抗日战争时期东北抗联使用的铁盒
4	1938年东北抗联使用的小铁锅	29	抗日战争时期东北抗联使用的理发推子头
5	1938年东北抗联使用的铁锅	30	抗日战争时期东北抗联使用的铁锅残片
6	抗日战争时期东北抗联使用的步枪残件	31	1933—1934年东北抗联使用的锤子
7	抗日战争时期东北抗联使用的锯条	32	抗日战争时期东北抗联使用的斧子头
8	抗日战争时期杨靖宇将军通信员使用的方形手提电筒	33	抗日战争时期东北抗联使用的铁刀
9	抗日战争时期东北抗联使用的马蹄表机件	34	抗日战争时期东北抗联使用的腰别子枪
10	抗日战争时期东北抗联放电话听筒使用的铁叉子	35	抗日战争时期东北抗联使用的铁锉
11	抗日战争时期东北抗联用的马镫（3件）	36	抗日战争时期东北抗联使用的印刷排字工具
12	抗日战争时期东北抗联使用的凿子	37	抗日战争时期东北抗联使用的锅撑
13	抗日战争时期东北抗联使用的镰刀头	38	抗日战争时期东北抗联使用的油灯
14	抗日战争时期东北抗联使用的铁锅残片	39	抗日战争时期东北抗联杨靖宇部使用的双筒腰别子枪筒
15	抗日战争时期东北抗联使用的马蹄掌（2件）	40	抗日战争时期东北抗联使用的铁锅残片
16	抗日战争时期东北抗联使用的铁刀把	41	抗日战争时期东北抗联使用的刺刀鞘
17	抗日战争时期东北抗联使用的铁勺	42	抗日战争时期东北抗联使用的铁丝
18	抗日战争时期东北抗联使用的焊接烙铁	43	抗日战争时期东北抗联使用的土枪零件
19	抗日战争时期东北抗联使用的铁水壶（2件）	44	抗日战争时期东北抗联使用的内白外蓝搪瓷盆（2件）
20	抗日战争时期东北抗联使用的洋炮筒	45	抗日战争时期东北抗联使用的镊子
21	1932—1934年东北抗联使用的镰刀	46	抗日战争时期东北抗联使用的刺刀鞘
22	1932—1934年东北抗联使用的小铁盒	47	抗日战争时期东北抗联使用的镐头
23	1932—1934年东北抗联使用的铁钩子	48	抗日战争时期东北抗联使用的锹头
24	1932—1934年东北抗联使用的小铁刀	49	抗日战争时期东北抗联使用的尖镐
25	1932—1934年东北抗联使用的悠锤	50	抗日战争时期东北抗联使用的铝锅

51	抗日战争时期八路军缴获并使用的提梁饭盒	78	1951年洮南县人民政府印
52	1932年东满游击队兵工厂制造的炸弹	79	1950年梨树县人民政府印
53	解放战争时期东北民主联军勇敢奖章（2件）	80	1950年东丰县人民政府印
54	1950年乾安县人民政府印	81	1950年临江县人民政府印
55	1950年怀德县人民政府印	82	1951年瞻榆县人民政府印
56	1950年磐石县人民政府印	83	中华人民共和国成立初期辑安县人民政府印
57	中华人民共和国成立初期扶余县人民政府印	84	1951年开通县人民政府印
58	1950年延吉县人民政府印	85	1951年大赉县人民政府印
59	1950年汪清县人民政府印	86	中华人民共和国成立初期抚松县人民政府印
60	1950年永吉县人民政府印	87	1951年白城县人民政府印
61	1950年德惠县人民政府印	88	中华人民共和国成立初期辉南县人民政府印
62	1950年安图县人民政府印	89	中华人民共和国成立初期靖宇县人民政府印
63	1950年双阳县人民政府印	90	1951年安广县人民政府印
64	1950年敦化县人民政府印	91	1950年珲春县人民政府印
65	1950年和龙县人民政府印	92	1953年吉林省延边朝鲜民族自治区延吉县人民政府印
66	1950年伊通县人民政府印	93	1953年吉林省延边朝鲜民族自治区和龙县人民政府印
67	1950年蛟河县人民政府印	94	1953年吉林省延边朝鲜民族自治区珲春县人民政府印
68	1950年农安县人民政府印	95	1953年吉林省延边朝鲜民族自治区安图县人民政府印
69	1950年舒兰县人民政府印	96	1953年吉林省延边朝鲜民族自治区延吉市人民政府印
70	1950年郭前旗人民政府印	97	1953年吉林省延边朝鲜民族自治区汪清县人民政府印
71	1950年桦甸县人民政府印	98	中华人民共和国成立初期吉林省公路管理局印
72	1950年榆树县人民政府印	99	中华人民共和国成立初期吉林省人民政府建筑工程局印
73	1950年长岭县人民政府印	100	1950年吉林省人民政府经济计划委员会印
74	中华人民共和国成立初期通化县人民政府印	101	1950年吉林省人民政府文化局印
75	1950年双辽县人民政府印	102	中华人民共和国成立初期吉林省人民政府林业厅印
76	中华人民共和国成立初期长白县人民政府印	103	中华人民共和国成立初期吉林省人民政府人事厅印
77	中华人民共和国成立初期海龙县人民政府印	104	1950年吉林省人民政府卫生厅印

105	中华人民共和国成立初期吉林省人民政府民族事务委员会印	128	中华人民共和国成立初期民兵使用的饭盒
106	中华人民共和国成立初期吉林省人民政府政法委员会印	129	1959年柳昌银的吉林省农业群英会纪念章
107	1950年吉林省人民政府粮食局印	130	1959年柳昌银的吉林省青年红旗突击手奖章
108	1950年吉林省人民政府财政厅印	131	1959年柳昌银的吉林省妇女建设社会主义积极分子奖章
109	中华人民共和国成立初期吉林省人民政府公安厅印	132	1960年柳昌银的吉林省妇女建设社会主义积极分子奖章
110	中华人民共和国成立初期吉林省人民政府财政厅粮食局印	133	1959年柳昌银的吉林省农业群英会纪念章
111	1950年吉林省人民政府公安厅印	134	1959年柳昌银的国庆10周年纪念章
112	1950年吉林省人民政府商业厅印	135	1953年魏国明的吉林省农业模范奖章
113	中华人民共和国成立初期吉林省人民政府农业厅印	136	1955年魏国明的全国青年社会主义建设积极分子大会章
114	1950年吉林省人民政府工业厅印	137	1958年魏国明的吉林省第二次青年社会主义建设积极分子大会章
115	1950年吉林省人民政府文化教育委员会印	138	1963年魏国明的吉林省农业先进集体先进生产工作者代表会议章
116	中华人民共和国成立初期吉林省人民政府粮食厅印	139	抗日战争时期延安大生产使用的小号镢头
117	中华人民共和国成立初期吉林省人民政府民政厅印	140	抗日战争时期延安大生产使用的小扒锄头
118	中华人民共和国成立初期吉林省人民政府劳动局印	141	抗日战争时期延安大生产使用的刮子头
119	中华人民共和国成立初期吉林省人民政府财政委员会印	142	抗日战争时期儿童团使用的矛头（5件）
120	中华人民共和国成立初期吉林省人民政府体育委员会印	143	抗日战争时期冉庄人民制造的土地雷
121	中华人民共和国成立初期吉林省人民政府教育厅印	144	抗日战争时期冉庄挖地道使用的铁锹头（3件）
122	1950年吉林省人民政府监察委员会印	145	抗日战争时期冉庄挖地道使用的铁镐头（4件）
123	中华人民共和国成立初期吉林省人民政府统计局印	146	抗日战争时期冉庄民兵使用的火枪筒
124	1953年吉林省人民政府扫盲委员会印	147	1948年晋察冀军区特功章
125	1950年吉林省人民政府延边专员公署印	148	中华人民共和国时期华北军区一级模范章
126	1950年光荣军属牌（6件）	149	中华人民共和国时期华北军区二级模范章
127	中华人民共和国成立初期民兵使用的水壶	150	1950年华北解放纪念章

151	1954年全国人民慰问人民解放军代表团所赠的纪念章	176	1948年中国人民解放军淮海战役胜利纪念章
152	1929年红二十五军战士刘子英使用的铝碗	177	1950年解放华中南纪念章
153	1934年红四方面军战士左西使用的银筷子（2件）	178	1950年王汉廷的解放海南岛纪念章
154	1935年红军战士使用的小刀	179	1953年中国人民赴朝慰问团赠给王汉廷的和平万岁纪念章
155	1936年红军战士谢仁山使用的皮带扣子	180	1951年中国人民政治协商会议全国委员会赠给王汉廷的抗美援朝纪念章
156	1935年红军战士使用的小刀	181	1948年王汉廷的解放东北纪念章
157	1935年红军战士使用的皮带卡子	182	1946年翟义才使用的军用水壶
158	1935年红四方面军被服厂缝纫机上的铁轮	183	1948年金景和的解放东北纪念章
159	土地革命战争时期红军使用的铜扣（6件）	184	1953年中国人民赴朝慰问团赠给金景和的和平万岁纪念章
160	1936年红军战士谢仁山使用的皮带扣	185	1950年金景和的华北解放纪念章
161	土地革命战争时期红军使用的脚码子（2件）	186	1951年中国人民政治协商会议全国委员会赠给金景和的抗美援朝纪念章
162	土地革命战争时期红军使用的纽扣（2件）	187	1950年金景和的解放中南纪念章
163	土地革命战争时期红军使用的手表	188	1950年中南军政委员会颁发给翟义才的解放中南纪念章
164	1944—1945年贾瑞洲修枪使用的铁锤	189	1948年翟义才的解放东北纪念章
165	解放战争时期勇敢奖章	190	1951年中国人民政治协商会议全国委员会赠给翟义才的抗美援朝纪念章
166	1948年解放东北纪念章（4件）	191	1950年葛龙起的华南解放纪念章
167	1950年华北解放纪念章	192	1954年全国人民慰问解放军代表团颁发给葛龙起的纪念章
168	1950年西北军政委员会颁解放西北纪念章	193	1948年葛龙起的解放东北纪念章
169	1949年中国人民解放军华东军团渡江胜利纪念章	194	1950年葛龙起的华北解放纪念章
170	1950年华北解放纪念章	195	1950年中华军政委员会颁发给姜立成的解放华中南纪念章
171	1950年解放华中南纪念章	196	1954年中国人民慰问人民解放军代表团赠给姜立成的纪念章
172	1953年中国人民赴朝慰问团赠和平万岁纪念章	197	1950年姜立成的华北解放纪念章
173	1951年中国人民政治协商会议全国委员会赠抗美援朝纪念章	198	1948年姜立成的解放东北纪念章
174	1950年解放华中南纪念章	199	1947年姜立成使用的茶杯
175	1950年华北解放纪念章	200	1950年周家礼的解放东北纪念章

一般文物

247	解放战争时期苏俊禄使用的水杯	270	1953年烈军属拥军优属模范代表会纪念章
248	中华人民共和国时期张文海使用的水杯	271	中华人民共和国时期国庆纪念（1949—1952）章
249	1958年张文海出席全国农业社会主义建设先进单位代表会纪念章	272	中华人民共和国时期辽宁省专署一切权利归农代大会章
250	1953年中国人民赴朝慰问团赠给张文海的和平万岁纪念章	273	1949年海龙县劳动模范章
251	中华人民共和国时期刘俊秀使用的水杯	274	解放战争时期模范工作者章（5件）
252	1956年吉林省人民委员会颁发给崔竹松的烈属军属革命残废军人复员建设军人社会主义建设积极分子奖章	275	1951年吉林省第二届农业劳模代表大会劳动模范章
253	1953年崔竹松的农业模范奖章	276	1953年吉林省农业劳模奖章（3件）
254	中华人民共和国时期崔竹松出席中共吉林省第四次宣传员代表会奖章	277	1955年吉林省农业水利劳模会奖章（3件）
255	中华人民共和国时期吉林省职工劳模会纪念章（5件）	278	1952年吉林省农业丰产奖章
256	1949年中华人民共和国开国盛典纪念章	279	1952年永吉县爱国丰产模范奖章
257	1954年吉林省农民业余教育模范奖章	280	1951年蛟河县爱国丰产模范奖章
258	1949年中华人民共和国开国盛典日纪念章	281	1956年幸福之路先进社员奖章
259	1950年吉林省征送粮模范奖章	282	1958年吉林市船营区先进生产者奖章
260	1954年全国人民慰问人民解放军代表团所赠纪念章	283	中华人民共和国时期吉林省工业劳模大会一等奖章
261	赠给先进生产者建国十周年纪念章	284	1953年鞍钢大型无缝七高炉开工纪念章
262	1951年吉林省人民政府赠二等奖章	285	1955年全国青年社会主义建设积极分子章（4件）
263	1951年中国人民政治协商会议全国委员会赠抗美援朝纪念章	286	1958年第二次全国青年社会主义建设积极分子章（3件）
264	1952年吉林省农业生产奖章	287	1957年共青团吉林省委农村丰产青年积极分子章（2件）
265	1950年华北解放纪念章	288	1958年吉林省人民委员会奖章
266	1952年榆树县生产模范奖章	289	1958年中共吉林市委员会吉林市人民委员会奖章
267	1953年延边朝鲜族自治区人民政府颁发的民族团结模范奖章	290	1959年吉林市人民委员会颁发的红旗手奖章
268	抗日战争时期东北抗联使用的枪栓	291	中华人民共和国时期全国人民慰问人民解放军代表团徽章
269	1948年解放东北纪念章（8件）	292	1953年延吉县第三次烈军属荣复转业军人拥军优属模范章（2件）

293	1956年吉林省人民委员会赠奖章	317	抗日战争时期抗日武装使用的土手枪（2件）
294	1953年吉林省爱国卫生模范奖章	318	抗日战争时期抗日武装使用的大抬杆（13件）
295	中华人民共和国时期中共吉林省第四次宣传员代表会奖章	319	抗日战争时期抗日武装使用的土枪（2件）
296	1950年洮南四届劳模会章	320	抗日战争时期抗日武装使用的土长枪（22件）
297	1953年延边朝鲜族自治区颁发的民族团结模范章	321	1953年中国人民赴朝慰问团赠给张文君的和平万岁纪念章
298	1951年庆祝开国二周年纪念章	322	1951年中国人民政治协商会议全国委员会赠给张文君的抗美援朝纪念章
299	中华人民共和国时期抗美援朝章	323	1949年张文君的淮海战役纪念章
300	中华人民共和国时期辽东志愿抗美援朝模范章（9件）	324	1950年张文君的解放华中南纪念章
301	1951年中国人民政治协商会议全国委员会赠抗美援朝纪念章（17件）	325	1956年张松生获得的解放奖章
302	中华人民共和国时期王启根烈士使用的柴油炉	326	1956年张松生的解放奖章证书
303	解放战争时期哈尔滨团支部章（20件）	327	1950年张松生的解放华中南纪念章
304	中国人民解放军总政治部制三等功奖章	328	1950年张松生爱人刘瑞祥的解放华中南纪念章
305	1998年白城军分区司令员张玉玺在抗洪抢险中使用的手电筒	329	1950年张松生的华北解放纪念章
306	解放战争初期吴殿甲的东北军政大学第九期毕业证章	330	1956年刘瑞祥的解放奖章证书
307	1950年吴殿甲的舒兰县第四届劳模大会章	331	1951年中国人民政治协商会议全国委员会赠给张松生的抗美援朝纪念章（2件）
308	中华人民共和国时期吴殿甲的舒兰县人民政府徽章	332	1953年中国人民赴朝慰问团赠给张松生的和平万岁纪念章
309	1950年吴殿甲的华北解放纪念章	333	1953年10月张松生的第二届功模代表大会纪念章
310	1951年吴殿甲的抗美援朝纪念章	334	1955年李全盛的独立自由奖章
311	1948年吴殿甲的解放东北纪念章	335	1947年李全盛的杀敌英雄奖章
312	1955年吴殿甲荣获的中华人民共和国二级解放勋章	336	1949年李全盛的渡江胜利纪念章
313	1955年吴殿甲荣获的中华人民共和国二级独立自由勋章	337	1949年李全盛的解放西南胜利奖章
314	1988年吴殿甲的中国人民解放军二级红星功勋荣誉章	338	1950年李全盛的解放华中南纪念章
315	中华人民共和国时期公安部队首届功模代表会议纪念章	339	1955年李全盛的解放奖章
316	1953年中国人民赴朝慰问团赠和平万岁纪念章	340	1948年李全盛的解放东北纪念章

341	1950年李全盛的解放华北纪念章
342	中华人民共和国时期李全盛的解放海南岛纪念章
343	1954年全国人民慰问人民解放军代表团赠给李全盛的纪念章
344	1955年李全盛的三级解放胸章
345	解放战争时期李仁淑的中国人民解放军帽徽
346	中华人民共和国时期于淑馨的红十字急救员章
347	1954年全国人民慰问人民解放军代表团赠给杨荣品的纪念章
348	1951年中国人民政治协商全国委员会赠抗美援朝纪念章
349	1951年中国人民政治协商会议全国人民委员会赠给张宝忠的抗美援朝纪念章
350	中华人民共和国时期中国人民铁路职工抗美援朝纪念章
351	1948年裴连浩的解放东北纪念章
352	1947年徐长有使用的军用水壶
353	1946年东北民主联军赠抗战胜利纪念章
354	1951年中国人民政治协商会议全国委员会赠抗美援朝纪念章
355	1997年香港回归祖国纪念章
356	抗日战争时期磐石县葫芦头抗联兵工厂炼铁炉炼制的刀头
357	1949年中原人民解放军淮海战役胜利纪念章
358	中华人民共和国时期华东军区后勤司令政治部二等功奖章
359	中华人民共和国时期毛泽东、杨开慧纪念章（2件）
360	1948年晋察冀军区大功章
361	1949年第一届中国人民政治协商会议纪念章
362	金学俊烈士使用的铜盘（6件）
363	金学俊烈士使用的铜碗（7件）

364	抗日战争时期磐石县滚马岭抗联密营遗存小瓷瓶
365	抗日战争时期抗联烈士太明信使用的钢笔
366	抗日战争时期抗联烈士太明信使用的烟嘴
367	抗日战争时期敦化县小迷魂阵山顶抗联密营遗存眼镜
368	抗日战争时期样子沟群众给抗联战士送酱用的黑釉瓷罐
369	1933—1934年东北抗联磐石县滚马岭抗联密营遗存的磨石（3件）
370	1932—1934年东北抗联磐石县滚马岭抗联密营遗存的玻璃瓶
371	抗日战争时期邓晓村使用的脸盆
372	抗日战争时期邓晓村使用的筷子（2件）
373	抗日战争时期邓晓村使用的碟
374	抗日战争时期邓晓村使用的瓷饭碗
375	1938年八路军战士缴获并使用的皮带
376	1941年八路军皮挂包
377	1944年八路军线鞋（2件）
378	1944年八路军战士缴获并穿的皮鞋（4件）
379	1935年红军长征时使用的皮带
380	解放战争时期金周亚烈士使用的钢笔
381	解放战争时期金周亚烈士使用的红星黑色钢笔
382	解放战争时期金周亚烈士佩戴的手表
383	抗美援朝期间志愿军烈士朴云龙使用的小镜子
384	抗美援朝期间志愿军烈士朴云龙使用的打火机
385	抗日战争时期延安枣园瓷油灯（3件）
386	抗日战争时期冉庄地道使用的瓷油灯（4件）

387	中华人民共和国初期前郭县查干花努图克蒙古族自治区查干花嘎查人民政府木印
388	1927—1937年李何先使用的花瓷盘
389	1927—1937年李何先使用的兰花瓷盘
390	抗日战争时期红军营长王立发使用的小皮箱
391	抗日战争时期八路军王庆之使用的皮带
392	1944年老红军王殿生使用的望远镜
393	1928年周恩来在周曼青家居住期间使用的小木盆
394	1928年周恩来在周曼青家居住期间使用的瓷盘
395	1928年周恩来在周曼青家居住期间使用的瓷碗（残）
396	1947年兰日荣给解放军送饭使用的瓦盆
397	解放战争时期芦景浩烈士使用的电话耳机
398	解放战争时期邹本信使用的皮带
399	中华人民共和国时期华国锋主席使用的勺子
400	中华人民共和国时期华国锋主席使用的筷子（2件）
401	中华人民共和国时期华国锋主席使用的餐布
402	中华人民共和国时期华国锋主席使用的瓷碗（2件）
403	中华人民共和国时期华国锋主席使用的瓷汤勺（2件）
404	中华人民共和国时期华国锋主席使用的玻璃杯（2件）
405	中华人民共和国时期华国锋主席使用的玻璃酒具
406	中华人民共和国时期华国锋主席使用的蓝花瓷盘
407	中华人民共和国时期华国锋主席使用的蓝花瓷盖碗
408	中华人民共和国时期华国锋主席使用的瓷醋壶
409	中华人民共和国时期华国锋主席使用的瓷盘（2件）

410	中华人民共和国时期华国锋主席使用的瓷茶杯
411	中华人民共和国时期华国锋主席使用的瓷茶杯托盘
412	中华人民共和国时期华国锋主席使用的瓷烟灰缸
413	中华人民共和国时期王启根烈士使用的直角尺
414	中华人民共和国时期王启根烈士使用的三角尺
415	中华人民共和国时期王启根烈士使用的半圆尺
416	中华人民共和国时期王启根烈士使用的直尺
417	中华人民共和国时期王启根烈士使用的金色钢笔
418	中华人民共和国时期王启根烈士使用的黑色钢笔
419	1936年张蔚华烈士使用的石印石板
420	1925年张锦春使用的皮夹
421	解放战争时期周子明使用的文件包
422	民国时期肖丹峰使用的眼镜
423	抗日战争时期冉庄地道战使用的瓷灯（3件）
424	解放战争时期刘锡五使用的钢笔
425	中华人民共和国时期王奂如使用的公文包
426	中华人民共和国时期于毅夫使用的手提皮箱
427	中华人民共和国时期富振声使用的手提式公文包
428	中华人民共和国时期刘锡五使用的保温杯
429	中华人民共和国时期郑季翘使用的印章
430	中华人民共和国时期宋振庭使用的毛笔
431	中华人民共和国时期宋振庭使用的竹箫
432	中华人民共和国时期宋振庭使用的墨

489	1947年东北夏季攻势中王桂英给东北民主联军战士补衣用的线板
490	解放战争时期一纵队七团警卫连长马凤山警卫员用的背夹
491	解放战争时期群众支前用的纺线车
492	1946年王淑清支前用的线板
493	1946年郑云清支前用的线板
494	抗日战争时期老红军做鞋用的木夹
495	中华人民共和国时期蒋筑英使用的扇子
496	中华人民共和国时期蒋筑英使用的小板凳
497	中华人民共和国时期吉林省人民政府通化区专员公署木印
498	解放战争时期刘锡五使用的文具盒
499	中华人民共和国时期刘锡五使用的毛笔（2件）
500	中华人民共和国时期刘锡五使用的墨
501	抗美援朝期间中国人民志愿军用废料制的胡琴
502	抗美援朝期间中国人民志愿军自制的四弦琴
503	中华人民共和国成立初期吉林省人民政府印（2件）
504	中华人民共和国成立初期辽源市人民政府木印
505	中华人民共和国成立初期伊通县人民政府木印
506	中华人民共和国成立初期伊通县人民政府印
507	中华人民共和国成立初期伊通县人民政府方木印
508	中华人民共和国成立初期永吉县人民政府圆木印
509	中华人民共和国成立初期蛟河县级人民政府圆木印（2件）
510	中华人民共和国成立初期洮南县级人民政府圆木印

511	中华人民共和国成立初期大赉县级人民政府圆木印
512	中华人民共和国成立初期榆树县级人民政府圆木印
513	中华人民共和国成立初期德惠县级人民政府圆木印
514	中华人民共和国成立初期海龙县级人民政府木印
515	中华人民共和国成立初期瞻榆县级人民政府圆木印
516	中华人民共和国成立初期安广县级人民政府圆木印
517	中华人民共和国成立初期郭前旗县级人民政府木印
518	中华人民共和国成立初期长白县级人民政府圆木印
519	中华人民共和国成立初期乾安县级人民政府圆木印（2件）
520	中华人民共和国成立初期抚松县级人民政府圆木印（2件）
521	中华人民共和国成立初期双阳县级人民政府圆木印
522	中华人民共和国成立初期安广县级人民政府方木印
523	中华人民共和国成立初期吉林省桦甸水利工程处木印
524	中华人民共和国成立初期吉林省人民委员会外事科木印
525	中华人民共和国成立初期吉林省商业厅木印
526	中华人民共和国成立初期吉林省机要交通局分局木印
527	中华人民共和国成立初期扶余县民主村人民政府木印
528	中华人民共和国成立初期郭前旗东三家子嘎查蒙古族自治区政府木印
529	中华人民共和国成立初期郭前旗查干花努图克蒙古族自治区刘金有嘎查人民政府木印
530	中华人民共和国成立初期海龙县人民政府第六区公所木印
531	中华人民共和国成立初期扶余县成发村人民政府木印
532	中华人民共和国成立初期扶余县战斗村人民政府木印

533	中华人民共和国成立初期郭前旗查干花努图克蒙古族自治区长发嘎查人民政府木印	553	中华人民共和国成立初期前郭尔罗斯蒙古族自治县牙木图选举委员会木印
534	中华人民共和国成立初期扶余县第十三区人民政府木印	554	中华人民共和国成立初期长春市手织毡毯生产合作社木印
535	中华人民共和国成立初期郭前旗扎拉图村人民政府木印	555	中华人民共和国成立初期永吉县江密峰人民公社石咀管理区木印
536	中华人民共和国成立初期扶余县第五区人民政府木印	556	中华人民共和国成立初期郭前旗查干花怒图克蒙古族自治区孙家窝堡嘎喳木印
537	中华人民共和国成立初期扶余县第六区人民政府木印	557	中华人民共和国成立初期郭前旗查干花怒图克蒙古族自治区刘今有嘎喳木印
538	中华人民共和国成立初期延吉县海兰村人民政府木印	558	中华人民共和国成立初期郭前旗查干花怒图克蒙古族自治区杨家屯嘎喳木印
539	中华人民共和国成立初期扶余县陶东村人民政府木印	559	中华人民共和国成立初期前郭尔罗斯蒙古族自治县吉拉吐朝鲜族乡选举委员会木印
540	中华人民共和国成立初期扶余县民权村人民政府木印	560	中华人民共和国成立初期海龙县第五区永强村宏大农业生产合作社木印
541	中华人民共和国成立初期扶余县第九区人民政府木印（2件）	561	中华人民共和国成立初期延吉县铧尖乡人民委员会木印
542	中华人民共和国成立初期郭前旗东瓦房嘎查蒙古族自治区人民政府木印	562	中华人民共和国成立初期郭前旗查干花努图克蒙古族自治区人民政府木印
543	中华人民共和国成立初期前郭旗莫古气村人民政府木印	563	中华人民共和国成立初期郭前旗查干花努图克蒙古族自治区腰五井子嘎喳人民政府木印
544	中华人民共和国成立初期郭前旗牙木图村人民政府木印	564	中华人民共和国成立初期延吉县文化乡人民委员会木印
545	中华人民共和国成立初期洮南县长岗村人民政府木印	565	中华人民共和国成立初期延吉县磨盘乡选举委员会木印
546	中华人民共和国成立初期洮南县东宝村人民政府木印	566	中华人民共和国成立初期前郭尔罗斯蒙古族自治县大岗子乡人民委员会木印
547	中华人民共和国成立初期洮安县第三区人民政府木印	567	中华人民共和国成立初期前郭尔罗斯蒙古族自治县家窝堡乡人民委员会木印
548	中华人民共和国成立初期洮南县第五区人民政府木印	568	中华人民共和国成立初期洮南县老爷庙村人民政府木印
549	中华人民共和国成立初期洮南县白音村人民政府木印	569	中华人民共和国成立初期洮南县光荣村人民政府木印
550	中华人民共和国成立初期洮南县第二区人民政府木印	570	中华人民共和国成立初期洮南县万福村人民政府木印
551	中华人民共和国成立初期第三区万宝村人民政府木印	571	中华人民共和国成立初期洮南县荣官村人民政府木印
552	中华人民共和国成立初期第三区和平村人民政府木印	572	中华人民共和国成立初期延吉县第五区英成村黎明集体农庄木印

573	中华人民共和国成立初期中国共产党吉林省延吉县平安区区委员会木印	594	中华人民共和国成立初期扶余县选举委员会木印
574	中华人民共和国成立初期吉林省政府舒兰收粮分站工作队木印	595	中华人民共和国成立初期怀德县选举委员会木印
575	中华人民共和国成立初期吉林省政府驻五常收粮站木印	596	中华人民共和国成立初期舒兰县选举委员会木印
576	中华人民共和国成立初期吉林省扶余县担架团供给处木印	597	中华人民共和国成立初期九台县选举委员会木印
577	中华人民共和国成立初期通化英额布区农会委员会二棚甸子行政村农会委员会木印	598	中华人民共和国成立初期德惠县选举委员会木印
578	中华人民共和国成立初期洮南县新立区兴业村公所木印	599	中华人民共和国成立初期郭前旗选举委员会木印
579	中华人民共和国成立初期洮南县新立区五烈士村公所木印	600	中华人民共和国成立初期永吉县选举委员会木印
580	中华人民共和国成立初期洮南县新立区五烈士村农工联合会木质会章	601	中华人民共和国成立初期敦化县选举委员会木印
581	中华人民共和国成立初期第四区龙新村中队部木印	602	中华人民共和国成立初期蛟河县选举委员会木印
582	中华人民共和国成立初期光明农业生产合作社木印	603	中华人民共和国成立初期洮南县选举委员会木印（2件）
583	中华人民共和国成立初期洮南生产救灾委员会木印	604	中华人民共和国成立初期海龙县人民防空总指挥部木印
584	中华人民共和国成立初期延吉县海兰乡人民委员会木印	605	中华人民共和国初期扶余县第十一区人民政府印
585	中华人民共和国成立初期海龙县兴农区德善农会木印	606	中华人民共和国初期永吉县乌拉街镇人民政府木印
586	中华人民共和国成立初期洮南县新立区三合村公所木印	607	中华人民共和国成立初期九台县选举委员会木印
587	中华人民共和国成立初期洮南县新立区兴业村村公所木印	608	中华人民共和国成立初期舒兰县选举委员会木印
588	中华人民共和国成立初期洮南县新立区庆茅村农工联合会木印	609	中华人民共和国成立初期吉林省地方工业调查办公室木印
589	中华人民共和国成立初期延吉县自卫队木印	610	中华人民共和国成立初期吉林省扶余县担架团木印
590	中华人民共和国成立初期通化英额布区二棚甸子行政村农会木印	611	中华人民共和国成立初期双阳县选举委员会木印
591	中华人民共和国成立初期扶余县担架大队部木印	612	中华人民共和国成立初期吉林省扶余县第二担架大队木印
592	中华人民共和国成立初期双阳县选举委员会木印	613	中华人民共和国成立初期前郭尔罗斯蒙古族自治县选举委员会木印
593	中华人民共和国成立初期乾安县选举委员会木印	614	中华人民共和国成立初期海龙县民主妇女联合会第六区分会木印

615	中华人民共和国成立初期吉林省扶余县担架团政治处木印	636	中华人民共和国成立初期长春市朝阳区选举委员会木印
616	中华人民共和国成立初期延吉县三合区大队干部之木印	637	中华人民共和国成立初期第十三区平发村供销合作社信用部木印
617	中华人民共和国成立初期平安地区青年会木印	638	中华人民共和国成立初期舒兰县第十三区平安供销合作社木印
618	中华人民共和国成立初期惠工自卫第八小队木印	639	中华人民共和国成立初期扶余县选举委员会办公室木印
619	中华人民共和国成立初期惠工区自卫队长之木印	640	中华人民共和国成立初期敦化县选举委员会木印
620	中华人民共和国成立初期贫雇农团木印	641	中华人民共和国成立初期郭前旗选举委员会木印
621	中华人民共和国成立初期延吉市惠工厢四军人后援会委员长之木印	642	中华人民共和国成立初期扶余县选举委员会木印
622	中华人民共和国成立初期黑龙江省洮南县第二区民主妇女联合会木印	643	中华人民共和国成立初期延吉县选举委员会木印
623	中华人民共和国成立初期吉林省政府工作队山河收粮分站木印	644	中华人民共和国成立初期乾安县选举委员会木印
624	中华人民共和国成立初期吉林黄旗屯慰农水田分公司第一支部戳	645	中华人民共和国成立初期怀德县选举委员会木印
625	中华人民共和国成立初期郭前旗查干吐莫村人民政府木印	646	中华人民共和国成立初期德惠县选举委员会木印
626	中华人民共和国成立初期吉林省慰农水田总公司之章	647	中华人民共和国成立初期蛟河县选举委员会木印
627	中华人民共和国成立初期吉林慰农水田公司第一支部章	648	中华人民共和国成立初期永吉县选举委员会木印
628	中华人民共和国成立初期木质"购粮"戳（2件）	649	中华人民共和国初期前郭尔罗斯蒙古族自治县格斯户乡选举委员会木印
629	中华人民共和国成立初期木质"粮期"戳	650	中华人民共和国成立初期前郭尔罗斯蒙古族自治县蒙古屯乡选举委员会木印
630	中华人民共和国成立初期木质"公粮"戳（2件）	651	中华人民共和国成立初期前郭尔罗斯蒙古族自治县前瓦房乡选举委员会木印
631	中华人民共和国成立初期永吉县乌拉街镇人民政府木印	652	中华人民共和国成立初期前郭尔罗斯蒙古族自治县大岗子乡选举委员会木印
632	中华人民共和国成立初期延吉县贯彻婚姻法运动委员会办公室木印	653	中华人民共和国成立初期前郭尔罗斯蒙古族自治县腰窝堡乡选举委员会木印
633	中华人民共和国成立初期汪清县仲安乡西崴子高级农业生产合作社木印	654	中华人民共和国成立初期前郭尔罗斯蒙古族自治县田家窝堡选举委员会木印
634	中华人民共和国成立初期延吉县宪法讨论委员会木印	655	中华人民共和国成立初期前郭尔罗斯蒙古族自治县莫古气乡选举委员会木印
635	中华人民共和国成立初期延吉县海兰乡瑞兴农业生产合作社木印	656	中华人民共和国成立初期前郭尔罗斯蒙古族自治县七家子乡选举委员会木印

657	中华人民共和国成立初期前郭尔罗斯蒙古族自治县尖山子乡选举委员会木印
658	中华人民共和国成立初期前郭尔罗斯蒙古族自治县二龙索库乡选举委员会木印
659	中华人民共和国成立初期前郭尔罗斯蒙古族自治县后瓦房乡选举委员会木印
660	中华人民共和国成立初期前郭尔罗斯蒙古族自治县四克基乡选举委员会木印
661	中华人民共和国成立初期吉林省人民政府白城子专员公署木印
662	中华人民共和国成立初期吉林省军区、吉林省政府工作队收付木印
663	1947年徐长有使用的军用背包
664	1955年徐长有的绣有"朝中人民友谊万岁"手帕
665	抗美援朝期间张宝忠使用的军用蚊帐
666	抗美援朝期间张宝忠穿的军用大衣
667	抗美援朝期间裴连浩使用的军用背包
668	1951年裴连浩使用的军用毯
669	1948年裴连浩穿的多功能军用雨衣
670	1951年裴连浩的印有"抗美援朝保家卫国"水果袋
671	抗美援朝期间东北军区卫生部医用袖标
672	1952年中国人民解放军胸徽
673	抗美援朝期间印有"抗美援朝保家卫国"的水果糖袋
674	解放战争时期静素琴的印有"将革命进行到底"的毛巾
675	抗美援朝期间于淑馨戴的军帽
676	抗美援朝期间于淑馨穿的军用连衣裙
677	抗美援朝期间李仁淑用的蚊帐
678	抗美援朝期间李仁淑用的军用挎包

679	抗美援朝期间李仁淑用的行李袋（2件）
680	抗美援朝期间李仁淑用的绑腿
681	1955年李全盛的中国人民志愿军胸章
682	1948年吴殿甲穿的大衣
683	抗美援朝期间吴殿甲用的蚊帐
684	1950年中南军区四野战军赠给全云白的"保持光荣发扬光荣"秋衣
685	1950年8月中南军区四野战军赠给全云白印有"保持光荣发扬光荣"的丝布
686	解放战争时期王秋萍的东北人民解放军胸签
687	抗日战争时期八路军在延安时编织的草鞋（2件）
688	吉林铁路管理局、中国铁路工会吉林区委员会颁发的循环优胜旗
689	1950年中央人民政府铁道部奖给东北铁路首次调车技术竞赛会锦旗
690	解放战争时期平安区英成乡队长崔泰烈的民兵臂章
691	解放战争时期吴溉之用的毛围巾
692	解放战争时期吴溉之用的马褂子
693	解放战争时期周保中用的被面
694	解放战争时期周保中用的白被里
695	解放战争时期陈正人在吉林工作时穿的裤子（2件）
696	中华人民共和国成立时期特等劳动模范蒋筑英穿的白色布衬衫
697	解放战争时期刘锡五戴的帽子
698	1985年11月15日云南老山前线三五二九五部队全体吉林籍指战员赠给中共吉林省委省人民政府"向家乡人民问好为保卫和平而战"的锦旗
699	抗日战争时期安芝兰穿的八路军上衣
700	1945年孙明光用的马褂子

701	解放战争时期黄生发穿的军裤
702	中华人民共和国成立时期史云峰烈士穿的线裤
703	中华人民共和国成立时期王启根烈士用的毡垫
704	中华人民共和国成立时期王启根烈士用的被单（2件）
705	中华人民共和国成立时期王启根烈士用的手帕
706	中华人民共和国成立时期王启根烈士用的枕巾
707	中华人民共和国成立时期王启根烈士用的书包
708	中华人民共和国成立时期王启根烈士穿的线衣
709	中华人民共和国成立时期王启根烈士穿的上衣
710	中华人民共和国成立时期王启根烈士穿的线裤
711	中华人民共和国成立时期爆破英雄梁士英队的麻袋
712	中华人民共和国成立时期史云峰烈士的红领巾
713	抗美援朝期间曲清兰的慰问袋

714	抗美援朝期间秦文忠的慰问袋
715	抗美援朝期间中国人民志愿军第五十四军司令部政治部赠给祖国人民第三届赴朝慰问团"感谢伟大祖国对我们深切的关怀与无限的鼓舞我们定以百倍的警惕坚守阵地保卫祖国建设与世界和平"的锦旗
716	抗美援朝期间中国人民解放军公安第十九师赠给志愿军同志"你们是祖国最优秀的儿女，保卫和平的钢铁战士。我们虚心向你们学习，为彻底打败美帝侵略而奋斗"的锦旗
717	抗美援朝期间中国人民志愿军第三兵团司令政治部暨全体指战员献给中国人民第三届赴朝鲜慰问团第三总分团"衷心感谢伟大祖国人民的热情关怀誓为争取朝鲜问题和平解决而奋斗"的锦旗
718	1954年中国人民解放军吉林省公安总队赠给全国人民慰问人民解放军代表团"感谢祖国人民对我们的关怀和慰问为保卫祖国社会主义建设事业而奋斗"的锦旗
719	1954年全国人民慰问人民解放军代表团赠给英勇的中国人民解放军"为建设现代化的国防军而奋斗！"的锦旗
720	1954年中国人民解放军东北军区装甲兵司令政治部赠给全国人民慰问人民解放军代表团"在总路线的光辉照耀下加强我军正规化现代化的建设保卫祖国保卫东方与世界和平"的锦旗
721	1954年中国人民解放军东北军区装甲兵技术处赠给全国人民慰问人民解放军代表团"在总路线的光辉照耀下为实现国家社会主义工业化而奋斗！"的锦旗
722	1954年中国人民解放军东北军区军马调教师第五团赠给全国人民慰问人民解放军代表团"感谢人民政府与全国人民的深切关怀在政府与人民的鼓舞下勇往前进"的锦旗
723	抗美援朝期间中国人民赴朝慰问团赠给中国人民志愿军炮兵部队的锦旗
724	抗美援朝期间东北军区第二十六陆军医院一分院赠给慰问人民解放军代表团"感谢祖国人民对我们的关怀与慰问，坚决完成正规化现代化的建设！"的锦旗
725	1954年中国人民解放军机要干部学校赠给全国人民慰问人民解放军代表团"感谢毛主席和全国人民的深切关怀和慰问坚决拥护和贯彻党在过渡时期的总路线"的锦旗
726	1954年中国人民解放军吉林军区赠全国人民慰问人民解放军代表团"感谢祖国人民对我军的关怀和慰问提高警惕加强训练为保卫祖国社会主义建设事业而奋斗"的锦旗

727	抗美援朝期间中央贸易部经济计划司赠给中国人民志愿军的慰问袋	747	1949年模范自卫队第二中队六分队组长金元俊的胸章
728	抗美援朝期间中国人民志愿军军服上衣	748	1949年模范自卫队第二中队六分队队员李宗学的胸章
729	抗美援朝期间中国人民志愿军军衣	749	1949年模范自卫队第二中队六分队队员胸章
730	抗美援朝期间中国人民志愿军军衣	750	1949年模范自卫队第二中队三分队队员朴美福的胸章
731	解放战争时期中国人民解放军的包袱皮	751	1949年模范自卫队第二中队第一分队队员张连成的胸章
732	解放战争时期中国人民解放军胸章	752	1949年模范自卫队第二中队五分队队员樊美福的胸章
733	1930年红军战士的中式长裤	753	1949年模范自卫队第二中队六分队武装委员林应先的胸章
734	1949年模范自卫队胸章（14件）	754	1949年模范自卫队组员汪庆文的胸章
735	1949年模范自卫队第二中队第一分队队员倪长发的胸章	755	解放战争时期辑安县胜利村第一区妇女自卫军胸章
736	1949年模范自卫队第二中队四分队佟明亮的胸章	756	解放战争时期珲春支前担架队胸章
737	1949年模范自卫队第二中队六分队组长李铉德的胸章	757	解放战争时期支前功臣布章
738	1949年模范自卫队第二中队第一分队小组长贾长森的胸章	758	1954年中国人民志愿军胸章（2件）
739	1949年模范自卫队第二中队五分队康熙英的胸章	759	1950年延吉县奖给模范互助组的锦旗
740	1949年模范自卫队第二中队三分队队员金洛春的胸章	760	1951年延吉广兴村烈军属献给毛泽东主席的台布
741	1949年模范自卫队第二中队五分队金善基的胸章	761	抗美援朝期间中国人民赴朝慰问团赠给中国人民志愿军的抗美援朝保家卫国手帕
742	1949年模范自卫队第二中队第一分队李太清的胸章	762	抗美援朝期间绣有“朝中一家”的手帕
743	1949年模范自卫队第二中队六分队队员朴昌福的胸章	763	抗美援朝期间中国人民赴朝慰问团赠给中国人民志愿军的抗美援朝保家卫国手帕
744	1949年模范自卫队第二中队五分队分队长金银昌的胸章	764	抗美援朝期间绣有“人民功臣”的手帕
745	1949年模范自卫队第二中队六分队队员邵学轩的胸章	765	抗美援朝期间中国人民慰问团赠给中国人民志愿军英勇杀敌保家卫国手帕
746	1949年模范自卫队第二中队三分队队员李永高的胸章	766	抗美援朝期间江原道金化郡昌道铉山金惠淑赠给中国人民志愿军“朝中亲善万岁！”的手帕

一般文物

767	1955年3月8日中国人民志愿军的红色朝鲜文手帕（2件）	786	抗美援朝期间中国人民赴朝慰问团赠给中国人民志愿军抗美援朝保家卫国慰问袋
768	抗美援朝期间兴隆村人民政府孙文采赠给中国人民志愿军"就邻自救"的手帕	787	抗美援朝期间博爱崔庄村王玉花赠给中国人民志愿军的慰劳袋
769	抗美援朝期间榆树县兴隆区兴隆村人民政府于九兰赠给中国人民志愿军"战斗英雄人人敬"的手帕	788	抗美援朝期间布营永久文具印刷厂孙庆玉赠给中国人民志愿军粉碎美帝胜利前进的慰问袋
770	抗美援朝期间榆树县兴隆区兴隆村赠给中国人民志愿军的抗美援朝手帕	789	抗美援朝期间中国人民赴朝慰问团赠给中国人民志愿军的抗美援朝保家卫国慰问袋
771	抗美援朝期间绣有"人民功臣"的手帕	790	抗美援朝期间中国人民志愿军的红色慰问袋
772	抗美援朝期间绣有"拥护和平"的手帕	791	抗美援朝期间中国人民志愿军的印有"延边日报社印刷厂女工一同盼迎接三八"的慰问袋（2件）
773	抗美援朝期间延吉市兴安村妇女会赠给中国人民志愿军的"抗美援朝胜利"手帕	792	1949年蛟河县人民政府奖给征粮模范村的旗
774	抗美援朝期间绣有"保养身体"的手帕	793	1956年延吉县人民委员会奖给东盛乡黎明高级社"进一步改善经营管理，认真贯彻勤俭办社的方针，开展多种经营，全面发展农业生产，以达到年年增加90%以上社员收入而奋斗"的旗
775	抗美援朝期间绣有"保家卫国"的手帕	794	1956年1月23日青年团延吉市委员会祝贺延吉市手工业合作化胜利的锦旗
776	抗美援朝期间延吉市兴安村妇女会赠给中国人民志愿军的保家卫国手帕	795	1953年烈士崔昌学的血衣
777	抗美援朝期间绣有"朝中亲善"的手帕	796	1955年中国共产党吉林省委员会庆祝前郭尔罗斯蒙古族自治县成立锦旗
778	抗美援朝期间中国人民志愿军的朝鲜文手帕（3件）	797	1953年中国人民解放军名签（8件）
779	抗美援朝期间绣有"朝中亲善团结万岁"的手帕	798	1954年中国人民解放军名签（3件）
780	1951年10月25日延吉市公新村妇女会赠给中国人民志愿军的手帕	799	1955年中国人民解放军名签
781	抗美援朝期间延吉市兴安村妇女会赠给中国人民志愿军的"抗美援朝胜利"手帕	800	解放战争时期延吉县平安区英成乡李长龙的民兵臂章
782	1951年10月延吉市小营村妇女会赠给中国人民志愿军的"中国人民志愿军胜利"手帕	801	解放战争时期延吉县平安区英成乡朴成龙的民兵臂章
783	抗美援朝期间中国人民赴朝慰问团赠给中国人民志愿军的抗美援朝保家卫国手帕	802	解放战争时期延吉县平安区英成乡池春极的民兵臂章
784	抗美援朝期间延吉市兴安村妇女会赠给中国人民志愿军的保家卫国手帕	803	解放战争时期延吉县平安区英成乡崔玉金的民兵臂章
785	抗美援朝期间山西紫杨五区龙门乡杜孝林赠给中国人民志愿军的慰问袋	804	解放战争时期李昌权的民兵臂章

805	解放战争时期延吉县平安区英成乡池龙顺的民兵臂章	826	1955年7月28日吕根泽荣获的"一切为了社会主义"奖状
806	解放战争时期延吉县平安区英成乡朴寿万的民兵臂章	827	1954年5月10日吕根泽荣获的优秀团员奖状
807	解放战争时期延吉县平安区崔昌顺的民兵臂章	828	1954年2月19日吕根泽荣获的干部模范奖状
808	解放战争时期延吉县平安区英成乡黄泰焕的民兵臂章	829	1955年9月15日吕根泽荣获的劳动模范奖状
809	解放战争时期延吉县平安区英成乡朴学顺的民兵臂章	830	1955年9月15日吕根泽荣获的"一切为了社会主义"奖状
810	解放战争时期延吉县平安区英成乡李生今的民兵臂章	831	1951年3月12日张立珍的特等工作模范奖状
811	解放战争时期东北民主联军的子弹袋	832	1954年5月12日高玉珍的三等模范专职教师奖状
812	解放战争时期野战后勤部五分部政治部赠给民工团全体同志的战勤模范旗	833	1953年1月张立珍的劳动模范奖状
813	抗日战争时期八路军布帽	834	1949年3月19日吉林省蛟河县政府颁发给韩恩的特等劳动模范奖状
814	抗日战争时期八路军手榴弹袋（8件）	835	1948年中共吉林省委印发的《告农民书》
815	1934—1936年红军长征时的领章（6件）	836	1949年中共吉林省委印发的《告农民书》
816	抗日战争时期八路军布袜子（2件）	837	1949年延吉县平安区万成村许银孙的民兵身份证
817	1942年八路军夹衣	838	1948年延吉市朝阳乡民兵王秀云的军人证明书
818	1941年八路军绑腿（2件）	839	1949年延吉县方良变、朴贤淑的自卫队退队证明书
819	1932年中共吉林特支第二交通站站长邓晓村做掩护用的布帘	840	抗日战争时期于毅夫的中共党章袖珍本
820	1931—1933年温长海以行医为名给游击队员送情报用的银针	841	解放战争时期于毅夫的著作《知识分子的任务与出路》
821	抗日战争时期东满游击队全基五的背篓	842	1951年9月3日中华人民共和国中央人民政府任命王奂如为热河省人民政府委员的通知书
822	1956年中共吉林省委员会给第一汽车制造厂全体职工的喜报	843	解放战争时期王奂如的学习刊物《论集中统一》
823	1956年3月14日延吉县人民政府奖给吕根泽"在一九九五年社会主义农业增产竞赛运动中领导生产成绩优良评定为干部模范"的奖状	844	解放战争时期王奂如的学习刊物《论联合政府》
824	1956年8月14日吉林省延吉县委员会奖给吕根泽优秀团员的奖状	845	解放战争时期王奂如的学习刊物《目前形势和我们的任务》
825	1955年7月29日吕根泽荣获的"一切为了社会主义"奖状	846	解放战争时期王奂如的学习刊物《关于若干历史问题的决议》

847	解放战争时期中共吉林省委书记陈正人给各地委的指示手稿	870	1951年11月吉林省德惠县捐献物资情况的电报
848	1951年12月吉林省德惠县捐献物资情况的电报	871	1952年2月17日吉林省政府颁发给参加抗美援朝卫国保家的郭廷和立小功一次的奖状
849	1951年12月吉林省农安捐献物资情况的电报	872	1952年2月17日吉林省政府颁发给参加抗美援朝卫国保家的李才立小功一次的奖状
850	1952年1月吉林省乾安捐献物资情况的电报	873	1955年张秀泉的手工业生产合作社入社志愿书
851	1951年12月吉林省乾安捐献物资情况的电报	874	中华人民共和国时期周淑珍的手工业生产合作社入社志愿书
852	1952年1月吉林省德惠捐献物资情况的电报	875	1956年崔淑芳的手工业生产合作社入社志愿书
853	1952年1月吉林省桦甸捐献物资情况的电报	876	1955年尹富学的手工业生产合作社入社志愿书
854	1951年12月吉林省舒兰捐献物资情况的电报	877	1956年李传芳的手工业生产合作社入社志愿书
855	1951年12月吉林省前郭旗捐献物资情况的电报（2件）	878	1956年胡兆玉的手工业生产合作社入社志愿书
856	1951年10月吉林省前郭旗捐献物资情况的电报	879	1956年王茂令的手工业生产合作社入社志愿书
857	1951年11月吉林省龙井捐献物资情况的电报	880	1954年王茂珠的手工业生产合作社入社登记卡片
858	1951年7月吉林省榆树县捐献物资情况的电报	881	1956年苏明礼的手工业生产合作社入社志愿书
859	1951年1月吉林省德惠县捐献物资情况的电报	882	1956年梁锥民的手工业生产合作社入社志愿书
860	1951年10月吉林省德惠县捐献物资情况的电报（2件）	883	1956年杨子衡的手工业生产合作社入社志愿书
861	1951年12月吉林省扶余县捐献物资情况的电报	884	1956年姚文亭的手工业生产合作社入社志愿书
862	1951年11月吉林省桦甸县捐献物资情况的电报	885	1956年国廷云的手工业生产合作社入社志愿书
863	1951年10月吉林省桦甸县捐献物资情况的电报	886	1956年刘义度的手工业生产合作社入社志愿书
864	1951年11月吉林省延吉县捐献物资情况的电报	887	1956年张永禧的手工业生产合作社入社志愿书
865	1951年8月吉林省汪清县捐献物资情况的电报	888	1956年胡永春的手工业生产合作社入社志愿书
866	1951年10月吉林省珲春县捐献物资情况的电报	889	1956年白印璞的手工业生产合作社入社志愿书
867	1951年1月吉林省乾安县捐献物资情况的电报	890	1956年曹敬舜的手工业生产合作社入社志愿书
868	1951年1月吉林省前郭旗捐献物资情况的电报	891	1956年范用茂的手工业生产合作社入社志愿书
869	1951年10月吉林省前郭旗捐献物资情况的电报	892	1956年刘希红的手工业生产合作社入社志愿书

893	1956年王锐的手工业生产合作社入社志愿书	912	1953年延吉市人民委员会粮食科发行的军用购粮证
894	1954年9月14日中央人民政府政务院《关于实行棉布计划收购和计划供应的命令》	913	1948年辽东军区司令部政治部发给李福全的奖状
895	1955年9月5日中华人民共和国粮食部命令	914	1950年东北生产建设折实公债拾分样本
896	中华人民共和国时期城市食品供应计划表、延边朝鲜民族自治区粮食局城镇居民粮食供应分户清册	915	1951年2月10日中国人民解放军东北军区吉林军事部颁发给于成志的革命军人证明书
897	中华人民共和国时期吉林省《城市粮食定量供应暂行办法实施细则》	916	1952年12月29日永吉县人民政府颁发给于振江的爱国丰产奖状
898	1956年2月21日四平市郊区实行粮、料票制度的通知	917	1956年8月31日韩恩当选为蛟河县保安乡第二届人民代表大会代表当选证书
899	1955年12月四平市粮食局关于55年农业缺粮户定销指标的通知	918	1954年蛟河县人民政府颁发给蛟河县第十四区保安村韩恩的奖状
900	1955年12月关于55年四平市农村缺粮户（社）粮食供应情况分区、村指标表	919	1955年10月13日吉林省人民委员会发布的《关于撤销吉林省郭尔罗斯前旗的建制成立前郭尔罗斯蒙古族自治县的决定》通知
901	1955年12月2日四平市粮食局《关于居民口粮食定量供应标准、牲畜饲料定量标准的补充规定》	920	1954年通化县抗美援朝民工报告名册
902	1955年8月9日四平市《城市居民粮食定量供应的等别、标准的划分》	921	1953年10月16日赵汉玉的模范事迹宣传介绍
903	1958年3月28日《东丰县人民委员会关于开展社员每人每天节粮运动和有关几项具体措施的通知》	922	1953年中国人民解放军第三十六军司令政治部的抗美援朝纪念册
904	中华人民共和国时期农村粮食产、需、供分户登记表	923	1951年姜凤山获得的拥军优属奖状
905	1952年2月17日吉林省人民政府颁发给郝青山的"在志愿参加抗美援朝卫国保家工作中立小功一次"奖状	924	1955年中共新站镇第二大队总支委员会关于整顿巩固互助组织会议的报告和总结
906	1952年2月17日吉林省人民政府颁发给万刚的"在志愿参加抗美援朝卫国保家工作中立小功一次"奖状	925	1952年反对美国细菌战、开展爱国卫生运动宣传材料
907	1950年10月5日王有玉的革命军人证明书	926	1950年吉林省蛟河县人民政府奖给韩恩组模范组员的奖状
908	解放战争时期东北解放区现行行政区划统计剪报	927	1953年中国新民主主义青年团奖给于成志的奖状
909	1956年3月15日吉林市妇联奖给王国和与杨秀贤的奖状	928	1952年延吉县人民政府奖给金时龙的奖状
910	1949年11月16日东北人民政府关于建立县区及村人代会的指示	929	1951年抗美援朝吉市分会捐献飞机大炮缴款书（3件）
911	1949年12月1日长春县首届人民代表会议决议	930	1951年第一石棉瓦厂的抗美援朝吉市分会捐献飞机大炮缴款书

931	1951年吉林师范校的抗美援朝吉市分会捐献飞机大炮缴款书		951	1951年松江制材厂抗美援朝吉市分会捐献飞机大炮缴款收据
932	1953年战士荣誉二级证		952	1955年中华人民共和国国防部颁发给王锡龙的中国人民解放军复员建设军人证明书
933	1950年颁发给烈军属姜学顺、姜学梯的春节之禧恭贺证书		953	1949年吉林省蛟河县农民迟殿文土地执照
934	1956年梁文波的蛟河县奶子山乡（镇）第二届人民代表大会代表当选证书		954	1980年7月29日蒋筑英的思想汇报
935	1956年"幸福之路"农业生产合作社参加国际竞赛工作情况报告		955	1982年1月20日蒋筑英的入党申请书
936	1950年东北区有关战勤动员的几项暂行规定		956	1982年5月26日蒋筑英的入党志愿书
937	1950年反对细菌战的呼吁书（3件）		957	1982年中共吉林省委组织部同意追认长春光机所蒋筑英同志为中国共产党正式党员的文件
938	1950年反对细菌战的签名单（7件）		958	中华人民共和国时期蒋筑英的吉林省特等劳动模范奖章
939	抗美援朝期间保卫世界和平委员会吉林市分会组织部制抗美援朝保家卫国志愿报名统计表		959	1982年吉林省人民政府颁发给蒋筑英的吉林省特等劳动模范证书
940	1951年吉林师范学校抗美援朝吉市分会捐献飞机大炮缴款收据		960	1983年蒋筑英的全国劳动模范证书
941	1951年吉林高职校抗美援朝吉市分会捐献飞机大炮缴款收据		961	1950年金昌禹的抗美援朝决心书
942	1951年第一石棉工厂抗美援朝吉市分会捐献飞机大炮缴款收据		962	1950年金在先的抗美援朝决心书
943	1951年松江机械厂抗美援朝吉市分会捐献飞机大炮缴款收据		963	1950年李明的抗美援朝决心书
944	1951年永安针织工厂抗美援朝吉市分会捐献飞机大炮缴款收据		964	1950年朴成根的抗美援朝决心书
945	1951年吉林市营城乡木厂抗美援朝吉市分会捐献飞机大炮缴款收据		965	1950年1043车组全体抗美援朝决心书
946	1951年牛口店员工会吉林市澡堂业委员会的抗美援朝吉市分会捐献飞机大炮缴款收据		966	1950年沈昌云的抗美援朝决心书（2件）
947	1951年吉林白山纺织厂抗美援朝吉市分会捐献飞机大炮缴款收据		967	1950年李明的抗美援朝决心书
948	1951年松江制材厂抗美援朝吉市分会捐献飞机大炮缴款收据		968	1950年51238机车小组全体抗美援朝志愿书
949	1951年通三完小学校全体学生抗美援朝吉市分会捐献飞机大炮缴款收据		969	1950年图们市给水司机姜南植的抗美援朝决心书
950	1951年吉林省兴华酒精工厂抗美援朝吉市分会捐献飞机大炮缴款收据		970	1950年2383机车组全体抗美援朝决心书

971	1950年1032号车组全体抗美援朝志愿书	995	1950年张甲孙的抗美援朝决心书
972	1950年一〇二二机车组抗美援朝决心书	996	1950年刘美美的抗美援朝决心书
973	1950年李锺的抗美援朝志愿书	997	1950年尹在万的抗美援朝志愿书（2件）
974	1950年韩耀华的抗美援朝决心书	998	1956年四平市第一届扫平文盲分子大会奖的三好手册
975	1950年王桐新的抗美援朝请愿书	999	1952年崔竹松农业生产合作社增产计划外改进情况综合报告
976	1950年张永德的抗美援朝志愿书	1000	1948年延吉县政府关于颁发地照的指示和办法
977	1950年李树春的抗美援朝志愿书	1001	1949年延吉县人民政府颁发给张宝重的农村房屋所有权执照
978	1950年崔春池的抗美援朝决心书	1002	解放战争时期中共辽宁省委会告收复区群众书
979	1950年宋文德的抗美援朝决心书	1003	1950年图们机务段崔德祐参加抗美援朝志愿书
980	1950年王世荣的抗美援朝决心书	1004	1950年图们机务段池相伯参加抗美援朝志愿书
981	1950年王子彬的抗美援朝志愿书	1005	1950年图们机务段洪铉郁参加抗美援朝志愿书（3件）
982	1950年杨福山的抗美援朝志愿书	1006	1950年图们机务段池相原参加抗美援朝志愿书（2件）
983	1950年1043机车组员的抗美援朝志愿书（中）	1007	1950年图们机务段全利铉参加抗美援朝志愿书（2件）
984	1950年1043机车组员的抗美援朝志愿书（完）	1008	1950年图们机务段金南极参加抗美援朝志愿书（3件）
985	1950年刘德等人的抗美援朝志愿书	1009	1950年图们机务段韩道铉参加抗美援朝志愿书
986	1950年11月18日李建利的抗美援朝决心书	1010	1950年图们机务段李丙变参加抗美援朝志愿书
987	1950年中国人民保卫世界和平反对美国侵略委员会吉林省分会给志愿担架队全体同志的慰问信	1011	1950年图们机务段尹在禹参加抗美援朝志愿书
988	1950年抗美援朝决心书	1012	1950年图们机务段卢永治参加抗美援朝志愿书（2件）
989	1950年安成镐等人的抗美援朝志愿书	1013	1950年图们机务段王祠新参加抗美援朝请愿书
990	1950年11月8日张成宽的抗美援朝志愿书	1014	1950年图们机务段姜春男参加抗美援朝志愿书
991	1950年季善廷的抗美援朝志愿书	1015	1950年图们机务段车弘权参加抗美援朝志愿书（2件）
992	1950年1203包车组成员抗美援朝志愿书	1016	1950年图们机务段韩一竟参加抗美援朝志愿书（3件）
993	1950年韩康植的抗美援朝决心书	1017	1950年图们机务段崔浩俊参加抗美援朝志愿书（3件）
994	1950年于殿阁的抗美援朝志愿书	1018	1950年图们机务段李昌弟参加抗美援朝志愿书

一般文物

1019	1950年图们机务段车金熙参加抗美援朝志愿书	1040	1950年图们机务段安成镐参加抗美援朝志愿书（2件）
1020	1950年图们机务段111号包车组全体参加抗美援朝志愿书	1041	1950年图们机务段崔秀吉参加抗美援朝志愿书
1021	1950年图们机务段李柄参加抗美援朝志愿书	1042	1950年图们机务段车弦权参加抗美援朝志愿书
1022	1950年图们机务段朴浩申参加抗美援朝志愿书	1043	1950年图们机务段司机参加抗美援朝志愿书
1023	1950年图们机务段张占玉参加抗美援朝志愿书	1044	1950年图们机务段车金锅参加抗美援朝志愿书
1024	1950年图们机务段金熙昌参加抗美援朝志愿书（2件）	1045	1950年图们机务段赵璞说等人参加抗美援朝志愿书
1025	1950年图们机务段郑求颢参加抗美援朝志愿书	1046	1950年图们机务段玄泽良参加抗美援朝志愿书
1026	1950年图们机务段参加抗美援朝志愿书（2件）	1047	1950年图们机务段664青年车组全体参加抗美援朝志愿书（2件）
1027	1950年图们机务段韩吉兴参加抗美援朝志愿书（2件）	1048	1950年图们机务段韩道炫参加抗美援朝志愿书
1028	1950年图们机务段机务组111号全体参加抗美援朝志愿书	1049	1950年图们机务段李哲俊等人参加抗美援朝志愿书
1029	1950年图们机务段朱鹏彬参加抗美援朝志愿书（3件）	1050	1950年图们机务段玄泽良参加抗美援朝志愿书
1030	1950年图们机务段李吕范参加抗美援朝志愿书	1051	1956年吉林省人民委员会颁发给吉林省海龙县曙光农业生产合作社的奖状
1031	1950年图们机务段向顾参加抗美援朝志愿书（2件）	1052	1950年吉林省人民政府颁发给延吉县平安区英成乡金时龙互助组的奖状
1032	1950年图们机务段金铉淳参加抗美援朝志愿书（3件）	1053	1951年延吉县人民政府颁发给英成村的奖状
1033	1950年图们机务段周品义参加抗美援朝志愿书	1054	1954年吉林省人民政府颁发给黎明集体农庄的奖状
1034	1950年图们机务段朱锡续参加抗美援朝志愿书（4件）	1055	1954年崔华明的土地执照申请书
1035	1950年图们机务段司机车德斌参加抗美援朝志愿书（2件）	1056	1954年新庄员入股牛车登记表
1036	1950年图们机务段36机车全组工友参加抗美援朝志愿书	1057	1952年池龙珠的土地入股台账
1037	1950年图们机务段国正己参加抗美援朝志愿书	1058	1951年马之卉的土地入股台账
1038	1950年图们机务段郑志益参加抗美援朝志愿书（2件）	1059	1949年延吉县土地执照申请书
1039	1950年图们机务段元容顺参加抗美援朝志愿书（2件）	1060	1949年东北行政委员会颁发给张东俊的土地执照

1061	1949年东北行政委员会颁发给李龙男的土地执照	1082	1951年志愿军烈士朴云龙使用的地图
1062	1949年东北行政委员会颁发给金允变的土地执照	1083	1956年1月19日中国新民主主义青年团吉林省委员会颁发给牛桂芝的奖状
1063	1949年东北行政委员会颁发给赵维功的土地执照	1084	1947年吉林省执行中国土地法大纲东北行委会补充办法的补充办法
1064	1949年东北行政委员会颁发给高玉秋的土地执照	1085	1940年告白云龙团全体官兵书（2件）
1065	1949年东北行政委员会颁发给朱东伯的土地执照	1086	1950—1951年刘瑞祥的抗美援朝日记
1066	1949年东北行政委员会颁发给朴永植的土地执照	1087	1954年5月10日中国人民志愿军政治司令部颁发给张松生在后勤医院工作中荣获三等功的奖状
1067	1949年东北行政委员会颁发给李石俊的土地执照	1088	抗美援朝期间一级战斗英雄关崇贵的英雄事迹材料
1068	1949年东北行政委员会颁发给池尚甫的土地执照	1089	1949年中国人民解放军东北军区吉林军事部编印模范自卫队政治课本第一册
1069	1949年东北行政委员会颁发给崔国祥的土地执照	1090	1949年吉珲支前三大队发给姜万龙的奖状
1070	1953年延吉县人民政府颁发给英成村的奖状	1091	1949年吉珲支前第三大队发给玄相奎的奖状
1071	1949年4月5日辽北省政府颁发给张大本等5人的房照	1092	1949年吉珲支前三大队发给金正禄的奖状
1072	1948年周志和的土地临时执照	1093	1949年吉珲支前第三大队发给赵学龙的奖状
1073	1947年征购公粮分配概要及公粮重点的通知单	1094	1950年刘德义获得的革命军人证明书
1074	1953年3月辽东省人民政府颁发给吴凤岐农业社爱国丰产的奖状	1095	1950年中国人民解放军第四野战军政治部颁发给王喜林的革命军人证明书
1075	1954年9月1日吴凤岐同志当选中华人民共和国第一届全国人民代表大会代表证书	1096	1949年中国人民解放军东北军区警卫师司令政治部颁发给张有贵的立功证
1076	1948年东北人民解放军辽东军区司令部政治部颁发给孙文治的烈士纪念证	1097	1947年东北解放区人民爱国自卫战争勤务暂行条例
1077	1947年薛良德的参军通知书	1098	1948年和龙县政府发布的《关于颁发地照的指示和办法》
1078	1934年1月苏区革命互济会颁发给黄邦殁的会员证	1099	1951年中国人民志愿军司令部政治部颁发给葛殿起的立功证明书
1079	1934年苏区革命互济会空白会员证	1100	1948年东北行政委员会东北军区政治部发布的《东北解放区荣誉军人复员条例》
1080	1933年叶多福的反帝大同盟会证	1101	1931—1933年温长海以行医为名给游击队送情报用的书（残，2件）
1081	1951年中国人民志愿军烈士朴云龙的红皮记账手册	1102	1970年中国人民解放军长春警备区授予史云峰五好民兵的奖状

一般文物

1103	1974年1月15日长春市第一光学仪器厂发给史云峰先进生产者奖状	1126	1950年华东财政经济委员会大米票壹佰市斤
1104	1971年7月24日史云峰荣获的活学活用毛泽东思想五好职工奖状	1127	1949年华东财政经济办事处发行的草票壹佰市斤
1105	中华人民共和国时期史云峰烈士的学习笔记（3件）	1128	1950年华东财政经济委员会大米票伍拾市斤
1106	1936年张蔚华烈士生平介绍	1129	1952年中央人民政府财政部回乡转业建设军人资助粮粮票叁佰斤（3件）
1107	1951年华东军政委员会财政部米票壹仟斤样票	1130	1950年西南区粮秣票马料票伍拾市斤（2件）
1108	1951年华东军政委员会财政部杂粮伍佰斤样票	1131	1950年西南区粮秣票马料票壹拾市斤（2件）
1109	1951年华东军政委员会财政部米票伍佰斤样票	1132	1951年西南区粮秣票马料票壹拾市斤（2件）
1110	1951年中南军政委员会财政部大米票贰佰市斤样票	1133	1951年西南区粮秣票马料票陆市斤（2件）
1111	1952年中南军政委员会财政部大米票壹佰市斤样张	1134	1951年西南区粮秣票马料票肆市斤（2件）
1112	1951年中南军政委员会财政部大米票壹佰市斤样张	1135	1951年西南区粮秣票大米票伍佰市斤（2件）
1113	1952年中南军政委员会财政部马料票捌拾市斤样张	1136	1951年西南区粮秣票大米票贰佰市斤（2件）
1114	1949年2月东北野战军后勤供给部粗粮米票拾斤（2件）	1137	1951年西南区粮秣票大米票壹佰市斤（4件）
1115	1944年浙东敌后临时委员会饭票拾叁市两	1138	1951年西南区粮秣票大米票伍拾市斤（2件）
1116	1948年冀东区派饭票小米拾捌两	1139	1950年西南区粮秣票大米票伍拾市斤（2件）
1117	解放战争时期华北区公草票拾贰斤	1140	1950年西南区粮秣票大米票壹拾市斤（4件）
1118	1944年江淮银行印拾圆纸币（2件）	1141	1951年西南区粮秣票大米票壹拾市斤（2件）
1119	1948年华中银行贰仟元纸币	1142	1951年西南区粮秣票大米票伍斤（2件）
1120	1948年冀南银行贰仟元票样	1143	1952年西南区粮秣票大米票伍斤（2件）
1121	1950年华东财政经济委员会马料票壹佰市斤	1144	1950年西南区粮秣票大米票叁斤（2件）
1122	1951年华东军委员会财政部粮票杂粮贰佰市斤	1145	1950年西南区粮秣票大米票壹斤半（2件）
1123	1951年华东军政委员会财政部粮票麦票伍佰市斤	1146	1950年西南区粮秣票大米票壹斤
1124	1951年华东军政委员会财政部粮票麦票贰佰市斤	1147	1949年晋绥边区旅途粮票拾两（2件）
1125	1951年华东军政委员会财政部发行的粮票麦票壹佰市斤	1148	1949年晋绥边区旅途麦票叁斤（3件）

1149	1952年中央人民政府财政部回乡专业建设军人资助粮粮票主粮叁佰斤	1172	1953年王克礼回乡转业建设军人证明书
1150	1949年晋绥边区旅途粮票小米拾壹两	1173	解放战争时期刘凤英的革命军人证明书
1151	1948年中国人民解放军预借公粮大米证拾斤	1174	1950年中国人民解放军华东军区颁发给王月洪烈士的家属证明书
1152	1955年海龙县人民政府颁发给第五区村民的奖状	1175	1948年迟德贵的烈士纪念证
1153	中华人民共和国中国人民解放军东北区军后勤部通行证	1176	1949年东北人民解放军辽东军区司令政治部颁发给迟德贵烈士家属的证明书
1154	1948年曹恩德烈士家属证明书	1177	1947年任鸿滨的革命军人家属证明书
1155	1954年谢春华的军属证明书	1178	1947年国守林的人民功臣报捷书
1156	1952年中国人民解放军步兵第一二七师下发的补助军属的函件	1179	1944年高山的陕甘宁边区政府老年优待证书（残）
1157	1950年都本华的革命军人证明书	1180	1930年敬告红军第五军全体武装同志及苏维埃区域革命民众书（残）
1158	1951年临江县人民政府颁发给李义山的奖状	1181	1933年闽北分区反帝拥苏大同盟组织部发的盟员证
1159	1950年临江县人民政府颁发给李义山的劳模奖状	1182	1951年中国人民志愿军司令部政治部颁发给全云白的立功证明书
1160	1951年王同海的革命军人证明书	1183	1950年记载四野战军英雄事迹书
1161	1953年临江县政府发给曲清兰支援抗美援朝的奖状	1184	1956年2月7日中华人民共和国国防部颁发给全云白的奖章证书
1162	1953年王汉廷的中国人民志愿军立功证明书	1185	1950年7月8日中国人民解放军第四十军司令部政治部颁发给全云白的建功证明书
1163	1951年中国人民解放军第四野战军政治部颁发给姜立成的革命军人证明书	1186	1948年辽东军区司令部政治部颁发给全云白的奖章证明书
1164	1947年葛龙起入党志愿书（残）	1187	1950年8月31日全云白参加第三届英模代表大会的英雄纪念证书
1165	1951年临江县人民政府颁发给孙有发的在抗美援朝保家卫国服勤队时立小功一次的奖状	1188	1955年11月15日中国人民解放军总政治部颁发给吴殿甲的军官身份证
1166	1952年刘奎发的回乡转业建设军人登记表	1189	1954年吴殿甲的干部身份证
1167	1952年李中华入党志愿书	1190	1950年全云白出席全军第三届英模代表大会的代表证
1168	1952年6月28日中国人民志愿军政治部颁发给张晓信的志愿军抗美援朝工作人员证明书	1191	1951年周光的特别通行证
1169	1952年中国人民解放军东北军区政治部颁发给秦瑞麟的革命军人证明书	1192	1952年一级战斗英雄关崇贵立功证明书
1170	1949年人民解放军四十六军政治部颁发给许传友的荣誉军人复员证明书	1193	1952年中国人民赴朝慰问团赠送的慰问手册
1171	1950年中国人民解放军中南军区兼第四野战军政治部颁发给宋玉坡的烈士家属证明书	1194	1952年10月庆祝中国人民志愿军出国二周年纪念册

1195	1951年李国卫英雄事迹材料	1215	1949年东北行政委员会颁发给妇女会公有地的土地执照
1196	1954年王景洲的援朝铁路职工烈士家属登记表（残）	1216	1949年东北行政委员会颁发给二龙民办学校的土地执照
1197	1954年王景洲的援朝铁路职工烈士调查表（残）	1217	1949年东北行政委员会颁发的土地执照
1198	1951年援朝铁路职工烈士王景洲简历及事迹材料（残）	1218	1949年东北行政委员会颁发给高素清的土地执照
1199	1947年为郭前旗人民翻身事业而牺牲的烈士纪念册	1219	1949年东北行政委员会颁发给张成的土地执照
1200	1953年延吉县人民政府颁发给卢今学的房屋执照	1220	1951年关于东北战勤第三团的担架队立功者名单
1201	1953年7月28日延吉县人民政府颁发给郑明淑的土地执照	1221	1948年郭尔罗斯前旗政府印制的《评地发照试点工作的初步总结及今后一个半月如何由点到面全部完成评地发照工作》的通报
1202	1949年东北行政委员会颁发给村政府的土地执照	1222	1950年吉林省蛟河县人民政府颁发给杨成学的奖状
1203	1949年东北行政委员会颁发给荣军地的土地执照（6件）	1223	抗美援朝期间长春市抗美援朝分会发行的《进一步贯彻执行抗美援朝总会三大号召（报告草稿）》（2件）
1204	1949年东北行政委员会颁发给仁和学校的土地执照	1224	1946年中州农民银行发行的伍拾元币
1205	1949年东北行政委员会颁发给石忠山的土地执照	1225	1946年中州农民银行发行的贰拾元纸币（4件）
1206	1949年东北行政委员会颁发给蓝玉田的土地执照（2件）	1226	1933年鄂豫皖苏维埃银行的伍角纸币
1207	1941年东北行政委员会颁发给李志和的土地执照	1227	1933年川陕省苏维埃政府工农银行发行的壹串纸币（2件）
1208	1949年东北行政委员会颁发给袁丙安的土地执照	1228	1931年鄂西农民银行发行的壹角纸币（2件）
1209	1949年东北行政委员会颁发给宋吉顺的土地执照	1229	1941年豫鄂边区建设银行贰百圆纸币
1210	1949年东北行政委员会颁发给姜连贵的土地执照	1230	1933年闽浙赣省苏维埃银行壹角纸币
1211	1949年东北行政委员会颁发给王玉的土地执照	1231	1933年闽浙赣省苏维埃银行铜元拾枚纸币（残）
1212	1949年东北行政委员会颁发给郑泰善的土地执照	1232	1932年湘鄂赣省工农银行银洋贰角纸币
1213	1949年东北行政委员会颁发给叶长清的土地执照	1233	1931年湘鄂赣省工农银行壹角纸币
1214	1949年东北行政委员会颁发给陈德的土地执照	1234	1932年湘鄂赣省工农银行银洋叁角纸币

1235	湘鄂赣省工农银行发行的铜元贰百文纸币	1257	1955年郭忠义的中央人民政府革命军人残废证书
1236	1949年陕甘宁边区陆斤旅途草票（2件）	1258	1934年中华苏维埃共和国中央军事委员会抚恤委员会颁发给王维熊的残废证书
1237	1942年冀南银行贰百圆纸币	1259	1952年崔龙鳞回乡转业建设军人证明书
1238	1942年冀南银行伍拾圆纸币（2件）	1260	1950年中央人民政府中央复员委员会发放给刘世国的复员军人证明书
1239	1939年冀南银行壹角纸币（2件）	1261	1945年朱瑞出席中共七大的代表证
1240	1931年中华苏维埃共和国国家银行湘鄂西特区分行壹圆纸币（2件）	1262	1954年"中秋月夜　两地相思"传单（2件）
1241	1931年中华苏维埃共和国国家银行湘鄂西特区分行贰角纸币（2件）	1263	1954年"人民政协全国委员会党委会举行扩大会议为解放台湾联合宣言"传单（2件）
1242	1931年中华苏维埃共和国国家银行湘鄂西特区分行壹角纸币（2件）	1264	1954年"陈士彦告蒋军官兵书"传单（2件）
1243	1934年闽浙赣省苏政府粉碎敌人五次围攻决战壹圆公债券（3件）	1265	1954年"渡海解放一江山岛"传单（2件）
1244	1933年闽浙赣省苏维埃银行壹圆纸币（4件）	1266	1954年"王维华告蒋军官兵书"传单
1245	1933年闽浙赣省苏维埃银行发行的壹圆股票（残）	1267	1954年"抬头望明月　低头思故乡"传单（2件）
1246	1932年赣东北省苏维埃银行闽北分行伍角纸币（残，2件）	1268	1954年"控诉美蒋匪帮罪行书"传单（2件）
1247	1932年赣东北省苏维埃银行闽北分行壹圆纸币	1269	1954年中华人民共和国各民主党派各人民团体"为解放台湾联合宣言"传单（2件）
1248	1932年赣东北省苏维埃银行闽北分行壹圆纸币（残）	1270	1941年李茂林革命军人证明书
1249	1934年闽浙赣省苏维埃银行闽北分行壹角纸币（2件）	1271	1948年袁英德革命军人证明书
1250	1932年鄂豫皖苏维埃经济公债券贰串文兑换券	1272	1936年陕甘宁边区子长县政府发行的通行证的存根
1251	1949年晋绥边区旅途粮票小米玖两	1273	1935年西北军区政治部颁发给何永卿的红军家属优待证
1252	1948年晋绥边区旅途粮票小米玖两	1274	1949年石成玉前方立功奖状
1253	1949年陕甘宁边区客饭票玖两	1275	1948年颁发给石成玉家的立功喜报
1254	1949年陕甘宁边区旅途粮票拾贰两	1276	1947年优待革命军人家属的通知
1255	1951年中国人民解放军第四野战军中南军区后勤部被装证明书	1277	解放战争时期东北民主联军独立二师司令政治部颁发给刘瑞祥的爱国保田自卫战争功劳证
1256	1955年曲万福的中央人民政府革命军人残废证书	1278	1947年5月3日独二师政治部宣传队分队长刘瑞祥在战时民扶工作中建立特殊功绩应记小功一次的功劳证

一般文物

长春市榆树市
★ 榆树市博物馆

1279	1946年吉林省榆树县政府发给刘桂林的土地所有权执照（3件）
1280	1946年吉林省榆树县政府发给刘云林的土地所有权执照
1281	1946年吉林省榆树县政府发给刘兴有的土地所有权执照（3件）
1282	1946年吉林省榆树县政府发给夏福山的土地所有权执照（2件）
1283	1949年东北行政委员会颁发给刘荣的土地执照
1284	1949年东北行政委员会颁发给康景春的土地执照
1285	1949年东北行政委员会颁发给李清林的土地执照
1286	1949年东北行政委员会颁发给张永安的土地执照
1287	1949年东北行政委员会颁发给张守正的土地执照
1288	1949年东北行政委员会颁发给王登科的土地执照
1289	1949年东北行政委员会颁发给蒋恭谦的土地执照
1290	1949年东北行政委员会颁发给任鸿财的土地执照
1291	1949年东北行政委员会颁发给张守成的土地执照
1292	抗日战争时期杜华昌行医时看的医书
1293	1946年吉林省榆树县政府发给刘忠臣的土地所有权执照（5件）
1294	1946年吉林省榆树县政府发给李春荣的土地所有权执照（5件）
1295	抗日战争时期中共榆树华昌药房地下联络站负责人杜华昌看病处方（3件）
1296	解放战争时期杨木村人民政府木印
1297	解放战争时期第二十区分会会财村妇女代表会木印

长春市德惠市
★ 德惠市博物馆

1298	1965年沈阳军区司令部、政治部颁发给杨林的五好战士奖章
1299	1963年沈阳军区颁发给杨林的五好战士证章
1300	1960年革命烈士杨林使用的镜子
1301	1964年革命烈士杨林穿的军鞋
1302	1962年革命烈士杨林使用的布针线包
1303	1962年革命烈士杨林使用的军挎包
1304	1971年中国人民解放军三〇三六部队献给珍宝岛英雄杨林之家的"发扬革命传统，争取更大光荣"锦旗
1305	1966年革命烈士杨林的日记
1306	1962年革命烈士杨林使用的钢笔

长春市
★ 伪满皇宫博物院

1307	1932年辽宁民众救国会军用拾元流通债券	1310	1948年群众出刊社油印版《前夕》第一期
1308	抗日战争时期铁道游击队使用的大刀	1311	1948年7月东北书店发行的《从七七到八一五》
1309	抗日战争时期铁道游击队使用的撬棍		

吉林市磐石市
★ 磐石市博物馆（磐石市抗日斗争纪念馆）

1312	抗日战争时期抗联战士穿的皮靰鞡鞋（5件）	1323	抗日战争时期抗联战士使用的铁质扎枪头（3件）
1313	抗日战争时期抗联战士使用的皮质素面枪药壶	1324	抗日战争时期抗联战士使用的汉阳造步枪残件（3件）
1314	抗日战争时期抗联战士使用的玻璃药瓶（6件）	1325	抗日战争时期抗联战士使用的铁质步枪
1315	抗日战争时期抗联医生刘子臣工作证	1326	抗日战争时期抗联医生刘子臣使用的素面锡质药壶
1316	抗日战争时期抗联战士用的石质地雷	1327	抗日战争时期抗联医生刘子臣使用的不锈钢手术刀
1317	抗日战争时期抗联战士缴获并使用的重机枪弹排（8件）	1328	抗日战争时期抗联医生刘子臣使用的不锈钢医用弯尖剪刀
1318	抗日战争时期抗联战士缴获并使用的铜质排弹弹夹（2件）	1329	抗日战争时期抗联医生刘子臣使用的钢质医用刀
1319	抗日战争时期抗联战士缴获并使用的自动手枪残件	1330	抗日战争时期抗联医生刘子臣的塑料印章
1320	抗日战争时期抗联战士缴获并使用的微型自动手枪残件	1331	1947年东北行政委员会军区政治部发给孟杰民烈士家属的通知书
1321	抗日战争时期抗联战士使用的铁质戟	1332	抗日战争时期抗联战士使用的铁质炸弹引线
1322	抗日战争时期抗联战士使用的铁质匕首	1333	1937年全体将士为响应中日大战告东北同胞书

1334	1937年8月20日东北抗日联军布告	1356	抗日战争时期抗联战士使用的汉阳造步枪枪托板
1335	抗日战争时期南满游击区形势图	1357	抗日战争时期抗联战士使用的汉阳造步枪零部件（4件）
1336	抗日战争时期抗联战士使用的铁质三眼火铳	1358	抗日战争时期抗联战士使用的汉阳造步枪扳机
1337	抗日战争时期抗联战士使用的铁质步枪	1359	抗日战争时期抗联战士使用的汉阳造步枪枪栓（2件）
1338	1948年解放东北纪念章	1360	抗日战争时期抗联战士使用的手枪子弹
1339	抗日战争时期杨佐青使用的眼镜	1361	抗日战争时期抗联战士使用的三八式步枪子弹头
1340	抗日战争时期周建华与闫庆莲结婚时使用的首饰盒	1362	抗日战争时期抗联战士使用的汉阳造步枪枪托板
1341	抗日战争时期松山镇王小沟战斗址抗联战士使用的军用刺刀	1363	抗日战争时期抗联战士使用的汉阳造步枪枪管
1342	抗日战争时期抗联战士使用的擦枪油瓶	1364	抗日战争时期抗联战士使用的汉阳造步枪枪械构件
1343	抗日战争时期抗联战士使用的铁质秤砣	1365	抗日战争时期抗联战士使用的汉阳造步枪枪械零部件
1344	抗日战争时期抗联教导旅韩光穿的苏式大衣	1366	抗日战争时期抗联战士使用的汉阳造步枪枪口箍（3件）
1345	抗日战争时期江柏生烈士使用的皮质公文包	1367	抗日战争时期抗联战士使用的三八式步枪子弹壳（20件）
1346	抗日战争时期杨靖宇赠予李贞玉的金戒指	1368	抗日战争时期抗联战士使用的盒子炮手枪子弹壳
1347	抗日战争时期杨佐青穿的衣物	1369	抗日战争时期抗联战士使用的吉林机械制造局生产底部有"吉林"的老式栓动步枪子弹壳
1348	抗日战争时期宋铁岩烈士使用的包袱皮	1370	抗日战争时期抗联战士使用的三八式步枪子弹桥夹（4件）
1349	抗日战争时期张瑞麟同志穿的中山装	1371	抗日战争时期抗联战士使用的三八式步枪子弹桥夹弹簧片
1350	抗日战争时期周建华与闫庆莲使用的挖耳勺	1372	抗日战争时期抗联战士使用的野山炮构件
1351	抗日战争时期周建华与闫庆莲使用的小刀	1373	抗日战争时期抗联战士缴获并使用的迫击炮炮弹延时引信
1352	抗日战争时期抗联战士使用的铁枪头	1374	抗日战争时期抗联战士使用的马套头
1353	抗日战争时期抗联战士使用的铁饭勺	1375	抗日战争时期抗联战士使用的铁刀（5件）
1354	抗日战争时期抗联战士使用的铁锹	1376	抗日战争时期抗联战士使用的铁挂钩
1355	1949年中国人民解放军中南军区兼第四野战军颁发给战士王长贵的立功证明书	1377	抗日战争时期抗联战士使用的铁钉

1378	抗日战争时期抗联战士使用的三八式步枪零部件（2件）	1394	抗日战争时期抗联战士使用的铁枪
1379	抗日战争时期抗联战士使用的镰刀（2件）	1395	抗日战争时期抗联战士使用的三八式步枪子弹（3件）
1380	抗日战争时期抗联战士使用的铁钉	1396	抗日战争时期抗联战士使用的三八式步枪扳机
1381	抗日战争时期抗联战士使用的菜刀	1397	抗日战争时期抗联战士使用的铝勺
1382	抗日战争时期抗联战士使用的毛笔（2件）	1398	抗日战争时期抗联战士使用的铲形铁锹
1383	抗日战争时期抗联战士使用的瓷碗	1399	抗日战争时期抗联医院使用的镊子
1384	抗日战争时期抗联战士使用的铁枪	1400	抗日战争时期抗联战士使用的铁挂钩
1385	抗日战争时期抗联战士使用的八八式榴臼	1401	抗日战争时期抗联战士使用的马蹄铁
1386	抗日战争时期抗联战士使用的汉阳造步枪枪管	1402	抗日战争时期抗联战士使用的柳叶形铁锹（2件）
1387	抗日战争时期抗联战士使用的三八式步枪子弹	1403	抗日战争时期抗联战士使用的铲形铁锹
1388	抗日战争时期抗联战士使用的铁锅	1404	抗日战争时期抗联战士使用的三八式步枪子弹头
1389	抗日战争时期抗联战士使用的铁叉	1405	抗日战争时期抗联战士用的九一式手榴弹（3件）
1390	抗日战争时期抗联战士使用的栓动步枪子弹头	1406	抗日战争时期抗联战士使用的步枪零部件
1391	抗日战争时期抗联战士使用的铲形铁锹	1407	抗日战争时期抗联战士使用的瓷碗
1392	抗日战争时期抗联战士使用的环首铁锥	1408	抗日战争时期抗联战士使用的步枪
1393	抗日战争时期抗联战士使用的三八式步枪扳机		

吉林市
★ 吉林市博物馆

1409	抗日战争时期抗联战士缴获并使用的刺刀（3件）	1411	抗日战争时期抗联战士缴获并使用的战刀
1410	抗日战争时期抗联战士缴获并使用的军刀（14件）	1412	抗日战争时期抗联战士使用的铁剑（6件）

1413	抗日战争时期抗联战士使用的铁刀（3件）	1433	抗日战争时期抗联战士缴获并使用的炮筒
1414	抗日战争时期抗联战士缴获并使用的德制毛瑟M1896手枪	1434	抗日战争时期抗联战士使用的天津大沽所仿造"博格曼"MP18冲锋枪
1415	抗日战争时期抗联战士缴获并使用的四四式骑枪	1435	抗日战争时期抗联战士使用的金陵兵工厂制造中正式步枪
1416	抗日战争时期抗联战士缴获并使用的机枪梭子	1436	抗日战争时期抗联战士缴获并使用的机枪
1417	抗日战争时期抗联战士缴获并使用的步枪撞针（2件）	1437	抗日战争时期抗联战士缴获并使用的俄国莫辛纳甘步枪
1418	抗日战争时期抗联战士用的手雷	1438	抗日战争时期抗联战士缴获并使用的三八式步枪
1419	抗日战争时期抗联战士缴获并使用的迫击炮筒	1439	抗日战争时期抗联战士缴获并使用的比利时赫斯塔尔步枪号
1420	抗日战争时期抗联战士缴获并使用的加拿大布伦式轻机枪	1440	抗日战争时期抗联战士使用的手枪
1421	抗日战争时期抗联战士缴获并使用的比利时赫斯塔尔步枪	1441	抗日战争时期抗联战士使用的"辽十三年式"步枪
1422	抗日战争时期抗联战士缴获并使用的德国毛瑟1871型单发步枪	1442	抗日战争时期抗联战士缴获并使用的德制毛瑟M1896手枪
1423	抗日战争时期抗联战士缴获并使用的练习用手榴弹	1443	抗日战争时期抗联战士缴获并使用的捷克斯洛伐克V2.24步枪
1424	抗日战争时期抗联战士缴获并使用的炮架（4件）	1444	抗日战争时期抗联战士缴获并使用的"王八盒子"炮
1425	抗日战争时期抗联战士缴获并使用的三八式步枪（4件）	1445	抗日战争时期抗联战士使用的军号（2件）
1426	抗日战争时期抗联战士使用的"辽十三年式"步枪	1446	抗日战争时期抗联战士使用的马灯（2件）
1427	抗日战争时期抗联战士缴获并使用的机枪管（4件）	1447	抗日战争时期抗联战士使用的带子弹的手枪枪套（2件）
1428	抗日战争时期抗联战士缴获并使用的三八式骑枪	1448	抗日战争时期抗联战士使用的牛皮枪套（2件）
1429	抗日战争时期抗联战士缴获并使用的四四式步枪	1449	抗日战争时期抗联战士使用的牛皮袋
1430	抗日战争时期抗联战士缴获并使用的炮座（3件）	1450	抗日战争时期抗联战士使用的牛皮挎包
1431	抗日战争时期抗联战士缴获并使用的四四式步枪	1451	1949年东北行政委员会颁发给吉林省永吉县赵鹏翔的土地执照
1432	抗日战争时期抗联战士缴获并使用的三八式步枪		

吉林市桦甸市
★ 桦甸市博物馆

1452	抗日战争时期抗联战士使用的方形木质弹药箱	1463	抗日战争时期抗联战士缴获并使用的三八式步枪
1453	抗日战争时期抗联战士用的炮弹（3件）	1464	抗日战争时期抗联战士缴获并使用的左轮手枪
1454	抗日战争时期抗联战士缴获并使用的尖头圆柱状炮弹壳	1465	抗日战争时期抗联战士使用的皮质火药包
1455	抗日战争时期抗联战士缴获并使用的椭圆形手雷壳	1466	抗日战争时期抗联战士缴获并使用的木质文件箱
1456	抗日战争时期抗联战士使用的铁质马灯	1467	抗日战争时期抗联战士缴获并使用的60炮弹壳
1457	抗日战争时期抗联战士使用的木勺	1468	抗日战争时期抗联战士使用的单刃手刀
1458	抗日战争时期抗联战士缴获并使用的战刀	1469	抗日战争时期抗联战士使用的木质刀鞘
1459	抗日战争时期抗联战士使用的刻字刺刀	1470	抗日战争时期抗联战士缴获并使用的三八式步枪刺刀
1460	抗日战争时期抗联战士缴获并使用的莫辛纳甘步枪	1471	抗日战争时期抗联战士使用的圆形石磨
1461	抗日战争时期抗联战士使用的圆形石磨	1472	抗日战争时期抗联战士缴获并使用的战刀
1462	抗日战争时期抗联战士穿的皮质靰鞡鞋（2件）		

吉林市蛟河市
★ 蛟河市博物馆

1473	抗日战争时期东北抗日联军使用的铁质驮炮马鞍	1477	抗日战争时期东北抗日联军战士穿的皮大衣
1474	抗日战争时期东北抗日联军战士使用的枪套	1478	抗日战争时期东北抗日联军战士使用的大刀
1475	抗日战争时期东北抗日联军战士穿的毡靴	1479	抗日战争时期东北抗日联军战士使用的油壶
1476	抗日战争时期东北抗日联军战士戴的狗皮帽子	1480	抗日战争时期东北抗日联军战士使用的油灯

1481	抗日战争时期东北抗日联军支援前线使用的饭盒	1486	中华人民共和国成立初期梁必业"向青年同志致意衷心希望：勤奋勤劳勤俭爱党爱国爱军，做有理想有道德有文化有纪律的社会主义事业接班人"手书
1482	解放战争时期东北民主联军战士使用的冲锋号	1487	解放战争时期东北民主联军战士使用的冲锋号
1483	解放战争时期东北民主联军戴的帽子	1488	解放战争时期东北民主联军战士戴的帽子
1484	解放战争时期东北民主联军使用的消毒盒	1489	解放战争时期东北民主联军战士戴的护腿（2件）
1485	1948年解放东北纪念章		

吉林市舒兰市
★ 舒兰市博物馆

1490	1968年中国人民解放军沈阳军区政治部发给姜代民的五好战士奖状（2件）	1492	1949年2月15日东北行政委员会颁发给刘占武的土地执照
1491	1959年11月15日永舒杆灌区法特工地指挥部发给史明臣的工地先进工作者奖状		

四平市
★ 四平战役纪念馆

1493	1946年八路军辽南五分区管理员李寿亭使用的背包	1498	1946年东北民主联军勇敢奖章
1494	1946年工作模范奖章	1499	1946年四平保卫战中王振祥侦察敌情时佩戴的"腿叉子"
1495	解放战争时期东北民主联军七纵十九师一团三营教导员贾巨文缴获并使用的被面	1500	1948年苏亚琴给解放军战士做军鞋使用的锥子
1496	1946年东北民主联军九纵侦察员王振祥使用的挂包	1501	1946年东北民主联军总政治部民运部工作团副队长巴克在四平保卫战中使用的铝茶杯
1497	1946年东北民主联军艰苦奋斗奖章（4件）	1502	1946年四平保卫战中军医送给王玉琴大娘的银勺

1503	1946年四平保卫战中苏殿武为部队送饭的竹扁担	1523	1948年四平收复战中农民会会员徐友为解放军运送粮食、弹药使用的马鞍垫
1504	1946年四平保卫战中苏殿武为部队送水的水桶	1524	1948年张永林在四平收复战中使用的毛毯
1505	1947年四平攻坚战中高润田缴获并使用的蚊帐	1525	解放战争时期东北民主联军战士使用的灰毛毯
1506	1947年四平攻坚战中邹本和缴获并使用的灰毛毯	1526	1948年东北人民解放军勇敢奖章
1507	1947年四平攻坚战中钟伟缴获并使用的狗皮褥子	1527	1948年四平收复战中陈文瑞荣获的东北人民解放军勇敢奖章
1508	1947年四平攻坚战中东北民主联军战士使用的饭勺	1528	1948年东北人民解放军勇敢奖章
1509	1947年四平攻坚战中胡光缴获并改刻的印章	1529	1948年四平收复战中于学泰荣获的东北人民解放军勇敢奖章
1510	1947年四平攻坚战中东北民主联军战士使用的捣蒜缸	1530	1948年四平收复战中姚富贵荣获的东北人民解放军勇敢奖章
1511	1947年四平攻坚战中东北民主联军战士送给刘春云的剃头刀	1531	1948年东北人民解放军艰苦奋斗奖章
1512	1947年东北民主联军七纵十九师作战科长钟建兴缴获并使用的苏制指北针	1532	1948年四平收复战中东北人民解放军七纵十九师五十五团参谋长江静波缴获并使用的皮包
1513	1947年东北民主联军七纵十九师作战科长钟建兴缴获并使用的指北针	1533	1948年四平收复战中东北人民解放军一纵二师金保仁缴获并使用的公文夹
1514	1947年四平攻坚战中东北民主联军七纵十九师一团三营教导员贾巨文缴获并使用的美制军用指北针	1534	1948年四平收复战中东北人民解放军一纵二师金保仁缴获并使用的公文包
1515	1947年四平攻坚战中东北民主联军战士使用的油灯碗	1535	1948年四平收复战后于大娘送给炮纵二师警卫员石永太的小勺
1516	1947年四平攻坚战中东北民主联军战士挖工事使用的工兵镐	1536	1948年东北人民解放军一纵二师五团薛曙东烈士生前使用的银筷子（2件）
1517	1947年四平攻坚战中东北民主联军战士使用的水壶	1537	1948年东北人民解放军战士使用的卡宾枪弹夹袋
1518	1947年四平攻坚战中王文堂用美军弹药箱改制的水桶	1538	1948年东北人民解放军战士使用的子弹袋
1519	1948年东北人民解放军七纵十九师宣传队白玉柱使用的皮带	1539	1948年东北人民解放军二纵三师九团政治处主任孙双印在解放沈阳时缴获并使用的毛毯
1520	1948年四平收复战中东北人民解放军一纵二师四团三营营长成兴保缴获并使用的皮带	1540	1953年四平四次烈军属荣复建设军人拥优模范代表会议纪念章
1521	1948年四平收复战中魏洪军缴获并使用的皮带	1541	1964年秦福海荣获的五好奖章
1522	1948年四平收复战中王相林护送伤员时穿的羊皮背心	1542	1955年姚树升荣获的独立自由奖章

一般文物

1543	1950年保持荣誉徽章	1564	1948年黎广林荣获的解放东北纪念章
1544	1950年人民功臣纪念章	1565	1948年梁士庆荣获的解放东北纪念章
1545	1964年秦福海荣获的五好社员奖章	1566	1948年张金亮荣获的解放东北纪念章
1546	1949年黎广林荣获的解放西南胜利纪念章	1567	1948年石运泉荣获的解放东北纪念章
1547	1950年解放西北纪念章	1568	1948年张树江荣获的解放东北纪念章
1548	1949年黎广林荣获的解放海南岛纪念章	1569	1948年四平收复战中东北人民解放军使用的水桶
1549	1951年四平市一届烈军属荣复军人拥优模范代表会纪念章	1570	1948年孙双印使用的皮箱
1550	1955年解放奖章（2件）	1571	1948年四平收复战中七纵十九师一团三营教导员贾巨文缴获并使用的苏联制指北针
1551	1955年姚树升荣获的解放奖章	1572	1948年东北人民解放军战士使用的搪瓷杯
1552	1954年全国人民慰问人民解放军代表团赠纪念章（5件）	1573	1950年周庆明在朝鲜战场上缴获并使用的文件夹
1553	1950年解放华中南纪念章（38件）	1574	1958年朝鲜人民送给归国志愿军的手工刺绣手绢（7件）
1554	1950年石运泉荣获的解放华中南纪念章	1575	1946年东北民主联军政治部宣传部编印的《放手发动群众》
1555	1950年黎广林荣获的解放华中南纪念章	1576	1947年华东政治部出版的刊登有"夏季攻势英雄事迹"等内容的《战士报》（第三十七期第一版）
1556	1950年张金亮荣获的解放华中南纪念章	1577	1946年晋绥边区农会临时委员会发布的《告农民书》（残）
1557	1950年华北解放纪念章（47件）	1578	1949年中国人民解放军第三十八军第二四师司令部政治部颁发给栗广林家属的立功喜报
1558	1950年黎广林荣获的华北解放纪念章	1579	1947年保一旅政治部出版的刊登有"学习英雄、创造英雄、培养革命 英雄革命主义"等内容的《战士报》（第一期，3件）
1559	1950年石运泉荣获的华北解放纪念章	1580	1947年保一旅政治部出版的刊登有"战斗英雄刘增荣报告极为生动"等内容的《战士报》（第四期，13件）
1560	1950年张树江荣获的华北解放纪念章	1581	1947年西保政治部出版的刊登有"马仁兴的文章练兵认识和方法"等内容的《战士报》（第十五期，6件）
1561	1951年抗美援朝纪念章（21件）	1582	1947年沈阳政治部出版的刊登有"二大队各中队请战杀敌情绪高涨"等内容的《战士报》（8件）
1562	1951年石运泉荣获的抗美援朝纪念章	1583	1947年华东政治部出版的刊登有"总结夏季攻势战绩"等内容的《战士报》（8件）
1563	1948年解放东北纪念章（14件）	1584	1947年华东政治部出版的刊登有"欢迎辽北省各界前线慰问团"等内容的《战士报》（第三十八期，15件）

1585	1947年华东政治部出版的刊登有"加强新战士教育"等内容的《战士报》（第四十期，12件）
1586	1947年追悼马仁兴专号的《战士报》（第四十三期第四版，7件）
1587	1947年华东政治部出版的刊登有追悼马仁兴和刘增荣等内容的《战士报》（4件）
1588	1947年刊登有"十连堡垒构造法"等内容的《战士报》（6件）
1589	1947年刊登有"爆破大红楼的功臣李广正英雄事迹"等内容的《战士报》（9件）
1590	1947年刊登有"爆破英雄李广正的经验介绍"等内容的《战士报》（7件）
1591	1947年刊登有"炊事功臣薛鸿才的英雄事迹"等内容的《战士报》（8件）
1592	1947年刊登马仁兴师长讣告的《战士报》（6件）
1593	1948年东北人民解放军七师政治部编印的《关于新地区宣传工作指示》（6件）
1594	1949年中国人民解放军三十八军政治部颁发给栗广林的《革命军人证明书》
1595	1947年辽宁省政府发布的支前通令（残）
1596	1949年天津解放后《三五三团四连练兵中政治工作总结报告》
1597	1952年中央人民政府颁发给革命牺牲军人袁洪义家属的光荣纪念证
1598	1947年6月四平攻坚战斗经要图
1599	1948年东北人民解放军三纵队七师十九团政治处整理的经验材料《战斗空隙贯彻诉苦教育的几个新体会》
1600	1947年东北行政委员会《关于拥军优属的指示》
1601	1947年华东政治部出版的刊登有"烈士英名永垂千古"等悼念文章的《战士报》追悼专号 （第四十三期第一版，8件）
1602	1947年华东政治部出版的追悼马仁兴师长的《战士报》追悼专号 （第三版）
1603	1947年华东政治部出版的追悼马仁兴师长的《战士报》追悼专号 （第五版，2件）
1604	1947年华东政治部出版的刊登悼念马仁兴挽歌的《战士报》追悼专号（第四十三期第七版，5件）
1605	1947年保一旅政治部出版的刊登有"英雄模范首次典型报告"等内容的《战士报》（第三期，4件）
1606	1948年奋勇部出版的刊登有"辽宁各地慰问我军"等内容的《战士报》（第162期，9件）
1607	1947年刊登"追悼英雄刘增荣"等内容的《战士报》（第六版，4件）
1608	1947年保一旅政治部出版的刊登有"四平战斗模范连——一团第十连的事迹"等内容的《战士报》
1609	1947年沈阳政治部出版的刊登有"梨树背战斗英勇·壮烈事迹"等内容的《战士报》（第二十九期 第一版，5件）
1610	1947年沈阳政治部出版的刊登有"各部纷纷要求主攻掀起了挑战、杀敌、复仇热潮"等内容的《战士报》（第三十一期第一版，8件）
1611	1947年沈阳政治部出版的刊登有"一大队致函军区首长为了四平团的荣誉而斗争"等内容的《战士报》（第三十三期第一版，11件）
1612	1949年奋勇部出版的刊登有"爱民模范老大娘赠给五班旗帜一面"等内容的《战士报》（186期）
1613	1947年华东政治部出版的刊登有"烈士英名永垂千古"等内容的《战士报》追悼专号（第二版）
1614	1948年东北人民解放军六三政治部出版的刊登有"二十一团的命令"等内容的《前卫报》（209期，10件）
1615	1948年东北人民解放军六三政治部出版的刊登有"把解放的红旗插到四平城上"等内容的《前卫报》（210期，10件）
1616	1948年东北人民解放军六三政治部出版的刊登有"打得勇、冲得猛打到城里再立新战功"等内容的《前卫报》（211期，10件）

一般文物

1617	1948年东北人民解放军六三政治部出版的刊登有"二六四团第三连及四个地堡群的覆灭"等内容的《前卫报》（212期，10件）	1635	1947年东北民主联军炮兵英雄奖章
1618	1948年东北人民解放军六三政治部出版的刊登有"英雄二连真英勇 三战三捷 功臣辈出"等内容的《前卫报》（213期，10件）	1636	1948年东北人民解放军勇敢奖章
1619	1948年东北人民解放军六三政治部出版的刊登有"四平战役我师战果辉煌 毙伤俘敌四千一百余人"等内容的《前卫报》（214期，10件）	1637	1948年四平收复战时修工事使用的工兵锹
1620	1947年三纵七师政治部出版的刊登有"关于教育方式问题"等内容的《前卫》（副刊）	1638	1948年东北人民解放军战士魏红军使用的皮带
1621	1948年三纵七师政治部出版的《前卫》（副刊）建功运动专号	1639	1948年东北人民解放军战士修工事使用的工兵镐
1622	1947年三纵七师政治部出版的刊登有"爱兵模范孔宪坤专辑"等内容的《前卫》（副刊）	1640	1948年东北人民解放军使用的轻机枪子弹袋
1623	1963年中华人民共和国内务部制三十八军后勤部排长张才的革命残废军人抚恤证	1641	1948年东北人民解放军七纵十九师宣传队长白国柱在四平收复战中缴获并使用的皮钱夹
1624	1951年中国共产党辽西省第二次代表会议纪念册	1642	1947—1948年四战四平战役中张国辉在西线阵地使用的线毯
1625	1950年中国人民解放军中南军区兼第四野战军二四师三四一团四连班长黎广林荣获的立功证明书	1643	1948年石运泉在四平收复战中指挥战斗的红旗
1626	1950年中国人民解放军中南军区兼第四野战军三四二团参谋长冯瑞福荣获的立功证明书	1644	1946—1948年四平战役中喇嘛店柳树营农民会支前运输队员徐友运物资使用的马驼鞍
1627	1949年华中军区兼第四野战军政治部出版的《世界历史意义的胜利》	1645	1948年东北人民解放军三纵队发布关于表彰八师二十二团、七师二十团在四平战斗中立功的《通令》
1628	1949年华中军区兼第四野战军政治部出版的《全国人民大团结万岁》	1646	1948年东北人民解放军三纵队发布关于表彰七师二十一团、八师二十三团在四平战斗中立功的《通令》
1629	1957年通化军分区独立师政治部为了纪念建军三十周年编印的《战斗的十五年》（简装本）	1647	1948年东北人民解放军三纵七师发布关于表彰十九、二十、二十一团在四平战斗中立功的《通令》
1630	1957年通化军分区独立师政治部为了纪念建军三十周年编印的《战斗的十五年》（精装本，2件）	1648	1948年四平收复战时担架队员杨万友为伤员烧饭使用的小铝锅
1631	1947年东北民主联军一纵一师一团在九台颁发的《嘉奖令》	1649	1948年东北人民解放军战士穿的布袜子（2件）
1632	1946年的八路军单军帽	1650	1948年东北人民解放军第四野战军布"傻鞋"（2件）
1633	1947年东北民主联军一纵一营队机枪射手王臣装机枪零件的帆布挂包	1651	1948年东北人民解放军战士戴的狗皮帽子
1634	1948年东北人民解放军一纵二师五团二三八团后勤处军需股长李玉良使用的皮带	1652	1948年薛和南在四平收复战中荣获的立功证

1653	1946年3月李维玺在保卫人民翻身利益爱国自卫战争中的功劳捷报	1675	1950年吕永举的《立功证明书》
1654	1948年东北人民解放军第三纵队表彰四平收复战立功部队的《嘉奖令》	1676	1951年吕永举的《军人登记表》（残）
1655	1948年四平收复战前夕军政部门对四平收复后城市工作作出具体规定和指示编印的《四平城工委会关于四平城市工作的决定》	1677	1948年王洪品荣获的解放东北纪念章
1656	1948年四平市政府发布《关于废除国民党保甲制度的布告》（民字第二号）	1678	1955年王洪品荣获的解放奖章
1657	1948年四平市政府发布《关于工商业登记的布告》（商管字第三号）	1679	1954年王洪品荣获的全国人民慰问人民解放军代表团赠纪念章
1658	1948年四平市政府和四平市警备司令部联合发布《关于禁止使用蒋币的布告》	1680	1949年解放西南胜利纪念章
1659	1948年四平市政府发布《关于重新登记城市户口的布告》（秘字第三号）	1681	1949年渡江胜利纪念章
1660	1948年东北人民解放军第三纵队战士使用的军用牛皮带	1682	1950年解放海南岛纪念章
1661	1955年三八四团政治部《荣誉单位名册》	1683	1948年淮海战役胜利纪念章
1662	1961年登记的1947年四平保卫战尖刀班《光荣历史登记表》	1684	1950年昌北县福利社颁发的烈荣军属纪念章
1663	1947年辽东政治部第三纵队政治部编印的《冬季战役政治工作补充指示》	1685	1948年解放军战士穿的靰鞡鞋（12件）
1664	1948年东北人民解放军司令部出版的《东北画报》东北军区战绩专号	1686	1946年华东军区后勤卫生部医用卫生盘
1665	1948年梨树县农民支援前线磨面使用的碾盘（2件）	1687	1948年东北人民解放军战士在四平收复战中挖工事使用的铁锹
1666	1948年东北人民解放军战士穿的靰鞡鞋（10件）	1688	1954年王广贵佩戴的中国人民解放军胸章
1667	1947年东北民主联军七纵二十师编印的《四平攻坚战总结》	1689	1953年中国人民解放军二七三一部队颁发给王广贵的临时身份证
1668	解放战争时期东北人民解放军使用的《我师夏季打四平攻势路线及敌守备略图》	1690	1954年王广贵的中国人民解放军航空学校毕业证书
1669	1946年韩忠辉在四保临江战役中缴获并使用的皮衣	1691	1951年王广贵的立功证明书
1670	1949年王常福参加重庆战役缴获并使用的马褡子	1692	1952年王广贵的立功证明书
1671	1949年王常福缴获并使用的皮文件包	1693	1957年王广贵的革命军人受奖喜报
1672	1950年张君福在朝鲜战场缴获并使用的毛毯	1694	1951年王广贵的学习积极成绩优良甲等奖状
1673	1949年东北书店印行的白求恩遗著《战伤治疗技术》	1695	1955年王玉林荣获的解放奖章
1674	1946年吕军校缴获并使用的马褡子	1696	1952年王广贵在工作中荣立三等功《喜报》

1697	1948年赵洪良的功劳证

1698	1949年赵洪良的功劳证

1699	1948年赵洪良荣获的东北人民解放军勇敢奖章

1700	1950年赵洪良荣获的解放海南岛纪念章

1701	1950年赵洪良荣获的华北解放纪念章

1702	1950年赵洪良荣获的解放华中南纪念章

1703	1948年赵洪良荣获的解放东北纪念章

1704	1953年王凤山荣获的抗美援朝纪念章

1705	1952年中华人民共和国中央人民政府颁发给抗美援朝革命牺牲民兵民工王凤山家属的光荣纪念证

1706	1947年东北民主联军战士穿的靰鞡鞋（4件）

1707	1950年王玉林荣获的解放华中南纪念章

1708	1948年王玉林荣获的解放东北纪念章

1709	1949年王玉林荣获的解放西南胜利纪念章

1710	1956年王玉林荣获的解放奖章证书

1711	1956年王玉林荣获的中国人民志愿军立功证书

1712	1954年王玉林荣获的中国人民志愿军奖励证书（残）

1713	1951年王玉林的抗美援朝纪念章

1714	1953年王玉林的抗美援朝纪念章

1715	1947年东北民主联军第一纵队司令员李天佑修订的《四平攻坚战总结》

1716	1955—1956年李天佑将军学习七届六中全会及八大的《军事正文学习笔记本》

1717	1948年东北野战军第七纵五十五团十一连排长李景堂在辽西战役中荣获的立功喜报

1718	1948年东北野战军七纵五十五团十一连排长李景堂在辽西战役中荣获的东北人民解放军勇敢奖章

1719	1946年赵鸿圃在四平保卫战中缴获并使用的军用腰带

1720	1947年报道有关四平前线战况的《大众报》

1721	中国人民解放军第四十四军一三一师司令部政治部颁发给纪德贵在四平作战中英勇果敢立功喜报

1722	1946年梨树县委书记沈洋的工作日记《流水帐》

1723	1946年梨树县委书记沈洋的工作日记

1724	1948年东北人民解放军第一纵队一师三团特务连班长刘雨亭在四平收复战中穿的夏季军衣

1725	1947年东北民主联军第一纵队二师三营"钢八连"连长裴飞正使用的军用马褡子

1726	1948年傅景明荣获的解放东北纪念章

1727	1950年傅景明荣获的解放华中南纪念章

1728	1950年傅景明荣获的华北解放纪念章

1729	1950年傅景明荣获解放海南岛纪念章

1730	1951年傅景明的中国人民解放军胸章

1731	1951年傅景明的"八一"帽徽

1732	1951年中国人民解放军中南军区兼第四野战军政治部颁发给傅景明的革命军人光荣负伤纪念证

1733	1949年中国人民解放军中南军区兼第四野战军政治部颁发给三八三团迫击炮连副班长傅景明的立功证书

1734	抗日战争时期傅景明缴获并使用的军刀

1735	解放战争时期东北人民解放军第六纵队十七师五十团班长傅景明缴获并使用的步骑枪美式枪刺

1736	1947年东北民主联军七纵二十师政治部民运科员戴春融使用的棉绑腿

一般文物

1779	解放战争时期邓华在东北使用的皮箱包裹皮	1790	1956年马安保的中国人民解放军转业军人证明书
1780	中华人民共和国初期中南军政大学第六分队政治部颁发给鲁学鲁的优属证明	1791	1961年中央人民政府颁发给革命牺牲军人王连生家属的光荣纪念证
1781	1950年第四野战军四十一军一二三师三六七团二营五连战士王荣富立功证明书	1792	1948年王明贵在辽沈战役中使用的毛毯
1782	1953年第四野战军四十一军一二三师三六七团二营五连排长王荣富的中国人民解放军复员军人证明书	1793	抗日战争时期东北抗联三师政治部主任于保合使用的皮箱
1783	1949年东北党政军民各界同启致入关东北人民指战员书	1794	解放战争时期第四野战军四十一军一二三师三六七团二营五连排长王荣富的皮文件包
1784	解放战争时期第四野战军四十一军一二三师三六七团二营五连排长王荣富使用的白色搪瓷碗	1795	1965年中国人民解放军921部队政治部颁发给于保合的转业军人证明书
1785	解放战争时期第四野战军四十一军一二三师三六七团二营五连排长王荣富使用的绿色军用搪瓷碗	1796	1965年中国人民解放军湖北省襄阳县人民武装部颁发给于保合的转业军人证明书
1786	解放战争时期第四野战军四十一军一二三师三六七团二营五连排长王荣富使用的皮腰带	1797	1957年于保合的中华人民共和国勋章证书
1787	解放战争时期第四野战军四十一军一二三师三六七团二营五连排长王荣富使用的军用行李绳（2件）	1798	1978年李在德的中国妇女第四次全国代表大会代表证
1788	解放战争时期东北民主联军辽东军区司令部政治部颁发给丁吉昌的立功喜报	1799	1949年《中国人民解放战争三年战绩》
1789	1990年马安保的中华人民共和国革命伤残军人证	1800	1974年8月江以法的革命烈士登记表

四平市梨树县
★ 梨树县博物馆

1801	解放战争时期东北民主联军战士在四平保卫战中使用的毛毯	1806	解放战争时期东北民主联军战士在四平保卫战中使用的电台（2件）
1802	解放战争时期东北民主联军战士穿的靰鞡鞋（2件）	1807	解放战争时期东北民主联军战士在四平保卫战中使用的电话
1803	解放战争时期东北民主联军战士在四平保卫战中使用的皮箱（2件）	1808	解放战争时期东北民主联军战士在四平保卫战中使用的弹夹（3件）
1804	解放战争时期东北民主联军战士在四平保卫战中使用的文件包	1809	解放战争时期东北民主联军战士在四平保卫战中使用的手枪套（3件）
1805	解放战争时期东北民主联军战士在四平保卫战中使用的炮弹筒	1810	解放战争时期东北民主联军战士在四平保卫战中使用的皮带

1811	解放战争时期东北民主联军战士在四平保卫战中缴获并使用的头盔	1817	解放战争时期东北民主联军战士在四平保卫战中使用的冲锋号
1812	1946年四平战役英雄奖章	1818	解放战争时期东北民主联军战士在四平保卫战中使用的电话机
1813	解放战争时期东北民主联军辽吉军区战争英雄奖章	1819	解放战争时期东北民主联军战士使用的煤油灯
1814	1947年东北民主联军毛泽东奖章（2件）	1820	解放战争时期东北民主联军战士在四平保卫战中使用的马灯（3件）
1815	解放战争时期东北民主联军战士在四平保卫战中使用的油壶	1821	解放战争时期东北民主联军战士在四平保卫战中使用的煤油灯
1816	解放战争时期东北民主联军战士在四平保卫战中使用的长枪（残）		

通化市集安市
★ 集安市博物馆

1822	1949年5月16日东北行政委员会颁发给辽东省辑安县康熙奉的土地执照	1832	1949年5月16日东北行政委员会颁发给辽东省辑安县栾大香的土地执照
1823	1953年12月22日辽东省辑安县陈福全的土地执照	1833	1955年4月11日辑安县金炳元的土地执照
1824	1954年2月8日辽东省辑安县赵连迟的土地执照	1834	1955年2月17日辑安县李景春的土地执照
1825	1949年5月16日东北行政委员会颁发给辽东省辑安县张智贵的土地执照	1835	1954年11月12日辑安县李英泰的土地执照（2件）
1826	1954年6月28日辑安县王世泰的土地执照	1836	1955年2月17日辑安县李明德的土地执照
1827	1949年5月16日东北行政委员会颁发给辽东省辑安县付清宗的土地执照	1837	20世纪50年代辑安县杨永顺的土地执照
1828	1949年5月16日东北行政委员会颁发给辽东省辑安县李凤林的土地执照	1838	1955年3月29日辑安县王延德的土地执照
1829	1949年5月16日东北行政委员会颁发给辽东省辑安县卢培芝的土地执照	1839	20世纪50年代辑安县戚乃汗的土地执照
1830	1949年5月16日东北行政委员会颁发给辽东省辑安县崔喜山的土地执照（2件）	1840	20世纪50年代辑安县姜玉海的土地执照
1831	1949年5月16日东北行政委员会颁发给辽东省辑安县郭庆祥的土地执照	1841	1955年3月19日辑安县靳六魁的土地执照

1842	1949年5月16日东北行政委员会颁发给辽东省辑安县李庆昌的土地执照	1863	1954年12月7日辑安县李京浩藏的土地执照
1843	1949年5月16日东北行政委员会颁发给辽东省辑安县卢月华的土地执照	1864	1949年5月16日东北行政委员会颁发给辽东省辑安县姜万祯的土地执照
1844	1949年5月16日东北行政委员会颁发给辽东省辑安县邱元才的土地执照	1865	1954年5月24日辽东省辑安县王凤金的土地执照
1845	1953年8月11日辽东省辑安县李玉生的土地执照	1866	1949年5月16日东北行政委员会颁发给辽东省辑安县金明山的土地执照
1846	1949年5月16日东北行政委员会颁发给辽东省辑安县崔天福的土地执照	1867	1954年6月7日辽东省辑安县王世廷的土地执照
1847	1954年4月4日辽东省辑安县孙福明的土地执照	1868	1954年7月20日辑安县张振兴的土地执照
1848	1955年6月5日辑安县李青松的土地执照	1869	1949年5月16日东北行政委员会颁发给辑安县吴洪福的土地执照
1849	1955年6月25日辑安县孙处宽的土地执照	1870	1949年5月16日东北行政委员会颁发给辑安县于守山的土地执照
1850	1949年5月16日东北行政委员会颁发给辽东省辑安县赵光律的土地执照	1871	1949年5月16日东北行政委员会颁发给辑安县宫锡元的土地执照
1851	1949年5月16日东北行政委员会颁发给辽东省辑安县孙长福的土地执照	1872	1949年5月16日东北行政委员会颁发给辑安县张天慈的土地执照
1852	1949年5月16日东北行政委员会颁发给辽东省辑安县许东寅的土地执照	1873	1950年华北解放纪念章
1853	1954年5月30日辽东省辑安县鞠春德的土地执照	1874	1948年解放东北纪念章
1854	1949年5月16日东北行政委员会颁发给辽东省辑安县李兆达的土地执照	1875	抗日战争时期太平沟兴农砬西岔砍柴沟密营遗址中采集的抗联战士使用的白瓷碗残片
1855	1949年5月16日东北行政委员会颁发给辽东省辑安县付志礼的土地执照	1876	抗日战争时期辑安县天桥沟张代林支前使用的竹质背筐
1856	1949年5月16日东北行政委员会颁发给辽东省辑安县梁芝三的土地执照	1877	抗美援朝期间群众支前使用的木担架（残）
1857	1949年5月16日东北行政委员会颁发给辽东省辑安县韩忠贤的土地执照	1878	抗美援朝期间中国人民赴朝慰问团赠中国人民志愿军"抗美援朝胜利万岁"锦旗
1858	1949年5月16日东北行政委员会颁发给辽东省辑安县赵锡山的土地执照	1879	抗美援朝期间南京市邓府巷小学敬献给志愿军的锦旗
1859	1949年5月16日东北行政委员会颁发给辽东省辑安县叶茂仁的土地执照	1880	20世纪50年代学生慰问解放军的三角形布质锦旗残件
1860	1949年5月16日东北行政委员会颁发给辽东省辑安县张凤翔的土地执照	1881	抗美援朝期间绣"抗美援朝保家卫国"的牙具袋
1861	1949年5月16日东北行政委员会颁发给辽东省辑安县孙相有的土地执照	1882	抗美援朝期间印"祖国人民在关怀着你们"的白布袋
1862	1954年4月21日辽东省辑安县梁明道的土地执照	1883	1947—1948年辑安八区阳岔村基干队班长张左周使用的红布袖标

1884	1952年中国人民志愿军后勤司令部"壹餐"饭票	1892	1948年东北银行发行的壹万圆流通券
1885	1952年中国人民志愿军后勤司令部"壹天"饭票	1893	1948年东北银行发行的伍仟圆流通券（2件）
1886	1948年12月1日至1949年11月30日东北粮食总局制发的"东北解放区前方粮票马料拾斤"	1894	1947年东北银行发行的壹佰圆流通券（30件）
1887	1948年12月1日至1949年11月31日东北粮食总局制发的"东北解放区前方粮票马草拾斤"	1895	1947年东北银行发行的壹仟圆流通券（残）
1888	抗日战争时期热闹文字沟密营遗址中采集的抗联战士使用的铝制钵（残）	1896	1948年东北银行发行的贰佰伍拾圆流通券（12件）
1889	抗日战争时期太平沟兴农砬西岔砍柴沟密营遗址中采集的抗联战士使用的搪瓷茶缸残件	1897	1958年12月国务院颁发的吉林省辑安县农业社会主义建设先进单位奖状
1890	1948年1月20日辽宁军区某团颁发给李福全的嘉奖令	1898	1959年1月吉林省人民委员会颁发的辑安县1958年农业社会主义建设先进单位奖状
1891	1948年东北银行发行的伍万圆流通券		

通化市柳河县
★ 柳河县博物馆

1899	抗日战争时期抗联战士自制手榴弹（2件）	1907	抗日战争时期抗联战士缴获并使用的三八式步枪刺刀（5件）
1900	抗日战争时期抗联战士缴获并使用的子弹（26件）	1908	抗日战争时期抗联战士缴获并使用的军毯
1901	抗日战争时期抗联战士缴获并使用的水壶（4件）	1909	抗日战争时期抗联战士缴获并使用的皮质文件包
1902	抗日战争时期抗联战士缴获并使用的皮子弹盒（3件）	1910	抗日战争时期抗联战士缴获并使用的马鞍
1903	抗日战争时期抗联战士缴获并使用的92式重机枪弹排	1911	抗日战争时期抗联战士缴获并使用的防风镜
1904	抗日战争时期抗联战士用的97式手榴弹	1912	抗日战争时期抗联战士缴获并使用的钢盔（3件）
1905	抗日战争时期抗联战士用的98式手榴弹	1913	抗日战争时期抗联战士使用的军号
1906	抗日战争时期抗联战士用的91式手榴弹	1914	抗日战争时期东北抗日义勇军使用的火药枪（2件）

白山市靖宇县

★ 靖宇县杨靖宇将军殉国地管理处（杨靖宇将军纪念馆）

1915	民国时期杨靖宇阅读的书籍《增补诗经备旨》	1937	抗日战争时期魏拯民使用的茶壶（残）
1916	抗日战争时期抗联战士用的铁马镫（7件）	1938	抗日战争时期魏拯民使用的瓷缸
1917	抗日战争时期抗联战士用的铁马镫带扣（6件）	1939	抗日战争时期魏拯民使用的瓷碗（2件）
1918	抗日战争时期抗联战士使用的自制土炮	1940	抗日战争时期魏拯民使用的棉被
1919	抗日战争时期抗联战士使用的自制铁刀（2件）	1941	民国时期魏拯民在山西太原求学时使用的木椅
1920	抗日战争时期抗联战士使用的铁剑	1942	抗日战争时期抗联战士缴获并使用的日本南部大正十一年式轻机枪
1921	抗日战争时期抗联战士缴获并使用的铜壶（2件）	1943	抗日战争时期抗联战士使用的瓷坛
1922	抗日战争时期抗联战士缴获并使用的军刀（8件）	1944	民国时期魏拯民少年求学时使用的算盘
1923	抗日战争时期东北民众自卫义勇军第二十八路军使用的铁刀	1945	民国时期魏拯民使用的马蹄表
1924	抗日战争时期抗联战士自制土枪残件	1946	抗日战争时期张蔚华使用的木柜
1925	抗日战争时期抗联战士使用的铁扎枪头	1947	解放战争时期孟广志使用的皮质公文包
1926	抗日战争时期抗联战士使用的铁刀（3件）	1948	抗日战争时期抗联宣传用的树标
1927	抗日战争时期抗联战士使用的铁扎枪头（2件）	1949	抗日战争时期抗联战士缴获并使用的三八式步枪
1928	抗日战争时期抗联战士使用的铝酒壶	1950	抗日战争时期抗联战士使用的自制步枪（2件）
1929	民国时期宋铁岩阅读的书籍《物理算法解说》	1951	抗日战争时期抗联战士使用的三八式步枪
1930	抗日战争时期抗联战士使用的铁盆	1952	抗日战争时期抗联战士使用的土枪（2件）
1931	抗日战争时期抗联战士使用的马蹄灯	1953	抗日战争时期抗联战士使用的半自动步枪
1932	抗日战争时期抗联战士使用的铜饭盒	1954	抗日战争时期抗联战士使用的单筒猎枪
1933	抗日战争时期抗联战士使用的三八式骑枪（2件）	1955	抗日战争时期抗联战士使用的自制猎枪
1934	抗日战争时期抗联战士使用的九九式步枪	1956	抗日战争时期抗联战士使用的铁扎枪头
1935	抗日战争时期抗联战士使用的机枪残件	1957	抗日战争时期抗联战士使用的自制手枪
1936	抗日战争时期抗联战士使用的三八式步枪栓体残件	1958	抗日战争时期抗联战士使用的手枪

1959	抗日战争时期抗联战士缴获并使用的"王八盒子"枪	1978	抗日战争时期抗联运送给养的荆条编筐
1960	抗日战争时期抗联战士缴获并使用的毛瑟C96手枪	1979	抗日战争时期抗联战士在暖木条子被服厂使用的缝纫机
1961	抗日战争时期抗联战士缴获并使用的德制毛瑟M1932手枪	1980	抗日战争时期抗联战士使用的武器铁构件（残）
1962	抗日战争时期抗联战士缴获并使用的勃朗宁M1910手枪	1981	抗日战争时期抗联战士使用的铁枪管（14件）
1963	抗日战争时期抗联战士使用的铜军号	1982	抗日战争时期抗联战士使用的步枪子弹（392件）
1964	抗日战争时期抗联战士缴获并使用的日式步枪刺刀（4件）	1983	抗日战争时期抗联战士使用的铁锯
1965	抗日战争时期抗联战士缴获并使用的日制90式钢盔（2件）	1984	抗日战争时期抗联战士使用的铁桶
1966	抗日战争时期抗联战士使用的铝壶	1985	抗日战争时期抗联战士使用的铁台钳
1967	抗日战争时期抗联战士使用的充电器木盒	1986	抗日战争时期抗联战士使用的铁钎子
1968	抗日战争时期抗联战士使用的发报机	1987	抗日战争时期抗联战士使用的修械工具铁辒辖
1969	抗日战争时期抗联战士使用的手动连接机	1988	抗日战争时期抗联战士使用的铁锅撑（2件）
1970	抗日战争时期抗联传令兵黄殿军使用的皮质文件包（2件）	1989	抗日战争时期抗联战士使用的铁锅（残）
1971	抗日战争时期抗联传令兵黄殿军穿的皮袄	1990	抗日战争时期抗联战士使用的铁油灯碗
1972	抗日战争时期抗联战士使用的铁马衔子	1991	抗日战争时期"南满工农反日游击队 第一队"袖标（2件）
1973	抗日战争时期张蔚华使用的皮箱	1992	民国时期杨靖宇阅读的《四书补注备旨上论》
1974	抗日战争时期抗联运送给养的木车轮（2件）	1993	民国时期杨靖宇阅读的《新刻书经备旨辑要》
1975	抗日战争时期抗联战士使用的木凳	1994	民国时期杨靖宇阅读的《四书补注备旨上孟》
1976	抗日战争时期抗联战士使用的木桶	1995	民国时期杨靖宇阅读的《书经体注合参大全》
1977	抗日战争时期抗联运送给养的椴树皮编背筐	1996	抗日战争时期抗联战士穿的靰鞡鞋（6件）

一般文物

白山市临江市
★ 四保临江战役纪念馆

1997	抗日战争时期抗联战士缴获并使用的战刀（2件）	2009	四保临江烈士陵园无名烈士使用的铁皮口哨
1998	解放战争时期四保临江战役周伯洪烈士携带的手榴弹（残）	2010	四保临江烈士陵园无名烈士使用的玻璃药水瓶
1999	解放战争时期拥军支前使用的铁皮水瓢	2011	四保临江烈士陵园无名烈士使用的手雷
2000	解放战争时期拥军支前使用的木算盘	2012	四保临江烈士陵园无名烈士使用的手电筒
2001	解放战争时期拥军支前使用的玻璃煤油灯	2013	四保临江烈士陵园无名烈士使用的子弹（6件）
2002	解放战争时期拥军支前使用的木斗	2014	四保临江烈士陵园无名烈士使用的铁折刀
2003	四保临江烈士陵园无名烈士使用的搪瓷牙缸	2015	抗美援朝期间中国人民志愿军战士使用的人民牌钢笔
2004	四保临江烈士陵园无名烈士使用的搪瓷杯	2016	抗美援朝期间中国人民志愿军战士使用的钢笔
2005	四保临江烈士陵园无名烈士使用的铁饭叉	2017	抗美援朝期间中国人民志愿军战士使用的ASIA牌钢笔
2006	四保临江烈士陵园无名烈士使用的铜饭勺	2018	解放战争时期东北民主联军战士使用的棉布子弹带
2007	四保临江烈士陵园无名烈士使用的骨筷子（2件）	2019	解放战争时期东北民主联军战士使用的棉布手榴弹带
2008	四保临江烈士陵园无名烈士使用的搪瓷碗（2件）	2020	解放战争时期东北民主联军战士使用的军用手电筒

白山市浑江区
★ 白山市浑江区七道江会议纪念馆

2021	解放战争时期陈云使用的办公桌	2026	解放战争时期东北民主联军使用的苏联赠送重机枪
2022	解放战争时期陈云使用的办公椅	2027	解放战争时期东北民主联军使用的卡宾枪（2件）
2023	解放战争时期东北民主联军使用的癫瓜雷	2028	解放战争时期东北民主联军使用的喷火器（2件）
2024	解放战争时期东北民主联军使用的指南针	2029	解放战争时期陈云使用的电话
2025	解放战争时期东北民主联军使用的望远镜		

白山市抚松县
★ 抚松县文物管理所

2030　抗日战争时期苏剑飞使用的铁刀

2031　抗日战争时期苏剑飞使用的瓷碗（2件）

2032　抗日战争时期苏剑飞穿的牛皮靰鞡鞋（2件）

2033　抗日战争时期苏剑飞使用的步枪（残）

白山市靖宇县
★ 靖宇县文物管理所

2034　抗日战争时期抗联战士使用的自制左轮手枪

2035　抗日战争时期抗联战士使用的铁扎枪

2036　抗日战争时期抗联战士使用的大刀

2037　抗日战争时期抗联战士使用的铁战刀

白山市临江市
★ 陈云旧居纪念馆

2038　解放战争时期陈云使用的办公桌

2039　解放战争时期陈云使用的办公椅

松原市乾安县
★ 乾安县博物馆

2040	1950年解放华中南纪念章	2042	1948年解放东北纪念章
2041	1951年抗美援朝纪念章	2043	1953年乾安县人民政府颁发给杨树廷的土地执照

白城市
★ 白城市博物馆

2044	1954年全国人民慰问人民解放军纪念章	2047	1950年中南军政委员会颁发的解放华中南纪念章
2045	1949年中国人民解放军西南军区颁发的解放西南胜利纪念章	2048	1950年华北解放纪念章
2046	1948年解放东北纪念章	2049	1953年中国人民赴朝慰问团赠和平万岁抗美援朝纪念章

白城市通榆县
★ 通榆县博物馆

2050	中华人民共和国成立初期辽西省人民政府颁发的抗美援朝卫国保家民工模范奖章	2054	1953年10月25日中国人民赴朝慰问团赠和平万岁纪念章
2051	1947年东北民主联军毛泽东奖章（2件）	2055	中华人民共和国成立初期江西省首届英模大会纪念章
2052	1949年4月中国人民解放军第六十军颁发的解放太原纪念章	2056	1948年解放东北纪念章（2件）
2053	1950年吉林省人民政府颁发的一等毛泽东奖章	2057	1954年2月17日全国人民慰问人民解放军代表团纪念章

2058	1938年西北青年救国会赠八一运动大会奖章	2065	解放战争时期中野六纵颁发的特等英雄铜章
2059	1949年华中军区六分部颁发的一等功臣纪念章	2066	1945年7月7日冀鲁豫军区第八军分区抗战八年纪念章
2060	中华人民共和国初期抗美援朝纪念章	2067	1923年江岸京汉铁路工会"劳工神圣"会员证
2061	1951年吉林省人民政府颁发的一等毛泽东奖章	2068	1949年4月21日中国人民解放军第十六军颁发的渡江水上英雄纪念章
2062	1949年4月21日中国人民解放军华东军区颁发的渡江胜利纪念章	2069	中华人民共和国成立初期辽东志愿抗美援朝模范章
2063	1923年江岸京汉铁路工会"劳工神圣"会员证	2070	1938年陆军新编第四军司令部证章
2064	中华人民共和国时期中央人民政府人民革命军事委员会赠中苏友谊万岁纪念铜章	2071	1952年8月26日中国人民解放军东北军区政治部颁发给伦凤武的革命军人证明书

白城市通榆县
★ 通榆县烈士陵园

2072	1948年淮海军分区颁发的特等功章	2081	1979年中国人民解放军海军南海舰队航空兵政治部颁发给独立二大队飞行一中队杨德军的立功受奖证书
2073	1953年瞻榆县奖烈军属荣复转业军人拥军优属模范章	2082	1979年南航司令部海军航空兵独立第二大队飞行一中队飞行员杨德军的出入证
2074	1951年中国人民政治协商会议全国委员会赠抗美援朝纪念章	2083	1980年南航司令部海航独立第一大队飞行员杨德军的出入证
2075	抗日战争时期无名烈士使用的手电筒（残）	2084	1979年中国人民解放军海军航空兵杨德军的飞行日记
2076	抗日战争时期无名烈士使用的钢笔（残）	2085	中华人民共和国时期杨德军烈士军帽上的红五角星
2077	抗日战争时期无名烈士使用的钢笔（2件）	2086	中华人民共和国时期杨德军烈士的红领章（3件）
2078	抗日战争时期无名烈士使用的皮带	2087	中华人民共和国时期孟凡江烈士使用的木刨子（2件）
2079	中华人民共和国时期杨德军烈士的海军服装	2088	1948年解放东北纪念章
2080	中华人民共和国时期杨德军烈士的皮上衣	2089	1948年东北人民解放军勇敢奖章

延边州

★ 延边博物馆

2090	1932—1934年延吉县王隅沟抗日游击根据地游击队员使用的铁火盆（残）
2091	1932—1934年和龙县渔浪村抗日游击根据地游击队员使用的铁火盆（残）
2092	1932—1934年珲春县烟筒砬子抗日游击根据地游击队员使用的长方形镜片
2093	1932—1934年珲春县烟筒砬子抗日游击根据地游击队员使用的陶缸（残）
2094	1935年汪清县罗子沟抗日游击根据地游击队员使用的六轮子手枪（残）
2095	1932年和龙县药水洞妇女委员金顺姬烈士使用的铅笔（残）
2096	1931—1933年珲春县马滴达南别里东沟游击队员使用的瓷碗（残）
2097	1931—1933年珲春县马滴达西北沟南沟区委所在地游击队员使用的搪瓷锅（残）
2098	1931—1933年珲春县马滴达西北沟南沟区委所在地游击队员使用的白瓷碗（残）
2099	1939年抗联一路军警卫旅第三团团长崔哲宽使用的桦树皮盒（残）
2100	1939年抗联一路军警卫旅第三团团长崔哲宽使用的医疗用具（残）
2101	1939年抗联一路军警卫旅第三团团长崔哲宽使用的枪支零件
2102	1932年女烈士文斗赞在和龙县长仁江革命活动时使用的瓷盖壶（残）
2103	1932年女烈士金玉雪在汪清县仲坪村梨花沟革命活动时使用的瓷膏药盒（残）
2104	1932年女烈士金玉雪在汪清县仲坪村梨花沟革命活动时使用的铁剪（残，2件）
2105	1935年车厂子抗日游击根据地东南岔兵工厂的铁斧（2件）
2106	1935年车厂子抗日游击根据地东南岔兵工厂的铁扎枪套（残）
2107	1935年车厂子抗日游击根据地东南岔兵工厂制造炸弹使用的铁条（残，2件）
2108	1935年车厂子抗日游击根据地东南岔兵工厂制造炸弹使用的铁丝捆
2109	1935年车厂子抗日游击根据地东南岔兵工厂制造的子弹
2110	1936年抗联第一路军第二军六师金善使用的玻璃瓶（残）
2111	1934年延吉县三道湾抗日游击根据地兵工厂的铜表轮（残）
2112	1934年和龙县渔浪村抗日游击根据地游击队员使用的搪瓷盆（残）
2113	1934年和龙县渔浪村抗日游击根据地游击队员使用的铁耳锅
2114	1932—1934年延吉县抗日游击队制造的"延吉炸弹"
2115	1932—1934年延吉县三道湾抗日游击根据地医院使用的搪瓷盆（残）
2116	1932—1934年延吉县三道湾抗日游击根据地医院使用的医疗工具残片
2117	1932—1934年珲春县春化板棚沟抗日密营使用的瓷碟（2件）
2118	1932—1934年珲春县春化板棚沟抗日密营使用的铝匙（2件）
2119	1941年中共东南满省委书记魏拯民警卫排战士使用的捞松皮搪瓷筛子（残）
2120	1941年中共东南满省委书记魏拯民警卫排战士的衣服残件
2121	1941年中共东南满省委书记魏拯民警卫排战士的胶鞋底（残，2件）
2122	1941年中共东南满省委书记魏拯民警卫排战士使用的瓷碗（残）
2123	1941年中共东南满省委书记魏拯民警卫排战士使用的铁筒（残，2件）

2124	1938年抗联第一路军第二军四师在桦甸县夹皮沟老金厂大登场密营时使用的搪瓷洗脸盆（残）	2143	1932—1934年珲春县烟筒砬子抗日游击根据地西沟游击队员使用的铁桶（残）
2125	1938年抗联第一路军第二军四师在桦甸县夹皮沟老金厂大登场密营时使用的胶鞋底（残，2件）	2144	1932—1934年珲春县春化梨树沟板棚沟密营游击队员使用的瓷碟
2126	1932—1934年珲春县烟筒砬子抗日游击根据地西沟游击队队员穿的胶鞋（残，2件）	2145	1932—1934年珲春县烟筒砬子抗日游击根据地游击队员使用的铁水壶（残）
2127	1932—1933年汪清县仲坪村、梨花村反日自卫队员制造的步枪零件	2146	1932—1934年珲春县烟筒砬子抗日游击根据地西沟游击队员使用的陶顶水罐残件
2128	1932—1934年延吉县三道湾抗日游击根据地游击队员使用的镂空铁合页（残）	2147	1932—1934年珲春县烟筒砬子抗日游击根据地西沟游击队员使用的搪瓷盆（残）
2129	1932—1934年和龙县渔浪村抗日游击根据地游击队员使用的胶鞋底（2件）	2148	1932—1934年珲春县烟筒砬子抗日游击根据地游击队员使用的瓷油灯盘（残）
2130	1932—1933年珲春县大荒沟抗日游击根据地游击队员使用的子弹壳	2149	1931—1933年珲春县春化梨树沟闹枝沟密营游击队员使用的小搪瓷盆
2131	1932—1934年珲春县烟筒砬子抗日游击根据地游击队员使用的搪瓷茶缸	2150	1936年珲春县春化梨树沟板棚沟抗日游击队员缴获并使用的兰花瓷碗（残）
2132	1932—1934年珲春县烟筒砬子抗日游击根据地西沟游击队员使用的铜挂钟饰件	2151	1932—1934年珲春县烟筒砬子抗日游击根据地游击队员使用的铁盆（残，2件）
2133	1932—1934年珲春县烟筒砬子抗日游击根据地游击队员使用的马镫	2152	1932—1934年珲春县烟筒砬子抗日游击根据地西沟游击队员使用的胶鞋底（残，2件）
2134	1932—1933年珲春县春化梨树沟板棚沟抗日密营游击队员使用的搪瓷盆（残）	2153	1932—1934年珲春县烟筒砬子抗日游击根据地游击队员使用的小搪瓷盆（残）
2135	1931—1933年珲春县春化梨树沟闹枝沟抗日密营游击队员使用的搪瓷锅盖（残）	2154	1932—1934年珲春县烟筒砬子抗日游击根据地西沟游击队员使用的铁盆（残）
2136	1932—1934年珲春县烟筒砬子抗日游击根据地西沟游击队员使用的搪瓷锅（残）	2155	1932—1934年珲春县烟筒砬子抗日游击根据地东沟游击队员使用的铁锅残片
2137	1932—1934年珲春县烟筒砬子抗日游击根据地东沟游击队员使用的搪瓷盆（残）	2156	1932—1934年珲春县春化梨树沟闹枝沟密营游击队员使用的铁斧
2138	1932—1933年珲春县春化梨树沟板棚沟密营游击队员使用的瓷碗（残，3件）	2157	1932—1934年珲春县烟筒砬子抗日游击根据地西沟游击队员使用的铁锹（残）
2139	1932—1934年珲春县烟筒砬子抗日游击根据地游击队员使用的铁水桶（残）	2158	1932—1934年珲春县烟筒砬子抗日游击根据地西沟游击队员使用的铜匙
2140	1932—1933年珲春县春化梨树沟板棚沟密营游击队员使用的铁水桶（残，2件）	2159	1932—1934年珲春县烟筒砬子抗日游击根据地东沟游击队员使用的搪瓷盆（残）
2141	1932—1934年珲春县春化西北沟密营游击队员使用的搪瓷洗脸盆（残，2件）	2160	1940年抗联一路军二方面军战士金明淑使用的手提箱（残）
2142	1932—1933年珲春县春化梨树沟板棚沟密营游击队员使用的搪瓷盆（残）	2161	1947年土地改革时汪清县百草沟第一生产队西城队吴宝祥分得的搪瓷碗

一般文物

2162	1932—1934年汪清县百草沟兴隆抗日游击队员使用的铁锅（残）	2182	1949年4月东北行政委员会颁发给延吉县光开区李八男的土地执照
2163	1931—1934年珲春县烟筒砬子抗日游击根据地游击队员使用的铁锅（残）	2183	1949年4月东北行政委员会颁发给延吉县光开区崔官俊的土地执照
2164	1939—1940年抗联一路军三方面军在抚松县密营使用的铁锅（残）	2184	1949年4月东北行政委员会颁发给延吉县光开区金英珍的土地执照
2165	抗日战争时期抗联战士在汪清县百草沟仲坪上村密营使用的铁锅（残）	2185	1949年4月东北行政委员会颁发给延吉县光开区吴万福的土地执照
2166	1938年抗联第一路军第二军四师金云信排长使用的胶鞋底（残）	2186	1949年4月东北行政委员会颁发给延吉县光开区金德贤的土地执照（2件）
2167	1939年抗联一路军二方面军使用的缝纫机铁架（残）	2187	1949年4月东北行政委员会颁发给延吉县光开区崔德亨的土地执照
2168	1935年车厂子抗日根据地游击队员使用的土炮（残）	2188	1949年4月东北行政委员会颁发给延吉县光开区李春吉的土地执照
2169	1946年延边警备一旅一团战士使用的步枪（残，6件）	2189	1949年4月东北行政委员会颁发给汪清县百草沟洪庄燮的土地执照
2170	1936年抗联二军四师战士使用的九九式步枪（残，3件）	2190	1946—1950年汪清县百草沟县城间参加中国人民解放军名单（残）
2171	1946年延边警备一旅一团战士使用的三八式步枪	2191	1948年汪清县第二区百草沟县城村互助组的"秋收的号召"单（残）
2172	1946年延边警备一旅一团战士使用的九九式步枪	2192	1948年汪清县百草沟区供销生产合作社区联社发给金星奎的股票
2173	1948年东北人民解放军十纵队战士使用的美式步枪	2193	1948年汪清县百草沟区供销生产合作社区联社发给崔明姬的股票
2174	1947年金仁旭荣获的"夏季大反攻中艰苦勇敢支援前线荣立壹小功"奖状	2194	1948年汪清县百草沟区供销生产合作社区联社发给崔相浩的股票
2175	1949年4月东北行政委员会颁发给延吉县光开区文基鹤的土地执照	2195	1948年汪清县百草沟区供销生产合作社区联社发给金洙万的股票
2176	1949年4月东北行政委员会颁发给延吉县光开区朱南极的土地执照	2196	1948年汪清县百草沟区供销生产合作社区联社发给任绮元的股票
2177	1949年4月东北行政委员会颁发给延吉县光开区吴万福的土地执照3406号	2197	1948年汪清县百草沟区供销生产合作社区联社发给沧洲农会的股票
2178	1949年4月东北行政委员会颁发给延吉县光开区崔好善的土地执照	2198	1948年汪清县百草沟区供销生产合作社区联社发给李浩顺的股票
2179	1949年4月东北行政委员会颁发给延吉县光开区车俊模的土地执照	2199	1948年汪清县百草沟西山村记录的平分土地台账
2180	1949年4月东北行政委员会颁发给延吉县光开区崔得哲的土地执照	2200	1947年尹成远在汪清县保安大队第一届群英大会上荣获的"劳动英雄"奖状（残）
2181	1949年4月东北行政委员会颁发给延吉县光开区崔东洛的土地执照	2201	1947年东北行政委员会颁发给金相男的革命军人退伍证

2202	1947年汪清县政府颁发给金正学家属金昌玉的革命军属光荣状	2222	1949年4月东北行政委员会颁发给汪清县百草沟韩锡山的土地执照
2203	1947年汪清县政府颁发给金今孙家属李吾范的革命军属光荣状	2223	1947年9月汪清县第二区平安乡农民会发布的关于农会干部携带支前物品参会的急告
2204	1948年吉林军区政治部颁发给李东春家属李炳善的军属证明书	2224	1947年5月汪清县百草沟乡平安农会发布的关于吉林军区募集参军人员参会的急告
2205	1947年尹成远荣获的"在爱国保田自卫战争中特选为乙等劳动英雄"奖状（残）	2225	1950年12月中国人民解放军铁道兵团政治部颁发给闻景和家属的革命军人家属证明书
2206	1948年闻景和家属闻会山的"东北民主联军护路军军人家属优待证明书"	2226	1949年1月汪清县"百草沟区政府民政总参军调查表"
2207	1948年吉东军分区独立三团颁发给吴宝祥家属的"革命军人家属证书"	2227	1948年5月汪清县第二区百草沟乡县城间"吉林省军人家属调查表"（残）
2208	1948年中国人民解放军某部十五支队发给张洪燮的担架队员完成任务证	2228	1947年汪清县百草沟区平安厢西山间担架队名簿
2209	1949年4月东北行政委员会颁发给汪清县百草沟洪寅燮的土地执照	2229	1947年10月吉林省委宣传部印发的《中国土地法大纲》
2210	1949年4月东北行政委员会颁发给汪清县百草沟金斗植的土地执照（残）	2230	1949年3月东北行政委员会颁发给珲春县春化区严道一的土地执照（2件）
2211	1949年4月东北行政委员会颁发给汪清县百草沟金昌玉的土地执照	2231	1949年3月东北行政委员会颁发给珲春县春化区崔永善的土地执照（残）
2212	1949年4月东北行政委员会颁发给汪清县百草沟朱元燮的土地执照	2232	1949年3月东北行政委员会颁发给珲春县春化区尹泰一的土地执照（残）
2213	1949年4月东北行政委员会颁发给汪清县百草沟李圭若的土地执照	2233	1951年汪清县百草沟县城间农民支援抗美援朝战争的慰问品明细表
2214	1949年4月东北行政委员会颁发给汪清县百草沟李禄的土地执照	2234	1950年汪清县百草沟县城间人民支援抗美援朝战争的慰问金明细表
2215	1949年4月东北行政委员会颁发给汪清县百草沟金秉七的土地执照	2235	1950年安东权在抗美援朝战场上使用的手册（残）
2216	1949年4月东北行政委员会颁发给汪清县百草沟闻会山的土地执照	2236	抗美援朝期间珲春县烈军属拥军优属模范奖励大会发布的"珲春县拥军优属公约"
2217	1949年4月东北行政委员会颁发给汪清县百草沟金明甫的土地执照	2237	抗美援朝期间珲春县第二次烈军属拥军优属模范奖励大会发布的"珲春县烈军属爱国公约"
2218	1947年4月汪清县政府颁发给崔成寿的土地执照（残）	2238	1947年吉林省委秘书处印发的《彻底土地改革和大胆放手》
2219	1947年3月汪清县政府颁发给金今孙的土地执照	2239	1948年吉林日报社印发的《中共中央关于旧解放区半解放区土地改革和整党工作指示》
2220	1947年4月汪清县政府颁发给金今孙的土地执照	2240	1947年月刊杂志人民社印发的东北局宣传部编必立译《农村政治读本》（残）
2221	1947年3月汪清县政府颁发给洪连燮的土地执照（残）	2241	1946年东北民主联军合江军区后勤部之印

2242	1947年珲春县南泰孟、金贤哲为支援前线制作的军鞋帮（2件）	2258	1948年延吉县人民政府"关于颁发土地执照"指示（2件）
2243	解放战争时期桦甸县城郊区集厂子村二间赠送给敦化五期民工大队的"战勤中助民光荣"旗帜	2259	1949年1月和龙县全南俊的土地所有权执照存根
2244	抗美援朝期间东后第十四院院部、政治处赠送给安图县人民政府的"为大力支援抗美援朝任务发扬了高度的国际主义和爱国主义精神"旗帜（残）	2260	1949年3月东北行政委员会颁发给和龙县东城区光东村宫锡庆的土地执照（第400号）
2245	1952年中共中央东北局庆祝延边朝鲜民族自治区人民代表大会开幕、延边朝鲜民族自治区人民政府成立赠送的"在毛泽东旗帜下前进"旗帜	2261	1949年3月东北行政委员会颁发给和龙县东城区光东村马公实的土地执照（第455号）
2246	1951年吉林省人民政府赠送的"合作互助发展抗美援朝保家卫国"旗帜	2262	1949年3月东北行政委员会颁发给和龙县东城区光东村马公实的土地执照（第456号）
2247	1952年东北人民政府民政部庆祝延边朝鲜民族自治区人民代表大会开幕、延边朝鲜民族自治区人民政府成立赠送的"为祖国经济建设团结起来"旗帜	2263	1949年3月东北行政委员会颁发给和龙县东城区光东村金珍哲的土地执照（第457号）
2248	1952年吉林省总工会庆祝延边朝鲜民族自治区首届各族人民代表会议暨延边朝鲜民族自治区人民政府成立赠送的"各族人民的工人阶级团结起来为建设富强的新中国而奋斗"旗帜	2264	1949年3月东北行政委员会颁发给和龙县东城区光东村金珍哲的土地执照（第458号）
2249	1952年中国人民解放军东北军区吉林省军事部庆祝延边朝鲜民族自治区首届各族人民代表会议暨延边朝鲜民族自治区人民政府成立赠送的"加强民族团结巩固国防"旗帜	2265	1949年3月东北行政委员会颁发给和龙县东城区光东村金炯义的土地执照（第460号）
2250	1950年汪清县百草沟模范自卫队队员牟青峰佩戴的"模范自卫队"袖标	2266	1949年3月东北行政委员会颁发给和龙县东城区光东村金龙七的土地执照（第464号）
2251	1932年珲春县春化西北沟抗日密营游击队员使用的铁锅	2267	1949年3月东北行政委员会颁发给和龙县东城区光东村金龙七的土地执照（第465号）
2252	1932年车厂子抗日游击根据地游击队员使用的扎枪	2268	1949年3月东北行政委员会颁发给和龙县东城区光东村方青松的土地执照（第466号）
2253	1935年车厂子抗日游击根据地游击队员使用的马镫（2件）	2269	1949年3月东北行政委员会颁发给和龙县东城区光东村金仁洙的土地执照（第468号）
2254	1933年车厂子抗日游击根据地游击队员使用的铜匙	2270	1949年3月东北行政委员会颁发给和龙县东城区光东村金仁洙的土地执照（第469号）
2255	1933年车厂子抗日游击根据地游击队员使用的铜匙（残）	2271	1949年3月东北行政委员会颁发给和龙县东城区光东村徐维潘的土地执照（第470号）
2256	1933年汪清县游击队队员使用的胶鞋底（残）	2272	1949年3月东北行政委员会颁发给和龙县东城区光东村徐维潘的土地执照（第471号）
2257	1939年抗联一路军警卫旅三团团长崔哲宽使用的铅笔（3件）	2273	1949年3月东北行政委员会颁发给和龙县东城区光东村金元实的土地执照（第472号）

2274	1949年3月东北行政委员会颁发给和龙县东城区光东村朴锡亨的土地执照（第474号）	2294	1949年3月东北行政委员会颁发给和龙县东城区光东村金敬焕的土地执照（第1597号）
2275	1949年3月东北行政委员会颁发给和龙县东城区光东村朴锡亨的土地执照（第475号）	2295	1949年3月东北行政委员会颁发给和龙县东城区光东村金京钟的土地执照（第1599号）
2276	1949年3月东北行政委员会颁发给和龙县东城区光东村蔡学林的土地执照（第476号）	2296	1949年3月东北行政委员会颁发给和龙县东城区光东村金京钟的土地执照（第1600号）
2277	1949年3月东北行政委员会颁发给和龙县东城区光东村蔡学林的土地执照（第477号）	2297	1949年3月东北行政委员会颁发给和龙县东城区光东村金东熙的土地执照（第1601号）
2278	1949年3月东北行政委员会颁发给和龙县东城区光东村金凤珠的土地执照（第478号）	2298	1949年3月东北行政委员会颁发给和龙县东城区光东村金东熙的土地执照（第1602号）
2279	1949年3月东北行政委员会颁发给和龙县东城区光东村金七星的土地执照（第481号）	2299	1949年3月东北行政委员会颁发给和龙县东城区光东村金乙男的土地执照（第1607号）
2280	1949年3月东北行政委员会颁发给和龙县东城区光东村李完植的土地执照（第482号）	2300	1949年3月东北行政委员会颁发给和龙县东城区光东村方正云的土地执照（第1612号）
2281	1949年3月东北行政委员会颁发给和龙县东城区光东村李完植的土地执照（第483号）	2301	1949年3月东北行政委员会颁发给和龙县东城区光东村方正云的土地执照（第1613号）
2282	1949年3月东北行政委员会颁发给和龙县东城区光东村金万渊的土地执照（第485号）	2302	1949年3月东北行政委员会颁发给和龙县东城区光东村马允活的土地执照（第1614号）
2283	1949年3月东北行政委员会颁发给和龙县东城区光东村金万渊的土地执照（第486号）	2303	1949年3月东北行政委员会颁发给和龙县东城区光东村马允活的土地执照（第1615号）
2284	1949年3月东北行政委员会颁发给和龙县东城区光东村金河燮的土地执照（第487号）	2304	1949年3月东北行政委员会颁发给和龙县东城区光东村李南极的土地执照（第1616号）
2285	1949年3月东北行政委员会颁发给和龙县东城区光东村金河燮的土地执照（第488号）	2305	1949年3月东北行政委员会颁发给和龙县东城区光东村李南极的土地执照（第1617号）
2286	1949年3月东北行政委员会颁发给和龙县东城区光东村金泽渊的土地执照（第489号）	2306	1949年3月东北行政委员会颁发给和龙县东城区光东村崔钟完的土地执照（第1688号）
2287	1949年3月东北行政委员会颁发给和龙县东城区光东村方正郁的土地执照（第490号）	2307	1949年3月东北行政委员会颁发给和龙县东城区光东村李玉堂的土地执照（第1780号）
2288	1949年3月东北行政委员会颁发给和龙县东城区光东村马龙洛的土地执照（第491号）	2308	1949年3月东北行政委员会颁发给和龙县东城区光东村金周日的土地执照（第1782号）
2289	1949年3月东北行政委员会颁发给和龙县东城区光东村金禄渊的土地执照（第492号）	2309	1949年4月东北行政委员会颁发给和龙县东城区明丰村全成弘的土地执照（第771号）
2290	1949年3月东北行政委员会颁发给和龙县东城区光东村金昌燮的土地执照（第496号）	2310	1949年4月东北行政委员会颁发给和龙县东城区明丰村罗成龙的土地执照（第772号）
2291	1949年3月东北行政委员会颁发给和龙县东城区光东村金德洙的土地执照（第497号）	2311	1949年4月东北行政委员会颁发给和龙县东城区明丰村罗成龙的土地执照（第773号）
2292	1949年3月东北行政委员会颁发给和龙县东城区光东村金德寿的土地执照（第498号）	2312	1949年4月东北行政委员会颁发给和龙县东城区明丰村罗希京的土地执照（第779号）
2293	1949年3月东北行政委员会颁发给和龙县东城区光东村方日天的土地执照（第500号）	2313	1949年4月东北行政委员会颁发给和龙县东城区明丰村金长禄的土地执照（第781号）

一般文物

2314	1949年4月东北行政委员会颁发给和龙县东城区明丰村金长春的土地执照（第794号）
2315	1956年和龙县东城区兴城高级农业社社员收入情况报告表
2316	1949年珲春县全县一等模范互助组荣获的"再提高一步"旗帜
2317	1951年8月15日珲春县第七区抗美援朝委员会赠送的"为爱国展开增产运动"旗帜
2318	1952年12月珲春县人民政府颁发的"特等模范"奖旗（残）
2319	1953年珲春县人民政府颁发给特等农业生产合作社的"巩固劳动组织提高劳动效率进一步显示组织起来优越性"奖旗
2320	1956年珲春县凉水乡金星农业社赠送的"一等先进生产队"旗帜
2321	1956年珲春县凉水乡金星农业社赠送的"先进生产组"旗帜
2322	1953年吉林省人民政府赠给和龙县新兴街民兵中队的"在肃特中高度发扬了爱国主义精神，保证了部队供给"奖旗
2323	1948年汪清县庙岭村妇女主任金海善赠送给指战员的拥军慰问手绢
2324	1947年朴相杰在横道河子守备战中荣获的"特等战斗英雄"奖章证明书
2325	1947年李炳仁荣获的"东北民主联军特等战斗英雄"奖章
2326	1947年李炳仁荣获的"特等战斗英雄奖章"证明书
2327	1947年李相浩荣获的"战勤模范"奖状
2328	1954年珲春县安真玉荣获的"烈军属一等模范"奖状
2329	1953年延吉县合作总社颁发给朱灿洙的"先进工作者"奖状
2330	1954年延吉县合作总社颁发给朱灿洙的"二等模范"奖状
2331	1955年延吉县合作总社颁发给朱灿洙的"一等模范"奖状
2332	1956年朱灿洙荣获的"延边州二等模范采购员"奖状
2333	1958年朱灿洙荣获的"延吉县个人劳动模范"奖状

2334	1959年朱灿洙荣获的"延吉县建设社会主义先进集体和先进代表会议"奖状
2335	1956年崔允奉的和龙县太兴乡第二届人民代表大会代表当选证书
2336	1957年梁亨植荣获的"和龙县军人家属社会主义建设积极分子"奖状
2337	1953年俞凤万互助组荣获的"珲春县一般等农业生产模范"奖状
2338	1953年俞凤万互助组荣获的"珲春县代耕组模范"奖状
2339	1950年俞万石组荣获的"汪清县特等模范互助组"奖状
2340	1950年俞万石组荣获的"汪清县一等互助模范"奖状
2341	1950年俞万石组荣获的"汪清县模范互助组"奖状（残）
2342	1951年俞万石荣获的"汪清县二等优属模范"奖状
2343	1953年俞万石的汪清县翰章村人民代表大会代表当选证书
2344	1948年全元燮荣获的"和龙县春耕生产三等模范"奖状
2345	1947年松江军区八团金鹤淳使用的臂章
2346	1960年金昌联荣获的全国民兵代表会议纪念章
2347	1958年金昌联荣获的延边军分区民兵积极分子代表会议纪念章
2348	1950年崔秀元荣获的东北人民解放军艰苦奋斗奖章
2349	1950年2月22日43军156师颁发给崔秀元的人民功臣证明书
2350	1950年第四野战军赠给延边指战员的纪念册（残）
2351	1950年元旦156师467团送给军属吴永玉的恭贺信
2352	1948年春节独立六师十七团送给吴俞遂家属的恭贺信（2件）
2353	1950年元旦156师467团送给金永河家属的恭贺信

2354	1947年和龙县第七战勤队大队长李正义使用的皮包（残）	2375	1951年姜承化荣获的吉林省第二届农业劳模代表大会劳模奖章
2355	1947年中共吉林省委秘书处翻印的《民夫工作经验介绍》	2376	1951年姜承化荣获的珲春县第五届农业劳模大会爱国丰产模范奖章
2356	1947年东北解放区人民政府颁布的《爱国自卫战争勤务暂行条例》	2377	1952年中央访问团赠送给姜承化的纪念章
2357	1947年吉林省委秘书处印的《陈正人同志在第二次县团级干部会上的总结》	2378	1953年姜承化荣获的珲春县农产奖模大会纪念章
2358	1948年1月28日吉东地委会发布的《必须立即行动起来》紧急通知	2379	1950年姜承化荣获的劳动模范奖章
2359	1947年10月15日吉东地委致各县区组织和工作队的信	2380	1951年姜承化荣获的吉林省政府二等模范奖章
2360	1947年12月6日吉林省委研究室印发的《吉东地委的通知》（残）	2381	1958年朱灿洙荣获的延边朝鲜族自治州第一个五年计划劳模代表会议奖章
2361	1947年群众编委会出版的《拉林平分土地突点经验》	2382	1953年安贞玉荣获的吉林省农业模范奖章
2362	1947年《中共吉林省委关于一九四七年上半年任务的指示》（残）	2383	1951年沈永洙荣获的吉林省模范干部奖章
2363	1951年8月延边人民出版社出版的庆祝抗日战争胜利特刊号《宣传员手册》（朝鲜语文字版）	2384	1949年廉风春荣获的吉林省一届妇代纪念章
2364	1950年崔南燮荣获的东北农林展览会优良品种入选奖章	2385	1948年严俊燮荣获的解放东北纪念章
2365	1950年崔南燮荣获的珲春县第四届劳模大会纪念章	2386	1948年朴东范荣获的解放东北纪念章
2366	1951年崔南燮荣获的吉林省第二届农业劳模代表大会劳模奖章	2387	1948年东北军区颁发的解放东北纪念章（6件）
2367	1951年崔南燮荣获的珲春县第五届农业劳模大会爱国丰产模范奖章	2388	1948年郑官采荣获的解放东北纪念章
2368	1952年中央访问团赠送给崔南燮的纪念章	2389	1950年朴风男荣获的华北解放纪念章
2369	1952年崔南燮荣获的吉林省农业丰产奖章	2390	1950年郑官采荣获的华北解放纪念章
2370	1953年崔南燮荣获的吉林省农业模范奖章	2391	1950年华北军区颁发的华北解放纪念章（2件）
2371	1955年崔南燮荣获的"吉林省水利劳模会奖"奖章	2392	1950年朴风男获的解放华中南纪念章
2372	1950年姜承化荣获的东北农林展览会优良品种入选奖章	2393	1950年中南军政委员会颁发的解放华中南纪念章（2件）
2373	1950年姜承化荣获的吉林省第一届劳模大会纪念章	2394	1950年郑官采荣获的解放华中南纪念章
2374	1950年姜承化荣获的珲春县第四届劳模大会纪念章	2395	1951年朴风男荣获的抗美援朝纪念章

一般文物

2396	1953年中国人民赴朝慰问团赠送给崔永洙的和平万岁纪念章	2419	1949年全福顺荣获的延吉县第一届劳模大会奖章
2397	1953年中国人民赴朝慰问团赠送给韩龙俊的抗美援朝纪念章	2420	1951年全福顺荣获的吉林省第二届农业劳模代表大会劳模奖章
2398	1953年中国人民赴朝慰问团赠给中国人民志愿军的和平万岁纪念章（2件）	2421	1950年1月26日吉林省人民政府颁发给全福顺组的"二等模范"奖状
2399	1951年中国人民政治协商会议全国委员会赠给中国人民志愿军的抗美援朝纪念章（12件）	2422	1947年6月23日延吉市政府颁发给全福顺的"劳动模范"奖旗
2400	1951年中国人民政治协商会议全国委员会赠给郑官采的抗美援朝纪念章	2423	1953年5月许一权"在备战练兵中记三等功一次立功"喜报
2401	1953年延边州民族团结模范奖章（3件）	2424	1949年5月张南极"在工作中成绩卓著记特功一次"奖状
2402	1951年中央访问团赠送的纪念章（2件）	2425	1949年5月张南极荣获的东铁工代劳模大会纪念章
2403	1951年东北荣军保持荣誉纪念章（2件）	2426	1948年朴云珪记小功二次建功证
2404	1958—1962年珲春县人民委员会颁发的烈军属荣复转业退伍军人立功章（2件）	2427	1948年4月朴云珪荣获的支前功臣奖励
2405	1953年珲春四次奖模大会一次代表会议颁发的优抚纪念章（2件）	2428	1948年朴云珪荣获的解放东北纪念章
2406	1949年祖景文佩戴的中国人民解放军臂章	2429	1947年吉东汽车管理总局颁发给太正龙的褒奖状
2407	1949年孟昭山佩戴的中国人民解放军臂章	2430	1947年吉东汽车管理总局颁发给金虎孙的褒奖状
2408	1948年金永哲佩戴的东北人民解放军臂章	2431	1936年许吉先烈士的妻子给抗日游击队员缝制服装使用的手摇缝纫机（残）
2409	1946年东北民主联军臂章	2432	1933年吴仲和烈士使用的铜碗
2410	1950年中国人民解放军帽徽	2433	1942年东北抗联教导旅派遣小分队使用的铁斧
2411	1949年4月华北军区颁发的渡江胜利纪念章	2434	1935年车厂子抗日游击根据地东南岔被服厂使用的缝纫机零件
2412	1948年"钢八连"指导员金教真穿的东北人民解放军上衣（残）	2435	1933年小汪清抗日游击根据地游击队员使用的瓷碗（残）
2413	1948年2月独立六师三营八连党支部写给申道风家属的吉林孤店子战斗功绩介绍信	2436	1949年全永喜立一大功喜报
2414	1948年5月5日申道风写给哥哥的信	2437	1948年方忠烈荣获的"在四平长春外围战役中立三等功"奖状
2415	1953年朴昌范在肃特中记二等功一次革命军人立功喜报	2438	1956年任玉祥荣获的解放奖章
2416	1953年朴昌范在工作中记三等功一次革命军人立功喜报	2439	1956年任玉祥荣获的解放奖章证书
2417	1948年延边专署颁发给全福顺的工作模范奖章	2440	1948年文贵东荣获的记大功一次人民功臣奖状
2418	1948年延边专署颁发给全福顺的劳动模范奖章	2441	1947年李根春荣获的延吉县战勤模范奖状

2442	1950年中国人民解放军中南军区兼第四野战军赠给金洙默的纪念册（残）	2465	1948年郑青松在四间房战斗中立大功一次立功喜报（残）
2443	1949年4月华北人民政府发给金洙默的解放华北敬贺信（残）	2466	1949年金炳旭"在长春外围控工事工作进关行军当中记大功一次立功"喜报
2444	1949年1月东北人民政府发给金洙默的解放全东北敬贺信	2467	1949年李光弘"在长春外围战斗工作进关行军当中记大功一次立功"喜报
2445	1947—1949年金洙默在部队工作使用的备忘录	2468	1949年高一范荣获的"立一大功授予坚（艰）苦奋斗奖章"喜报
2446	1949年11月金斗荣获的解放西南胜利纪念章	2469	1949年高一范荣获的"立一大功授予艰苦奋斗奖章"喜报
2447	1950年金云山的立功证明书	2470	1948年9月崔泰元代表一班全体同志写给赵德浩排长的信件
2448	1947年俞东极"在工作埋头苦干中立一小功立功"喜报	2471	解放战争时期王新芳支援前线时穿的靰鞡鞋（残，2件）
2449	1947年郑东默荣获的吉东汽车管理局褒奖状	2472	1949年李玉今荣获的延吉县第一届劳模大会奖章
2450	1946年崔忠雄在吉东军政大学佩戴的臂章	2473	1951年李玉今荣获的延吉县第一届烈军属拥军优属模范代表大会奖章
2451	1949年屈舒在进关作战中立一大功喜报	2474	1947年李玉今荣获的延边专员公署劳动模范奖章
2452	1949年屈舒在南下作战中立一大功喜报	2475	1950年3月李玉今荣获的吉林省第一届劳动大会纪念章
2453	1950年屈舒在广西行军作战中立一大功喜报	2476	1950年李太洙"在四平战役中立一大功"喜报（残）
2454	1951年屈舒在湖南行军作战中立一大功喜报	2477	1950年李太洙"在长春外围作战中立一大功"喜报（残）
2455	1950年屈舒使用的文件皮包	2478	1949年朱元俊荣获的解放西南胜利纪念章
2456	1948年李成山在黑山县郑家窝堡作战中立一大功喜报（残）	2479	1950年中国人民解放军铁道兵团纪念章
2457	1950年李成山荣获的湘西剿匪胜利纪念章	2480	1949年苏春田荣获的石岘造纸厂劳模奖章
2458	1949年1月李成山荣获的淮海战役纪念章	2481	1950年苏春田荣获的汪清县劳模会纪念章
2459	1950年李成山荣获的永志功绩离队纪念证	2482	1947年厉福和荣获的老头沟炭矿第二届劳模大会"年年当英雄"匾
2460	1949年徐永春"在平时坚（艰）苦工作中立一大功"喜报	2483	1950年吉林省人民修建委员会颁发给郑东默的奖状
2461	1949年徐永春荣获的"东北人民解放军艰苦奋斗"奖章的证明书（残）	2484	1950年12月工兵十六团司令部金洙默的中国人民志愿军立功证明书
2462	1948年郑道学在四间房战斗及夏期秋期攻势中记小功一次立功喜报	2485	1952年工兵十六团司令部金洙默的功臣事迹册
2463	1947年郑道学"在爱国保田战争中获乙等"奖状	2486	1950年工兵十六团司令部金洙默的八一帽徽
2464	1948年刘忠焕"在四间房战斗及平时工作并长春围城中记小、大功一次立功"喜报	2487	1948年吉林军区颁发给金昌录家属的军属证明书

2488	1953年高宗明"在上甘岭战斗中记三等功一次"喜报	2508	1933年延吉县抗日游击队制作"延吉炸弹"使用的原材料
2489	1949年9月李玉今荣获的北京市第一次妇女代表大会纪念章	2509	1934年中共汪清县第五区区委书记朱日富使用的铁锹（残）
2490	1951年2月李玉今荣获的延吉县第一次妇女代表大会纪念章	2510	1933年延吉县八道沟区长财村七户洞抗日游击队员使用的铁镐（残）
2491	1950年李玉今荣获的吉林省人民政府一等劳模奖章	2511	1932年延吉县老区苇子沟抗日游击队员使用的瓷碗（残，3件）
2492	1951年李玉今荣获的吉林省第二届农业劳模代表大会劳模奖章	2512	1932年延吉县老区苇子沟抗日游击队员使用的玻璃瓶残件
2493	1951年李玉今荣获的吉林省水利劳模奖章	2513	1951年郎海丰荣获的中国人民解放军第43军38师小功证明书
2494	1953年李玉今荣获的吉林省农业先进生产代表会议纪念章	2514	1950年解放军47军141师423团南阳元立一小功立功证（残）
2495	1951年李玉今荣获的东北军属及拥军优属模范代表会议纪念章	2515	1949年张锦祥荣获的立三等功立功喜报
2496	1951年李玉今荣获的延吉军属模范奖章	2516	1947年金彩凤佩戴的"革命不成不归家"参军光荣带
2497	1949年张南极荣获的东北铁路总局功劳奖章	2517	1950年李福德荣获的吉林省二等工作模范章
2498	1952年金洙默荣获的"立三等功一次"喜报	2518	1932年珲春县梨树沟抗日游击队员使用的铁锅（残）
2499	1952年中央访问团赠给崔永男的纪念章	2519	1944年教导旅派遣小分队在珲春县春化乡葫芦头村童家沟使用的木水井框（残，3件）
2500	1954年2月全国人民慰问人民解放军代表团赠给崔永男的纪念章	2520	1949年4月东北行政委员会颁发给和龙县东城区明丰村全成弘的土地执照（第771号）
2501	1950年张永洙荣获的解放海南岛纪念章	2521	1949年4月东北行政委员会颁发给和龙县东城区明丰村罗成龙的土地执照（第772号）
2502	1950年崔斗哲荣获的解放海南岛纪念章	2522	1949年4月东北行政委员会颁发给和龙县东城区明丰村罗成龙的土地执照（第773号）
2503	1947年郑基勋荣获的吉林省吉东专署模范奖章	2523	1949年4月东北行政委员会颁发给和龙县东城区明丰村罗希京的土地执照（第779号）
2504	1949年宋赤今荣获的汪清县人民政府劳动模范奖章	2524	1949年4月东北行政委员会颁发给和龙县东城区明丰村金长禄的土地执照（第781号）
2505	1933年和龙县大砬子抗日游击队员使用的饭桌	2525	1949年4月东北行政委员会颁发给和龙县东城区明丰村金长春的土地执照（第794号）
2506	1933年延吉县抗日游击队制作"延吉炸弹"使用的铁条（6件）	2526	1947年10月朱炳珍在铁架山战斗中立一小功立功喜报
2507	1933年延吉县抗日游击队制作"延吉炸弹"使用的火药	2527	1950年元旦156师467团政治处发给朱炳珍军属朱在珍的新年恭贺信

2528　1948年许南顺荣获的解放东北纪念章

2529　1950年许南顺荣获的解放华中南纪念章

2530　1950年许南顺荣获的华北解放纪念章

2531　1935年车厂子抗日游击根据地游击队员使用的胶鞋底（残）

2532　1939年抗联一路军警卫旅三团指战员在安图县永庆乡高城村驻扎期间使用的搪瓷盆（残）

2533　1953年安贞玉荣获的吉林省农业模范奖章

2534　1947年汪清县政府颁发给宋汉秀父亲宋济弼的革命军属光荣状

2535　1932—1934年珲春县烟筒砬子抗日游击根据地游击队员使用的铁锛

2536　1939年抗联一路军三方面军使用的三八式步枪残件

2537　1948年2月中国人民解放军东北军区政治部出版的《组织工作手册》

2538　1947年8月东北民主联军总政治部出版的毛泽东著《论革命战争》

2539　1947年吉林军政大学东满分校学生使用的纺线车

2540　1953年吴亨模荣获的立功证

2541　1963年吴亨模的中国人民解放军军事学院奖励证书（2件）

2542　1956年吴亨模荣获的解放奖章

2543　1954年全国人民慰问人民解放军代表团赠送给吴亨模的纪念章

2544　1950年吴亨模荣获的华北解放纪念章

2545　1950年吴亨模荣获的解放华中南纪念章

2546　1948年吴亨模荣获的解放东北纪念章

2547　1956年吴亨模荣获的解放奖章证书

2548　1948年许弘燮的吉林军区独立六师英模大会请柬

2549　1950年元旦156师466团发给人民功臣许弘燮的恭贺信

2550　1948年吉林军区珲春保安团发给金常赫父亲的革命军人家属证明书

2551　1948年吉林军区独立六师十六团金常赫的功劳登记确定表（残）

2552　1952年7月156师466团李载洙的回乡转业建设军人证明书

2553　1949年中国人民解放军第47军141师政治部颁发给421团元洪奎的小功二次立功证

2554　1949年中国人民解放军第47军141师政治部颁发给421团太东宽的小功一次立功证

2555　1948年166师赵德浩排长记录的一排名单

2556　1947年吉东军分区独立三团发给金春子父亲的革命军人家属证

2557　1959年崔炳顺"在平息西藏反革命叛乱中立三等功一次"喜报

2558　1979年杨基日在自卫还击作战中立三等功证书

2559　1979年杨基日的"中国人民解放军总政治部制，自卫还击作战中立三等功"奖章

2560　1979年广州军区颁发给杨基日的"自卫反击保卫边疆三等功"奖章

2561　1979年杨基日在自卫还击作战中立三等功略章

2562　1979年杨基日在自卫还击作战中"自卫还击保卫边疆"三等功奖章

2563　1979年杨基日在自卫还击作战中三等功奖章盒

2564　1979年3月中央慰问团赠给杨基日的圆珠笔

2565　1979年张京泰"在中越边境自卫还击作战荣获的二等功"喜报

2566　1979年张京泰荣获的在中越边境自卫还击战中立二等功奖章

2567　1979年3月张京泰荣获的在中越边境自卫还击作战中立二等功略章

2568　1979年3月张京泰荣获的在中越边境自卫还击作战中立二等功奖章盒

2569　1979年3月张京泰荣获的在中越边境自卫还击作战中立二等功奖章

2570	1979年3月张京泰的"自卫还击 保卫边疆"纪念章	2592	1951年抗美援朝奖章
2571	1979年3月中央慰问团赠给张京泰的钢笔	2593	1951年中国人民政治协商会议全国委员会赠的抗美援朝纪念章
2572	1948年全相玉在孤店子战斗中立二大功人民功臣证明书	2594	1953年中国人民赴朝慰问团赠给金奎浩的"和平万岁"纪念章
2573	1947年李载洙荣获的功劳榜	2595	1951年中国人民政治协商会议全国委员会赠予金奎浩的抗美援朝纪念章
2574	1947年李载洙在爱国保田战争中获得的乙等奖状	2596	1951年金奎浩荣获的抗美援朝奖章
2575	1948年李载洙荣获的"在哈尔巴岭工事和练兵中立小功三次"喜报	2597	1956年金奎浩的中国人民解放军转业军人证明书
2576	1947年互助组模范李玉今使用的背架（残）	2598	1986年6月30日朱胜吉烈士的共青团员证
2577	1946年崔东万在吉东军政大学学习时佩戴的臂章	2599	1986年6月30日朱胜吉烈士的入团志愿书
2578	1934年东北人民革命军二军独立师一团战士使用的步枪刺刀（2件）	2600	1991年朱胜吉烈士的圆珠笔
2579	抗美援朝期间李周离烈士使用的铝箱	2601	1990年朱胜吉烈士的笔记本
2580	抗美援朝期间李周离烈士使用的水壶	2602	20世纪60年代全国劳动模范全元燮使用的铁锤
2581	抗美援朝期间李周离烈士使用的小皮包	2603	1958年全元燮参加北京全国劳动模范代表大会时穿的衣服
2582	抗美援朝期间李周离烈士使用的温度计（残）	2604	1978年金明烈荣获的烈军属、残废复员退伍军人社会主义建设积极分子奖状
2583	1986年朴美淑烈士的毛衣	2605	1970年8月20日金明烈在延边州学习毛主席语录演讲会的演讲稿
2584	1986年朴美淑烈士使用的乘务员包（残）	2606	1956年金明烈荣获的吉林省烈军烈属革命残废军人复员建设军人社会主义建设积极分子奖章
2585	1986年朴美淑的革命烈士证明书	2607	1956年金明烈参加全国烈属军属革命残废军人复员建设军人社会主义建设积极分子大会荣获的纪念章
2586	1986年元旦汪清县全体妇女向老山前线捐赠的绣有"献给最可爱的人"枕巾（2件）	2608	1951年金明烈荣获的抗美援朝纪念章
2587	抗美援朝期间高忠国使用的小皮包	2609	1950年金明烈荣获的东北荣军保持荣誉奖章
2588	1947年东北民主联军勇敢奖章	2610	1950年金明烈荣获的华北解放纪念章
2589	1951年中国人民政治协商会议全国委员会赠的抗美援朝纪念章	2611	1950年金明烈荣获的解放华中南纪念章
2590	1951年金奎浩荣获的抗美援朝奖章	2612	1950年金明烈荣获的"荣誉军人"章
2591	1953年中国人民赴朝慰问团赠的"和平万岁"纪念章（2件）	2613	1948年金明烈荣获的解放东北纪念章

2614	1953年金明烈荣获的和龙县烈军属荣复转业军人拥军优属模范奖章
2615	1984年5月13日鄂永明的革命烈士证明书
2616	1984年鄂永明烈士荣获的"在扑灭山火强渡浑江时记一等功"奖状
2617	1984年鄂永明烈士荣获的一等功奖章
2618	1984年鄂永明烈士荣获的一等功奖章证明书
2619	1984年鄂永明烈士所属十六军坦克团二连荣获的"精神文明建设先进连"奖状
2620	1984年鄂永明烈士使用的书包
2621	1984年鄂永明烈士的迷彩套服（2件）
2622	1988年11月1日宋淳泽的革命烈士证明书
2623	1989年宋淳泽烈士的二等功立功受奖证书（3件）
2624	1989年宋淳泽烈士的二等功奖章（3件）
2625	1989年宋淳泽烈士的二等功奖章证书（3件）
2626	1988年宋淳泽烈士使用的绑带
2627	1988年宋淳泽烈士佩戴的帽徽
2628	1988年宋淳泽烈士佩戴的领章（2件）
2629	1949年金松林荣获的"在吉长一带平时工作中记大功一次的立功"喜报（残）
2630	1956年和龙县清湖乡人民委员会开具的追认金松林为烈士的介绍信（残）
2631	1953年4月27日吴龙镇烈士的革命牺牲军人家属光荣纪念证
2632	1948年吴永福的革命军属光荣状（残）
2633	1960年12月吴龙燮的烈军属优待证
2634	1949年43军156师466团3营颁发给李昌来的人民功臣证明书
2635	1948年朱炳珍荣获的"在小屯战斗中立大功一次的立功"喜报（残）
2636	1950年47军141师发给模范排的纪念证（残）
2637	1950年元旦43军156师发给许弘燮的贺卡（2件）
2638	1952年4月李载洙的回乡转业建设军人登记表
2639	解放战争时期金善益使用的备忘录
2640	1948年"钢八连"指导员金教真的手册
2641	解放战争和抗美援朝战争时期朴明根使用的卫生包
2642	解放战争时期韩春普使用的卫生包
2643	1957年珲春县人民委员会发给柳记旭的革命军人证明书
2644	1948年申日权"在横道河子时坚决完成任务记甲等功英模立功"喜报
2645	1947年朴钟琇荣获的在爱国保田战争中"甲等战斗英雄"奖状
2646	1949年中国人民解放军东北军区颁发给郑志万的关于郑斗换"在解放天津战斗中立一大功"喜报（残）
2647	1948年金在郁荣获的立一大功喜报
2648	1949年金在郁荣获的立一大功喜报
2649	1948年全相玉烈士的信件（2件）
2650	1949年10月朴明根在解放湖南省大庸县时制作的五星红旗
2651	1950年1月2日金章奎的革命军人证明书
2652	1948年8月金寿焕在军事练兵中荣获的光荣证
2653	1949年8月金学永的第四野战军英雄大会学员手册
2654	1949年4月4日东北铁路总局颁发给尹璋的立小功一次功劳簿
2355	1952年10月中国人民赴朝慰问团赠给尹璋的出国二周年纪念册
2656	1952年9月尹璋荣获的一等立功证明书
2657	1952年10月中国人民赴朝慰问团赠给朴琴石的出国二周年纪念册
2658	1950—1953年朴琴石在中国人民志愿军登记的功臣资料
2659	1952年10月中国人民赴朝慰问团赠给朴琴石的纪念手帕

2660	1946年黄成雄烈士的日记本
2661	1946年3月黄成雄烈士的学习资料《随军西行见闻录》
2662	1946年3月黄成雄烈士的学习资料《九一八至七七》
2663	1946年黄成雄烈士的日记本
2664	1947年黄成雄烈士的毛毯
2665	1947年黄成雄烈士的军用水壶
2666	1951年3月池新哲的志愿军革命军人证明书残件
2667	1954年池新哲佩戴的志愿军领章（2件）
2668	1954年池新哲佩戴的志愿军肩章（2件）
2669	1954年池新哲佩戴的志愿军胸章
2670	1949年李完荣获的大功一次立功喜报（残）
2671	1951年9月金奎浩荣获的三等功立功证明书
2672	1953年8月20日金奎浩记二等功一次立功喜报
2673	1952年金奎浩"在执行装卸整粮警卫等各种任务中记三等功一次立功"喜报
2674	1953年金奎浩出席志愿军功模大会的代表证
2675	1953年金奎浩出席志愿军功模大会的主席团燕尾胸带
2676	1952年7月高忠国荣获的二等功一次立功证明书
2677	1952年8月朴彦俊荣获的二等功一次立功证明书
2678	1951年东铁支援援朝大队廉昌杰的代表证
2679	1951年东铁支援援朝大队廉昌杰的功臣代表燕尾胸带
2680	1951年5月廉昌杰荣获的二等功一次立功证明书
2681	1951年7月廉在鹤荣获的三等功一次立功证明书
2682	1947年朴今哲"在自卫保田战争中立大功一次立功"喜报
2683	1952年8月高忠国"在指挥行军装卸建库防疫管理工作中记二等功一次"喜报
2684	1952年8月高忠国"在指挥全连枪支装卸工作中记三等功一次"喜报
2685	1948年东北军政大学吉林分校三大队赵明根的小功两次奖状
2686	1952年9月金东允的志愿军铁道军事管理总局"首届功臣模范代表大会"纪念刊
2687	1952年9月金东允的志愿军铁道军事管理总局"首届功臣模范代表大会"手册
2688	1951年中国人民志愿军池新哲战士使用的皮腰带
2689	1953年中国人民赴朝慰问团赠给金奎浩的搪瓷茶缸
2690	解放战争和抗美援朝期间洪昌珠使用的体温计
2691	1951年中国人民赴朝慰问团赠给许春山的搪瓷茶缸
2692	1949年2月南昌赫的参军纪念手帕
2693	1947年田阳秀荣获的大功一次、乙等战斗英雄立功喜报（残）
2694	1951年金基河荣获的立两大功喜报
2695	1949年秋秉和荣获的"在黄旗堡战斗中立大功一次"喜报
2696	1948年金哲浩荣获的"在吉长一带平时工作中记大功一次"立功喜报
2697	1951年许正龙荣获的抗美援朝纪念章
2698	1950年许正龙荣获的华北解放纪念章
2699	1948年许正龙荣获的东北人民解放军艰苦奋斗奖章
2700	1950年许正龙荣获的解放华中南纪念章
2701	1991年9月吉林省人民政府颁发给张东光烈士的奖励证书

2702	1954年"援朝新高山留念"子弹箱	2717	1980年张永焕烈士的笔记本
2703	1948年严道永烈士荣获的"在长春南小南沟战斗中独胆英雄记大功二次"立功喜报	2718	1987—1989年张永焕烈士的工作手册
2704	抗美援朝期间中国人民志愿军第三十八军——二师联络员池海东使用的腰带	2719	1982年10月张永焕烈士的入伍通知书
2705	1948年东北军政大学吉林分校军训使用的木枪	2720	1991年李勋烈士的吉林省治安模范奖励证书
2706	1951年中国人民志愿军战士戴的冬帽（残）	2721	1991年4月4日李勋烈士的"勇斗歹徒的治安勇士"荣誉证书
2707	1956年5月延吉县抗日烈士高河镜的革命烈士证明书	2722	1990年权正德烈士的全州农业局系统先进工作者荣誉证书
2708	1983年5月1日延吉县抗日女烈士李贞淑的革命烈士证明书	2723	1989年权正德烈士的吉林省奖励证书
2709	1955年延边州第一任书记朱德海的毛料上衣	2724	1991年权正德烈士戴的眼镜
2710	1993年8月6日延边州在"万里边疆文化长廊"建设中成绩显著获得的证书	2725	1994年3月1日李辉道烈士的团员证
2711	1994年延边州获得的全国民族团结进步模范自治州证书	2726	1994年3月2日李辉道烈士的团徽
2712	1988年张永焕烈士的退伍军人证明书	2727	抗美援朝期间中国人民赴朝慰问团赠送给崔明世的慰问手册
2713	1982年张永焕烈士的应征公民入伍登记表	2728	1944年晋察冀边区银行伍佰元纸币
2714	1986年张永焕烈士的入党志愿书	2729	1953年2月22日朱时洽在部队荣获英雄称号后写给母亲的家书
2715	1989年延边氯碱厂张永焕烈士安全生产作业证	2730	1960年中共延边州委书记朱德海使用的办公桌
2716	1984年张永焕烈士的入团志愿书	2731	1932—1934年珲春县烟筒砬子抗日游击根据地游击队员使用的搪瓷盘

延边州敦化市
★ 敦化市博物馆

2732	1949—1955年拉法区荒沟村人民政府印	2734	1949—1955年蛟河县双顶子村人民政府印
2733	1949—1955年巴虎区小蛟河村人民政府印	2735	1949—1955年天岗区窝集口村人民政府印

2736	1949—1955年王家岗区车背沟村人民政府印	2744	1949—1955年青背区里安村人民政府印
2737	1949—1955年龙凤区大安村人民政府印	2745	1949—1955年拉法区向阳村人民政府印
2738	1949—1955年天岗区五道河村人民政府印	2746	1949—1955年巴虎区南大村人民政府印
2739	1949—1955年王家岗区苏子沟村人民政府印	2747	1949—1955年天北区大荒沟村人民政府印
2740	1949—1955年龙凤区富安村人民政府印	2748	1949—1955年天北区光荣村人民政府印
2741	1949—1955年青背区永安村人民政府印	2749	1949—1955年新站区双凤村人民政府印
2742	1949—1955年拉法区拉法村人民政府印	2750	1949—1955年乌林区乌林沟村人民政府印
2743	1949—1955年龙凤区养鱼村人民政府印	2751	1949—1955年奶子山区杨木林子村人民政府印

延边州龙井市
★ 龙井市朝鲜族民俗博物馆

2752	1953年中国人民赴朝慰问团赠抗美援朝纪念章	2754	1948年解放东北纪念章
2753	1955年人民警察治保会功模代表会议纪念章		

梅河口市
★ 梅河口市文物管理所

2755	清义和团士兵使用的马刀（3件）	2756	清抗俄忠义军士兵使用的七星剑